Chuck Spezzano
Partnerschaft und spirituelles Leben

Verlag Via Nova

# CHUCK SPEZZANO

# Partnerschaft und spirituelles Leben

Gemeinsam in ein höheres Bewusstsein

Verlag Via Nova

Übersetzung aus dem Englischen:
Ulrike Kraemer

**Originaltitel:**
Together into Higher Consciousness
Relationships and the Mystic Life
Copyright © 2015 by Chuck Spezzano

---

1. Auflage 2015
**Verlag Via Nova, Alte Landstr. 12, 36100 Petersberg**
Telefon: (06 61) 6 29 73
Fax: (06 61) 96 79 560
E-Mail: info@verlag-vianova.de
Internet: www.verlag-vianova.de
Umschlaggestaltung: Guter Punkt, München
Satz: Sebastian Carl, Amerang
Verzierungen: © Milos Dizajn – shutterstock_150103664
Druck und Verarbeitung: Appel und Klinger, 96277 Schneckenlohe

© Alle Rechte vorbehalten

ISBN 978-3-86616-329-4

Für Charlie Latiolais

# Danksagung

Danksagungen sind eine Anerkennung und eine Gelegenheit, Dankbarkeit und Wertschätzung für empfangene Hilfe zum Ausdruck zu bringen. Vor diesem Hintergrund könnte ich den Anfang mit meinen Eltern, meinen Schwestern und meinem Bruder machen, die ein immerwährendes Geschenk für mich sind. Ich danke dem Priesterseminar und der Ordensgemeinschaft vom Heiligen Geist für meine Priesterausbildung und für den Einfluss, den sie auf mich ausgeübt haben. Ich danke der Duquesne University, deren Verpflichtung zur Gelehrsamkeit und Dienbereitschaft und deren humanistische Psychologie und Philosophie mich tief geprägt haben. Dann danke ich der United States International University, an der Freiheit und humanistische Psychologie es mir ermöglicht haben, meine eigenen Visionen zu finden. Mein besonderer Dank gilt dem Naval Drug Rehabilitation Center sowie den engagierten Männern und Frauen, die dort mit mir gearbeitet haben. Sie haben mich gelehrt, was Therapie wirklich ist, und mich dazu bewegt, einen in meinen Augen wirklich effektiven Weg zu finden. Die Literatur, die ich über Gestaltpsychologie, Neurolinguistische Programmierung (NLP) und Hypnose gelesen habe, hat mir ebenfalls geholfen, meinen eigenen Weg zu entdecken. Am wichtigsten war jedoch *Ein Kurs in Wundern*, weil er für mich den Einstieg in die transpersonale Psychologie und eine Erneuerung der Spiritualität bedeutete. Ich möchte auch meinen ehemaligen Freundinnen danken, die mich auf meinem Weg hin zu persönlicher Reife gelehrt haben, was ich in Beziehungen tun oder lieber nicht tun sollte.

Ich danke der Windward Unity Church, die mich nach Hawaii – das meine geistige Heimat und die Heimat meines Herzens ist – eingeladen hat, um dort ein Jahr als Interimspfarrer zu dienen. Ich danke meiner Frau Lency, die entscheidend dazu beigetragen hat, dass ich von Kalifornien nach Hawaii umgezogen bin, um unsere Beziehung, unsere Familie und unsere Zusammenarbeit zu begründen, die schließlich dazu geführt hat, dass wir gemeinsam die *Psychology of Vision* entwickelt haben. Darüber hinaus möchte ich ihr für das Geschenk unserer ganz wunderbaren Kinder danken, für die ich eine unbeschreiblich tiefe Dankbarkeit empfinde. Meine Familie schenkt mir auf meinem Lebensweg anhaltend tiefe Liebe und Inspiration.

Ich möchte auch den vielen Menschen danken, die sich bereiterklärt haben, diese Arbeit in Großbritannien, Kanada, den USA, Frankreich, Deutschland, der Schweiz, Indien, Hongkong, Bulgarien, Singapur, Malaysia, Taiwan und China zu fördern. Es war ein großartiger Husarenritt, der noch lange nicht zu Ende ist und der geprägt war von einem sehr hohen Maß an Liebe und Heilung, um die Erde auf eine höhere Ebene der Partnerschaft mit all ihren Völkern und auch mit dem Himmel zu heben.

Ich möchte Petra Horning für ihre wunderbare Körperarbeit während der Seminarpausen danken. Die meisten Kapitel dieses Buches habe ich ihr nicht nur einmal, sondern mehrmals vorgelesen, während ich sie überarbeitet habe. Da sage jemand, Männer seien nicht multitaskingfähig.

Ich danke meinen Mitarbeitern, die stets dafür sorgen, dass alles reibungslos läuft, damit ich lehren, schreiben und meinen Heilberuf ausüben kann: Charlie, Cilla, Peter und Harrylne. Ich danke meiner wunderbaren Schreibkraft Sunny und meinen großartigen Freunden und Lektoren Eric und Celia. Ich bin wahrhaftig gesegnet, und sie alle haben größte Anerkennung und Dankbarkeit verdient für die Unterstützung, die sie mir zuteilwerden lassen. Ich danke euch allen, meine Lieben.

# Vorbemerkung der Übersetzerin

Die englische Sprache unterscheidet in den meisten Fällen nicht zwischen männlichen und weiblichen Substantivformen. So ist mit „partner" beispielsweise immer sowohl der Partner als auch die Partnerin gemeint und mit „friend" nicht nur der Freund, sondern auch die Freundin. Um die Lesbarkeit des deutschen Textes zu bewahren und unnötig komplizierte Satzkonstruktionen zu vermeiden, wurde in der deutschen Übersetzung bewusst darauf verzichtet, immer beide Substantivformen zu erwähnen, und in den meisten Fällen die männliche Form benutzt. Trotzdem schließt der „Partner" natürlich immer auch die „Partnerin" und der „Freund" immer die „Freundin" ein.

# Inhalt

| | | |
|---|---|---|
| Einführung | | 15 |
| 1 | Ein Leben der Liebe | 19 |
| 2 | Dein tiefstes Unglück in Beziehungen | 22 |
| 3 | Tausendundein Groll | 24 |
| 4 | Betrachte dein Leben aus einem neuen Blickwinkel | 26 |
| 5 | Der Teufelskreis aus Sünde, Unwürdigkeit und Besonderheit | 29 |
| 6 | Heilung der Welt durch Sex | 31 |
| 7 | Die Geschichte der Gier und der Adept | 34 |
| 8 | Dein Ego oder der Himmel | 37 |
| 9 | Die tiefe Enttäuschung der Ehe | 39 |
| 10 | Existenzielle Rollen | 44 |
| 11 | Der verhängnisvolle Fehler als Kompensation | 46 |
| 12 | Liebe und Dankbarkeit | 48 |
| 13 | Festhalten | 50 |
| 14 | Wenn du dich beklagst, bist du undankbar | 52 |
| 15 | Alles Festhalten ist eine Klage | 54 |
| 16 | Hingabe, Teil 1 | 56 |
| 17 | Der Schlaf des Vergessens | 57 |
| 18 | Probleme und Schmerz als Bedürfnis nach Wichtigkeit | 59 |
| 19 | Das gespaltene Bewusstsein und die Angst vor dem Erwachen | 61 |
| 20 | Natursinn | 63 |
| 21 | Konkurrenz, Überlegenheit und Rechthaben-Wollen heilen | 65 |
| 22 | Dunkle Geschichten um der Menschen willen aufgeben, die du liebst | 67 |
| 23 | Verträge um der Menschen willen aufgeben, die du liebst | 69 |
| 24 | Die Risse und Verletzungen der Seele heilen | 71 |
| 25 | Vergebung | 73 |

| | | |
|---|---|---|
| 26 | Nihilismus | 75 |
| 27 | Außen suchen, was innen ist | 78 |
| 28 | Verrat | 80 |
| 29 | Der Scheideweg der Liebe | 83 |
| 30 | Dich für die Wahrheit entscheiden | 87 |
| 31 | Ein Leben voller Schwierigkeiten | 89 |
| 32 | Was dich von deinem Partner fernhält | 92 |
| 33 | Zum Geist werden | 95 |
| 34 | Was du sehen willst | 98 |
| 35 | Die Gaben Gottes annehmen | 100 |
| 36 | Dornröschen | 102 |
| 37 | Was zu tun ist, wenn du an einem Scheideweg stehst | 104 |
| 38 | Angriff auf das goldene Kind | 107 |
| 39 | Deinen Partner bestrafen | 110 |
| 40 | Die Aufgabe des Mannes | 112 |
| 41 | Das ewige Festhalten der Verschmelzung | 115 |
| 42 | Vernachlässigung in der Kindheit und ihre Auswirkungen in der Gegenwart | 117 |
| 43 | Was übertriebene Großzügigkeit verbirgt | 120 |
| 44 | Die große Lüge | 122 |
| 45 | Deine sichtbaren Probleme sind deine Geschichten der Sünde | 124 |
| 46 | Hingabe, Teil 2 | 126 |
| 47 | Die Verletzungen, die nicht heilen wollen | 128 |
| 48 | Dich mit deinem Partner verbinden | 130 |
| 49 | Das größte Problem deines Partners, Teil 1 | 134 |
| 50 | Das größte Problem deines Partners, Teil 2 | 136 |
| 51 | Das größte Problem deines Partners, Teil 3 | 139 |
| 52 | Das größte Problem deines Partners, Teil 4 | 143 |
| 53 | Der Grund, aus dem du nicht glücklich sein kannst | 145 |
| 54 | Frauen, Beziehungen und Kommunikation | 147 |
| 55 | Vergeben, bis du darüber hinausgelangst | 149 |
| 56 | Deiner selbst müde werden, Teil 1 | 153 |
| 57 | Deiner selbst müde werden, Teil 2 | 155 |
| 58 | Der Fall aus dem Zustand des Einsseins und der Weg der Spiritualität | 157 |

| | | |
|---|---|---|
| 59 | Unzulänglichkeit ist notwendig | 161 |
| 60 | Von Gott gehalten | 162 |
| 61 | Was verdient Verpflichtung? | 163 |
| 62 | Ich bin du | 165 |
| 63 | Der Teufelskreis aus Schmollen und Häme | 168 |
| 64 | Die Augen Christi | 172 |
| 65 | Ein Wiedersehen mit der Vergebung | 174 |
| 66 | Dein Beziehungsmuster | 176 |
| 67 | Du sagst „überfordert", als sei es eine schlimme Sache | 178 |
| 68 | Die widerborstige Persönlichkeit | 182 |
| 69 | Die Welt hassen, die Welt lieben | 186 |
| 70 | Erfolg oder Besonderheit | 188 |
| 71 | Besonderheit zum Zweiten | 190 |
| 72 | Es ist alles ein Traum | 192 |
| 73 | Die Ungerechtigkeit von allem | 195 |
| 74 | Karmische Themen | 197 |
| 75 | Himmel auf Erden | 199 |
| 76 | Der Held und die verlorene Seele | 201 |
| 77 | Das mystische Leben und die Vergangenheit | 204 |
| 78 | Trennung und Angst | 206 |
| 79 | Was Vergebung wirklich ist | 209 |
| 80 | Das größte Problem deines Partners, Teil 5 | 212 |
| 81 | Einheit als Gegenmittel zur Verschmelzung | 216 |
| 82 | Der Verlust der Liebenswürdigkeit | 219 |
| 83 | Der eine Mensch | 222 |
| 84 | Heute ist der Tag | 224 |
| 85 | Götzen und Phantasievorstellungen | 226 |
| 86 | Verträge heilen und deinem Partner helfen | 229 |
| 87 | Deinen Partner retten | 231 |
| 88 | Spirituelle Schau | 233 |
| 89 | Schau | 235 |
| 90 | Die Lektion lernen und deinem Partner helfen | 237 |
| 91 | Wenn das Tao dich durchströmt | 239 |
| 92 | Der wunscherfüllende Juwel | 242 |
| 93 | Die toxische Persönlichkeit | 245 |

| | | |
|---|---|---|
| 94 | Die Verschrobenheit deines Partners | 248 |
| 95 | Durch die Augen Christi | 250 |
| 96 | Der Verlust deiner selbst | 252 |
| 97 | Dich selbst in einem Zusammenbruch verlieren | 256 |
| 98 | Klagen oder Verpflichtung | 259 |
| 99 | Die vielen Formen, die Aufopferung annehmen kann | 260 |
| 100 | Selbstauflösung | 262 |
| Nachwort | | 265 |

# Einführung

Der Zweck einer Beziehung besteht darin, glücklich zu sein. Um glücklich zu sein, musst du lieben. Zu lieben heißt, dich zu verbinden, zu geben, zu teilen und vor allen Dingen dich selbst zu schenken. Zu lieben heißt, dich mit deinem Partner zu verbinden und keinen Groll zu hegen. Mystische Liebe geht über die Grenzen des Körpers und die Begrenzungen des Geistes hinaus. Mystische Liebe öffnet dich durch deinen Partner für dein höchstes Selbst. Dieses höchste Selbst ist der Geist, den du mit Gott teilst. Das bringt dich zu der Erkenntnis, dass du wirklich Gottes Kind bist. Du erkennst dich selbst als Liebe, die von der höchsten Liebe erschaffen wurde.

Eine Beziehung soll dich auf eine Reise schicken, auf der du deine Ganzheit und den tiefen Frieden wiederentdeckst, der mit ihr einhergeht. Deine Beziehung soll dich glücklich machen, indem du deinem Partner deinerseits Liebe und Glück schenkst und indem du seine Liebe und die Liebe des Himmels empfängst, die in eurem Miteinander entsteht. Eure gemeinsame Reise soll dort Heilung bringen, wo du dich isoliert und durch deinen Groll deine Sicherheit und deine Gesundheit verloren hast. Eine Beziehung dient der Liebe und der Aufgabe aller Urteile und Anhaftungen. Sie ist dafür da, dass wir das Selbst, das träumt, Illusionen erschafft und Geschichten erzählt, zugunsten des höchsten Selbst loslassen, das sich an sich selbst als freudvoller Geist erinnert. Sie ist das beste Mittel, wenn es darum geht, dich an dich selbst zu erinnern und zu zweit zuerst den Himmel auf Erden zu erleben und dann in den Himmel zu gelangen. Das Ego ist natürlich der älteste Terrorist, den es gibt, und es versucht, deine Beziehung für sich selbst und seine Besonderheit zu kapern.

Liebe und Vergebung bringen dir deinen Partner und die Welt näher. Dies hat zur Folge, dass sowohl deine als auch seine Besonderheit aufgelöst werden, und es gibt deiner Beziehung ihren eigentlichen Sinn zurück, der in Heilung und in der Erneuerung der Ganzheit besteht, damit dein Partner zu deiner

Pforte zum Einssein werden kann. Du einst deinen Geist und kommst im gleichen Maße mit deinem Partner zusammen, bis ihr zur Vereinigung gelangt. Wenn das geschieht, öffnest du dich so tief, dass die Pforte zum Einssein und zur Ewigkeit neu geöffnet wird. In einer mystischen Beziehung verschreibst du dich gemeinsam mit deinem Partner dem Ziel größerer Nähe. Du willst, dass deine Beziehung, das schnellste Instrument zu persönlichem Wachstum, durch den Himmel geweiht wird, damit du den Rückweg ins Paradies finden kannst. Je mehr du dich mit deinem Partner verbindest, umso näher rückt die Welt an dich heran. Sie wird sicherer, weil sie ein höheres Maß an Einheit erlangt. Sie wird schön, weil sie von einem höheren Maß an Liebe geprägt ist.

Alle Urteile, die du fällst, trennen dich von anderen Menschen und bringen Leid. Dadurch entsteht Distanz. Zeit ist die Spanne, die du benötigst, um diese Distanz zu überwinden. Einheit heilt und bringt Glück. Es gibt kein Problem, das nicht Trennung als Hauptursache hat. Wenn du die Trennung an der Wurzel des Problems heilst, löst das Problem sich auf. Groll ruft Kampf, Leblosigkeit und alle möglichen Probleme in und außerhalb von Beziehungen hervor. Du kannst die Welt heilen, indem du dich mit deinem Partner verbindest. Gemeinsam könnt ihr die Pforte zum Himmel öffnen. In *Ein Kurs in Wundern* heißt es, dass der Himmel immer zu zweit betreten wird.

Eine Beziehung beginnt mit zwei verliebten Partnern und kann sich in viele verschiedene Richtungen entwickeln. Sie kann in Kampf oder Leblosigkeit, Rollen und Gewohnheiten steckenbleiben. Es kann andere Dinge geben, die dir wichtiger sind als deine Beziehung oder dein Partner. Du kannst mit deiner Familie oder mit Freunden verschmolzen sein. Du kannst süchtig sein nach Konsum, Alkohol, Essen, Arbeit oder einer bestimmten Form der Freizeitgestaltung. Das alles kann zwischen dir und deinem Partner stehen. Du kannst von einer außenstehenden Person in Versuchung geführt oder durch die vielen Dinge abgelenkt werden, die deine Aufmerksamkeit auf sich ziehen wollen. Wenn du deine Prioritäten falsch gesetzt hast, kannst du in Geschäftigkeit ertrinken.

Deine Emotionen können zwischen euch stehen. Die Emotionen, die du aus früheren Trennungen, altem Groll und alten Problemen in dir gespeichert hast, treten in der Maske gegenwärtiger Probleme oder im Rahmen eines schon lange bestehenden Musters zutage. Jede Emotion, die sich in deiner jetzigen Beziehung zeigt, weist auf einen Groll aus einer früheren Beziehung hin und entfernt euch voneinander, solange sie nicht zur Kommunikation und zur Heilung genutzt wird. Wenn diese Emotionen zur Heilung genutzt und transformiert werden, schenken sie Gaben, Leichtigkeit und Fluss. Sie führen auf neue Ebenen der Verbundenheit, sodass Mühelosigkeit und Nähe wachsen. Wenn Heilung nicht rasch geschieht, indem der emotionale Schutt beseitigt wird, wachsen Probleme und Verbitterung zwischen euch immer weiter und sorgen dafür, dass du dich von deinem Partner entfernst.

Du baust eine mystische Beziehung auf, indem du sie dir zum Ziel setzt. In einer mystischen Beziehung sind deine persönliche Aufgabe und die Aufgabe der Beziehung sowie auch deine persönliche Bestimmung und die Bestimmung der Beziehung miteinander verflochten. Du hast dir Ganzheit und Heiligkeit zum Ziel gesetzt. Du hast dir zum Ziel gesetzt, deine Beziehung sowohl als Himmelsleiter als auch als Himmelspforte zu benutzen. Du hast deine Gaben verwirklicht, den Himmel auf Erden verwirklicht und erfahren, und nun hilfst du, die Menschheit auf eine höhere Ebene zu heben, damit sie zur Gotteserfahrung gelangen kann. Ohne mystische Beziehung erscheint Gott zu fern. In einer mystischen Beziehung wirst du also zum Hohepriester oder zur Hohepriesterin. Du wirst zu einer Brücke zwischen Himmel und Erde.

Du bist ein wunderbares *Wesen*. Du bist lichtvoller Geist, der gekommen ist, um die Welt zu befreien. Dein Partner ist bei diesem Unterfangen dein wahrer Partner. Du bist zu einer Zeit gekommen, die von ganz entscheidender Bedeutung für die Erde ist. Es ist eine Zeit der Geburt, und ihr beide – du und dein Partner – seid Geburtshelfer. In Begleittexten zu *Ein Kurs in Wundern* heißt es, dass in der heutigen Zeit mehr Meister auf der Erde wandeln als zu jeder anderen Zeit in der Geschichtsschreibung. Wenn du dieses Buch liest, dann bist du vermutlich hier, um als Geburtshelfer zu dienen. Wenn du dieses Versprechen gegeben hast, dann hast du vermutlich deinen Anteil an Schmerz auf dich genommen, denn dadurch, dass du den Schmerz meisterst, wirst du zu einer Pforte der Gnade nicht nur für das betreffende Thema, sondern für die Menschheit insgesamt. Möglicherweise wurdest du von einer dunklen Energie angegriffen, die erkannt hat, wer du bist und aus welchem Grund du hier bist. Wenn du dich selbst heilst und diejenigen erlöst, von denen der dunkle Angriff ausging, kannst du jedoch auch die dunkle Energie erlösen, indem du ihr das Licht bringst. Dunkle Energie ist letztlich nichts anderes als die Energie des Ur-Egos, das du verurteilt und abgespalten hast und das daraufhin eine entgegengesetzte Richtung eingeschlagen hat. Auf dem Weg, der über die Dualität hinausführt, erlöst du immer nur dich selbst. Es kann eine mühelose Geburt für die Erde sein, und du kannst dazu beitragen, indem du dich zeigst, dich deinem Partner verpflichtest und deine Beziehung zu dieser Pforte machst. Du bist die Brücke, die in den Himmel führt und die du gemeinsam mit deinem Partner baust. Sie ist auf deiner Liebe und deiner Vergebung aufgebaut. Wenn du erfolgreich sein willst, vergib dir selbst und ihm für die Orte, an denen ihr einander vernachlässigt habt und an denen ihr einander energetisch untreu gewesen seid.

Zu einem späteren Zeitpunkt wirst du erkennen, dass du auch dich selbst vernachlässigt hast und dir selbst untreu gewesen bist. Es wird dir helfen, deinem Partner zu vergeben, sobald du erkennst, dass es deine Angst vor Nähe und dein Wunsch nach Unabhängigkeit waren, die – unabhängig davon, welche Seite des Beziehungsdramas du ausagiert hast – zu deinen Problemen geführt haben. Du wirst zudem allmählich erkennen, dass du deinen Partner möglicherweise unter dem Deckmäntelchen deiner Phantasievorstellungen und Affären, deiner Arbeit oder sogar der Erfüllung deiner Lebensaufgabe vernachlässigt oder ihm dadurch untreu gewesen bist.

Zu guter Letzt wirst du erkennen, dass du all diesen Schmerz und alle diese Probleme benutzt hast, um einen Kampf gegen Gott zu führen, weil du dich vor dem unaufhaltsamen Zug hin zur höchsten Liebe fürchtest, die dein Ego auflösen und dir helfen würde, dich im Geist Gottes zu erkennen. Dies ist dein Widerstand gegen das Einssein. Dies ist dein Widerstand gegen den Himmel. Dein Widerstand ist dein Bedürfnis nach Schmerz, und du hast ihn benutzt, um sowohl gegen den Himmel als auch gegen Erfolg und Nähe anzukämpfen, damit du deine Anhaftung an die Dinge der Welt aufrechterhalten kannst, als ob sie dich jemals glücklich machen könnten. Liebe ist das, was du wirklich willst. Sie ist das, was dein Partner wirklich will. Sie ist das, was der Himmel wirklich für dich will. Deine Beziehung ist das Werkzeug, mit dessen Hilfe du deine Angst davor überwinden kannst, sie in deinem Leben zuzulassen.

# 1

# Ein Leben der Liebe

Wir alle befinden uns auf dem Weg hin zur höchsten Liebe. Sie ist freudvolle Auslöschung. Alle Mauern, die wir errichtet haben, werden schließlich fallen. Jede Identität, die nicht Liebe ist, wird schwinden, und nur herzzerreißende Liebe wird bleiben. Das Ego ist dem Untergang geweiht, und die höchste Liebe wird seinen Platz einnehmen. Deine Evolution ist eine Befreiung von allen Anhaftungen, die dich zurückgehalten und dafür gesorgt haben, dass du dein Glück immer an den falschen Orten gesucht hast. Die höchste Liebe hat dich als Liebe erschaffen, als ewigen Teil der höchsten Liebe. Du hast vergessen, dass Gott in dir ist. Du hast vergessen, dass du Liebe bist und das bleibst, als was du erschaffen wurdest. Aus Trennung und Schmerz hast du zahllose Selbstkonzepte geschaffen und zu einer Identität zusammengeschustert, die du mit Hilfe weltlicher Illusionen befriedigen willst. Erfüllung kannst du jedoch nur dann erlangen, wenn du dich an die Liebe erinnerst, die du bist, und diese Liebe mit anderen Menschen teilst, und wenn du dich daran erinnerst, dass Gott in dir ist.

In diesem Zustand der Verwirrtheit darüber, wer du bist und wo dein Glück liegt, kommt dein Partner ins Spiel. Die Beziehung zu ihm kann dazu führen, dass du dich an die Liebe erinnerst. Es kann sein, dass du alle Fehler machst, die man in einer Beziehung nur machen kann. Es kann sein, dass du zu nehmen versuchst, statt zu geben. Es kann sein, dass dir das Licht der Liebe in deinem Partner entgeht und du ihn nur als Körper wahrnimmst. Es kann sein, dass du an weltlichem Tand anhaftest und den Wert deines Partners übersiehst. Es kann sein, dass du nicht erkennst, dass dein Glück von dem herrührt, was du gibst. Es kann sein, dass du deinem Partner die Schuld an all deinen Fehlern gibst und ihn als deine Ausrede benutzt, um den nächsten Schritt in Erfolg und Nähe nicht gehen zu müssen. Es kann sein, dass du ihn verurteilst, statt ihm zu helfen oder ihn zu segnen. Es kann sein, dass du all deine heimliche Schuld und all deine heimlichen Sünden auf ihn projizierst. Es kann sein, dass du niemals wirklich die Macht erkennst, die Geben und Vergeben innewohnt, wenn es darum geht, alle Probleme zu lösen und deine Angst vor dem Empfangen zu überwinden, um zu der Freude zu gelangen, die das Ego schmelzen lässt.

Selbst wenn du alle diese Fehler gemacht und keine Verantwortung für dein Leben und die Ereignisse in deinem Leben übernommen hast, kannst du dennoch erfolgreich und glücklich sein, wenn du auf deinen Partner zugehst, weil du weißt, dass er die Pforte ist, durch die du alles erreichen kannst, was ganz und heilig ist. Wenn du auf deinen Partner zugehst, wachsen sowohl deine Einfühlsamkeit als auch deine Fähigkeit, auf andere Menschen einzugehen. Du erkennst, dass sich in allen Problemen eine Gabe verbirgt, eine aus der Liebe geborene Begabung, die sowohl dich als auch deinen Partner von allen Hindernissen befreit. Deine Gaben werden in dem Maße offenbar, in dem du dich unerschrocken mit deinem Partner verbindest, ihm voller Hingabe dienst und deine Liebe ausstrahlen lässt, um jede Begrenzung zum Schmelzen zu bringen. Gib und vergib ohne Unterlass, damit du dich an die Liebe in deinem Partner und in dir selbst erinnerst und mit Hilfe dieser Liebe zuerst einen Weg erschaffst, der dich nach Hause führt, dich dann mit Hilfe dieser Liebe daran erinnerst, dass du reiner Geist bist, und dich zum guten Schluss mit Hilfe dieser Liebe an Gott erinnerst. Jeden Tag kann ein scheinbar störendes Problem dir im Weg stehen. Du kannst ihm und allen daran beteiligten Menschen immer wieder vergeben, bis es sich aufgelöst hat. Jedes Problem ist Trennung, die durch Vergebung geheilt wird. Vergebung ist das Mittel, das die Unschuld aller Beteiligten wiederherstellt. Jedes Problem rührt von einem Mangel an Liebe her. Die Liebe versagt sich jedoch niemals, wenn sie gerufen wird. Du kannst die Liebe bitten, sich in jeder problematischen Situation einzufinden. Wenn das Problem die Frucht und nicht die Wurzel ist, kann es passieren, dass du die Liebe mehrmals bitten musst, sich in einer Situation einzufinden. Wenn du bis zur Wurzelsituation gelangst und die Liebe bittest, sich in dieser Situation einzufinden, kann sie nicht nur den Baum der Trennung, sondern auch die Probleme, die seine Früchte sind, auflösen.Wenn du die Liebe darum bittest, sich in einer Situation einzufinden, gibt sie dir die Möglichkeit, deinen Partner, deine Familie, deine Arbeit und dein Leben anzuerkennen und zu ehren.

Du bist hier, um den Himmel auf Erden zu erfahren. Sowohl der Himmel als auch seine Liebe helfen dir, dich an die Liebe zu erinnern. Die Liebe ist der einzig mögliche Weg, und die Beziehung zu deinem Partner spiegelt deine Beziehung zur Liebe und zu Gott wider. Wenn du an einen Ort gelangst, der frei von Urteilen und daher von reiner Liebe erfüllt ist, wirst du dich wieder an alles erinnern, was du vergessen hattest. Gemeinsam mit deinem Partner wirst du den Weg nach Hause finden. Jedes Mal, wenn du dich wieder neu mit deinem Partner verbindest, wird eure Verbundenheit größer, bis sie sich einen, in der Vereinigung vereinen und dann EINS werden kann.

# 2

# Dein tiefstes Unglück in Beziehungen

Rufe dir die schlimmste Situation ins Gedächtnis, die du in einer Beziehung jemals erlitten hast. Was ist dir widerfahren? Wurde dein Herz gebrochen? Wurde ein Traum zerstört? Das Maß, in dem du dich an die Erfahrung erinnern kannst, entspricht dem Maß, in dem der Herzensbruch nach wie vor aktiv ist und dieses Muster in deinem Leben erzeugt. Wenn du hinreichend viele Muster dieser Art anhäufst, dann erzählst du irgendwann eine Geschichte des Herzensbruchs und schreibst Drehbücher, die dafür sorgen, dass sich diese schmerzhaften Ereignisse in deinem Leben ständig wiederholen. Wie viele Geschichten des Herzensbruchs trägst du in dir? Wie viele Verschwörungen des Herzensbruchs trägst du in dir? Eine Verschwörung ist eine Falle, die das Ego so gut aufgebaut hat, dass es keinen Ausweg zu geben scheint. Wie wirken diese Geschichten und Verschwörungen sich heute auf dein Leben und deine Beziehung aus?

Das Ausmaß dieser Muster und Geschichten des Herzensbruchs entspricht dem Maß, in dem du Verschwörungen und Geschichten der Rache in dir trägst. Rache geschieht durch direkten Angriff, Opfersituationen, um es einem anderen Menschen heimzuzahlen, oder Rückzug aus der Verbundenheit. Verschwörungen der Rache sagen viel über deine jetzige Beziehung aus und halten dich von dem Glück und der Liebe fern, die du verdienst. Du musst sie alle heilen, damit du mystische Liebe erfahren kannst.

Verpflichte dich, deine Verschwörungen der Rache jetzt zu heilen. Bitte um die Hilfe des Himmels. Auf einer bestimmten Ebene hast du diese Herzensbrüche, Geschichten und Verschwörungen benutzt, weil du dich davor gefürchtet hast, den nächsten Schritt in Nähe und Erfolg zu gehen. Bringe die Bereitschaft und den Mut auf, diesen nächsten Schritt zu gehen. Erkenne, dass du alle Menschen, von denen du glaubtest, sie hätten dein Herz gebrochen, benutzt hast, um vor deinen Gaben und deiner Lebensaufgabe davonzulaufen. Erbitte die Wahrheit. Sei bereit, jetzt den nächsten Schritt zu gehen. Mache deine unwahre Vergangenheit nicht zu einer Waffe, die du in der Gegenwart gegen deinen Partner einsetzt. Gib auf, wo du dich zurückgezogen hast. Vergib den Menschen aus deiner Vergangenheit und deiner Gegenwart, von denen du glaubst, sie hätten dir Unrecht getan, und vergib dir selbst dafür, dass du dich betrogen und andere Menschen benutzt hast, um vor dem nächsten Schritt in deinem Leben davonzulaufen. Dank der Hilfe des Himmels wirst du kein Problem haben, mit der Nähe umzugehen. Möge es beim nächsten Schritt so sein.

# 3

# Tausendundein Groll

Um mit deinem Partner ein mystisches Leben führen zu können, ist es von entscheidender Bedeutung, dass du niemals aufhörst, dich mit ihm zu verbinden. Er ist dein Tor zum mystischen Leben. Um ein mystisches Leben zu führen, musst du allen Groll loslassen. Dies gilt für alle Menschen, aber besonders für deinen Partner. Er ist dein Kompass, der dir zeigt, dass du auf dem richtigen Weg bist. Ich habe schon zu häufig erlebt, dass eine Ehefrau die Geschäfte oder Projekte ihres Mannes sabotierte. Die wenigsten Frauen waren sich dieser Tatsache bewusst, aber wenn ihr Mann sie ignorierte, kontrollierte oder mit anderen Frauen betrog, war es immer nur eine Frage der Zeit, bis er mit einem für ihn wichtigen Projekt scheiterte.

Das Ego ist auf Groll aufgebaut. Es benutzt Urteile und Groll, um Mauern zwischen dir und deinem Partner, dir und deinem Selbst, dir und allen anderen Menschen und schließlich dir und dem Himmel zu errichten. Das mystische Leben ist der Vorgeschmack auf das Paradies. Es ist das Leben im Himmel auf Erden. Es bedeutet zwangsläufig, in tiefem Frieden zu leben, der das Gegenteil von Groll und Urteilen ist. Dieser Friede ist es, der Freude, Fülle und Liebe bringt. Er ist die Eingangspforte zum Himmel.

Es gibt Urteile und Groll, die dir bewusst sind, und es gibt Urteile und Groll, die dir nicht bewusst sind. Wenn du dem Groll und den Urteilen, die dir bewusst sind, vergeben und sie loslassen kannst, dann kannst du deine feste Absicht auch auf den Groll und die Urteile richten, die du vor dir selbst verborgen hast und die dich von deinem Partner und von Gott getrennt halten. Einzig das, was dich von deinem Partner trennt, verhindert, dass die Freude eines mystischen Lebens für euch beide zur Realität wird. Die Heilung der Trennung gibt dir die Möglichkeit, dich auf eine einzige Sache zu konzentrieren, nämlich darauf, deinen Geist, dein Herz und dein Leben zu öffnen, um mit einem geliebten Partner ein mystisches Leben zu teilen. Jede Emotion zeigt, dass du sowohl ein Urteil als auch einen Groll in dir trägst. Du kannst deine Emotionen als Spuren benutzen, denen es zu folgen gilt, um das schmerzhafte Dornengestrüpp aus dem Weg zu räumen, das zwischen dir und deinem Partner steht. Groll schneidet dich nicht nur von deinem Partner, sondern auch von deinem Ursprung ab. Er schneidet dich von deinem höchsten Selbst ab und bringt dich in Gefahr. Er sorgt dafür, dass du deine Gesundheit und deine Sicherheit verlierst. Begib dich heute auf die Suche und auf eine heilende Mission. Lasse Verbindung und Vergebung in deinem Bewusstsein heute an erster Stelle stehen. Groll ist nicht vereinzelt. Er schneidet dich von allen Menschen ab und greift alle Menschen an. Erlaube dir, deine Liebe zurückzugewinnen. Gewinne das mystische Leben für dich und für deinen Partner.

# 4

## Betrachte dein Leben aus einem neuen Blickwinkel

Die Geschichte, die du dir selbst über dein Leben erzählst, ist sowohl unwahr als auch unvollständig. Du lässt dabei dein Unterbewusstsein außer Acht, dessen Geschichte sich vollkommen anders anhört.

Erzähle deine Lebensgeschichte, und achte dabei auf alle negativen Dinge und Probleme, die dir widerfahren sind. Es wäre hilfreich, deine Geschichte auf Band aufzuzeichnen, da dies dein Bewusstsein verstärkt und deine Bereitschaft, dich zu ändern, auf natürliche Weise fördert.

Die Wahrheit befreit dich. Sobald du deine Lebensgeschichte aufgezeichnet hast – was nach Möglichkeit nicht länger als zehn bis zwölf Minuten dauern sollte –, erzähle sie deinem Partner und bitte ihn, dir im Gegenzug seine Geschichte zu erzählen.

### Lies erst im Anschluss daran den Rest dieses kurzen Kapitels.

Sprich im nächsten Schritt mit deinem Partner kurz über die Hauptthemen eurer jeweiligen Lebensgeschichte. Denke anschließend etwa fünf Minuten lang darüber nach, was die folgende psychologische Tatsache aus dem Unbewussten zu bedeuten hat: Du selbst hast die Geschichte deines Lebens geschrieben. Es war deine Entscheidung, dass die Dinge sich so entwickelt haben, wie es der Fall gewesen ist.

Nimm dir gemeinsam mit deinem Partner dann weitere fünfzehn Minuten Zeit, um dieses Prinzip im Licht eurer jeweiligen Lebensgeschichte einer Prüfung zu unterziehen. Weshalb solltest du eine solche Geschichte geschrieben haben? Welcher Zweck könnte darin liegen, eine solche Lebensgeschichte zu schreiben? Was wolltest du beweisen? Und weshalb glaubtest du, es beweisen zu müssen? Worin besteht der Lohn für eine solche Lebensgeschichte, wie du sie geschrieben hast und lebst? Welche Ausreden hat ein solches Leben dir geliefert? Was haben die Dinge, die geschehen sind, dir zu tun erlaubt?

Betrachte deine Lebensgeschichte nun unter folgenden Aspekten. Es geht in diesem Kapitel vor allem darum, dein Leben und das anzuschauen, was nicht glücklich war oder nicht gut verlaufen ist.

Betrachte deine Lebensgeschichte zunächst *als das, was du getan hast, um dich vor deiner Angst zu schützen.* Jedes Problem und jedes traumatische Ereignis steht für einen Ort, an dem du dich gefürchtet hast. Betrachte jedes Problem und jedes Trauma als eine Form von Schutz – so war zumindest dein Plan –, um das zu verhindern, was du für eine noch größere Katastrophe hieltest. Denke darüber nach, und sprich dann mit deinem Partner darüber. Durchleuchte diesen Aspekt im Hinblick auf die Probleme und traumatischen Ereignisse, die dir widerfahren sind.

Stelle dir die Frage:

„Was, fürchtete ich, würde bei diesem Ereignis geschehen?"

Tue es jetzt.

Ergründe deine Probleme und traumatischen Erlebnisse anschließend vor dem Hintergrund, dass jedes Problem und jedes traumatische Ereignis *eine Form von Angst davor war, dein Licht leuchten zu lassen und nicht nur deine inneren Seelengaben zu enthüllen, sondern auch die Gaben des Himmels an dich und die Gaben, die damit einhergehen, dass du dich zu deiner Lebensaufgabe und deiner Bestimmung bekennst.* Warum hast du dich so sehr vor dem neuen Maß an Liebe, Nähe und Erfolg gefürchtet, das mit deinen Gaben, deiner Lebensaufgabe und deiner Bestimmung einhergeht?

Erzähle deinem Partner deine Lebensgeschichte zum Schluss noch einmal als *eine Geschichte der Angst, eine Geschichte der Flucht und des Versteckens vor dir selbst, deiner Lebensaufgabe, deiner Größe und der Liebe und den Gaben des Himmels.* Du solltest möglichst nicht länger als zwölf bis fünfzehn Minuten dafür brauchen.

Weil die Lebensgeschichte, die du zu Beginn erzählt hast, von der Leugnung hergerührt hat, die mit unterbewussten und unbewussten Elementen einhergeht, ist sie von Selbsttäuschung geprägt. Du hast andere Menschen als „böse Buben" benutzt, damit du dich verstecken und in Kleinheit investieren konntest. Andere Menschen hast du zu Unrecht beschuldigt oder als Nebendarsteller benutzt. Das Maß, in dem dein Leben von Schmerz und Problemen geprägt ist, entspricht dem Maß, in dem Leugnung und Selbsttäuschung in deinem Leben am Werk sind. Dies ist nicht die Wahrheit, und es sorgt dafür, dass du schwach, ängstlich, schuldig und unwürdig bleibst. Du kannst dich fragen, wie viele Geschichten der Angst es in deinem Leben gibt. Lasse sie alle los. Vergib dir selbst und allen Menschen, die an deinen Problemen und Traumata beteiligt waren. Gewinne dein Leben zurück. Lasse alles als einen großen Fehler los. Entscheide dich gemeinsam mit deinem Partner stattdessen für eine Geschichte der Liebe.

# 5

# Der Teufelskreis aus Sünde, Unwürdigkeit und Besonderheit

Sünde ist ein Überbleibsel religiöser Lehren aus unserer Kindheit, die wir gedankenlos in uns aufgesaugt haben. Die Folgen dieser Glaubenssätze und ihre unheilvolle Auswirkung auf unser Wohlbefinden haben wir dabei nicht überprüft. Menschen sind von Ängsten geplagt und von Schuld erfüllt, und der Gedanke an Sünde verstärkt lediglich unsere Schuld und unser selbstzerstörerisches Denken und Handeln. Jeder Mangel und jedes negative Ereignis in unserem Leben wird durch Schuld genährt. Sünde bringt die Vorstellung von unversöhnlicher Schuld ins Spiel. Trotz unseres Glaubens, dass gelegentliche Sünden vielleicht vergeben werden, sind wir überzeugt, von Natur aus Sünder zu sein. Unwürdigkeit rührt von unserem Glauben an Schuld und Sünde her. Folglich glauben wir, dass wir es nicht verdient haben, Glück im Leben zu erfahren.

Die Erforschung des Unterbewusstseins und der Wurzeln von Emotionen hat mich gelehrt, dass Schuld und der Glaube an Sünde nicht wahr, sondern nur Erfindungen des Egos sind, die es benutzt, um seine eigene Macht zu vergrößern. Schuld und Sünde sind Werkzeuge der Kontrolle, die wir sowohl bei uns selbst als auch bei anderen Menschen einsetzen. Das Maß unserer Schuld und unseres Glaubens an Sünde entspricht dem Maß, in dem wir Selbstliebe und Würdigkeit ablehnen. Dies wirkt sich nicht nur auf unser Selbstbild, sondern auch auf unser Sexleben aus. Alles, was wir uns an Erfolg, Fülle und Liebe nicht zugestehen, rührt von Schuld und Sünde her.

Wir brauchen Liebe, und das Ego ist rasch mit dem Hinweis zur Stelle, dass etwas, das es uns verspricht, dieses Bedürfnis erfüllt. Es schlägt Besonderheit als möglichen Weg vor, um uns die Beachtung und Anerkennung zu sichern, die wir brauchen. Besonderheit sorgt dafür, dass alles sich um uns dreht, und hat auf Beziehungen deshalb eine äußerst zerstörerische Wirkung. Das Ego ist eitel und selbstsüchtig, und es benutzt andere Menschen, um sein unersättliches Bedürfnis nach Besonderheit zu nähren. Es ist sehr rasch verletzt oder gekränkt und wacht eifersüchtig über seine Größe und die Behandlung, die ihm zuteilwird. Wenn das Ego seine Anerkennung nicht durch Selbstüberhöhung bekommen kann, umgibt es sich mit einem dunklen Glanz, um sein Ziel zu erreichen. Schuld und Sünde bringen uns dazu, zu kompensieren und uns selbst zu überhöhen, während sie uns zur gleichen Zeit den dunklen Glanz verleihen, den wir brauchen, um unsere Besonderheit zu nähren.

Die drei Triebkräfte der Sünde, der Schuld und der Besonderheit verbinden sich miteinander in einem spiralförmig abwärts verlaufenden Teufelskreis, der das Ego stärkt und unser Leben dunkel und schwer macht. Wenn wir in dieser Falle festsitzen, treten wir nicht nur auf der Stelle, sondern arbeiten auch gegen uns selbst. Unsere Glaubenssätze von Schuld und Sünde sollen uns die Möglichkeit geben, unserer Angst aus dem Weg zu gehen, sorgen aber zur gleichen Zeit dafür, dass wir steckenbleiben. Unwürdigkeit bedeutet, dass alles, was wir erreichen wollen, die dreifache Anstrengung erfordert, und Besonderheit hält die Kamera, während wir die Aufmerksamkeit auf unseren Kampf und unser Leiden gerichtet haben.

Der Himmel hat uns weder schuldig noch als Sünder erschaffen, aber die Spaltungen in unserem Bewusstsein, die entstanden sind, als wir uns eine andere Identität aufgebaut haben als die, in der Gott uns ursprünglich einmal erschaffen hat, haben immer größere Schuld erzeugt. Sie haben die Liebe zugedeckt, die uns das Einssein geschenkt hat, und unser Streben nach Besonderheit immer weiter verstärkt.

Frage dich, zu welchem Zweck du diesen Teufelskreis oder ganz bestimmte Elemente dieses Teufelskreises benutzt hast. Ist es tatsächlich das, was du willst? Was willst du wirklich? Übernimm die Verantwortung für die Situation und lege das, was dir nicht gefällt, rasch in die Hände des Himmels, damit er es für dich ungeschehen machen kann.

# 6

# Heilung der Welt durch Sex

Sex ist ein Kanal, der sowohl den Himmel als auch die Hölle durchzuleiten vermag. Er ist eine Form von Kommunikation, die am höchsten Punkt imstande ist, Liebe, Wunder und Heilung zu bringen. Im schlimmsten Fall wird er zu einer Form der Unterwerfung, Unterdrückung, Scham oder Schuld. Er kann als Mauer oder Hindernis benutzt werden, statt eine Brücke zu sein, die euch zueinander bringen kann. Das Ego benutzt Sex zum Vergnügen oder als Mittel zum Angriff. Sex kann leicht zu einem Götzen werden, der besonders häufig benutzt wird, um dich von Gott und vom Himmel abzulenken, die stets überwältigende Freude und Liebe für dich bereithalten.

Das Ego benutzt Sex, um dir weiszumachen, dass du nur ein Körper bist, und lenkt dich damit von der Erkenntnis deiner geistigen Wesensnatur und von deinem Bewusstsein für die höheren Ebenen ab. Der Himmel benutzt Sex, um Freude, Harmonie und Heilung zu bringen. Er wird zu einem Ort der Verbindung, der Zärtlichkeit und des Trostes. Als Instrument kann Sex zu einer Himmelsleiter werden, die den Körper bis hin zum Einssein überschreitet. Wenn Sex zu einem Geben deiner selbst wird, um das höchste Selbst in deinem Partner zu finden, dann findest du durch den Liebesakt mit deinem Partner die höchste Liebe, die Gott für alle Menschen empfindet.

Weil das Ego dafür sorgt, dass Sex sich um den Körper dreht, verwandelt es ihn schnell in Sünde, Schuld und Scham, statt in ihm ein Werkzeug zu sehen, das dich durch Geben und Empfangen mit deinem Partner verbindet. Deine Fehler in Bezug auf Sex sind dazu da, berichtigt zu werden, und deine Seelenlektionen in Bezug auf Sex sind dazu da, gelernt zu werden, um dich auf eine höhere Ebene zu bringen. Das Ego versucht dafür zu sorgen, dass es beim Sex nicht um Geben und Empfangen, sondern um Bedürfnisse, Besonderheit und Bekommen geht. Sex ist ebenso natürlich wie Essen, Schlafen oder andere natürliche körperliche Funktionen. Sex ist – wie der Körper – neutral. Wie du ihn einsetzt, hängt davon ab, ob er benutzt wird, um dem Himmel zu dienen, oder ob er benutzt wird, um deinem Ego zu dienen und etwas zu bekommen. Wenn du im Hinblick auf Sex schmerzhafte Erfahrungen gemacht hast, dann hast du in dein Ego investiert, das seine Macht durch die Trennung vergrößert, die mit Verletztheit, Herzensbruch, Schuld und Scham einhergeht.

Wenn du fürchtest, in Bezug auf Sex deine Integrität zu verlieren, lege ihn in die Hände des Himmels. Sex kann ein Instrument sein, das dich in die höheren Stadien der Liebe und des Bewusstseins befördert, aber das Ego hat ihn mit sehr vielen Fallgruben und Fallstricken umgeben, um zu verhindern, dass er zu einem positiven Zweck benutzt wird. In den Händen des Egos wird Sex zu einem Mittel der Kontrolle, zu einer Form von Konkurrenz und Kampf oder zu einem Werkzeug des Angriffs durch Aggression oder Rückzug. Sex ist als Brücke gedacht und nicht als Problem, das Mauern errichtet und das Ego aufbaut.

Das Ego hat deine Sexualität in den meisten Fällen für sich beansprucht. Es verwandelt Sex in einen Götzen, der dich von dem ablenkt, um was es im Leben wirklich geht. Es verlockt dich dazu, dich zwanghaft sowohl mit deinem eigenen Körper als auch mit dem Körper anderer Menschen zu beschäftigen. Es lenkt dich von Gott ab und schraubt deine Ansprüche an das herunter, wonach du wirklich suchst. Du hast deine Ansprüche zu weit heruntergeschraubt. Deine wahren Ziele sind die überwältigende, unerhörte Liebe Gottes und das Glück, das von deiner geistigen Wesensnatur und ihrer Ganzheit herrührt. Du bist nicht die Identität, die das Ego dir durch Schmerz und Besonderheit zugewiesen hat. Du bist ein Teil des Ozeans des Seins selbst.

Sex spiegelt deine Lebensmuster wider. Verletzungen, Schuld und Scham in Bezug auf Sex begrenzen deshalb in hohem Maße dein Leben und das, wofür du offen bist. Deine sexuelle Geschichte kann sich als eine wahre Fundgrube für die Erkenntnis erweisen, was in dir der Heilung und Erneuerung bedarf. Anderenfalls benutzt dein Ego sie als Mittel, um deine Besonderheit unter Beweis zu stellen, Aufmerksamkeit durch Schmerz oder Bedürftigkeit zu erlangen oder deinen Stolz und deine Besonderheit zu stärken. Die Verwechslung von Liebe und Besonderheit gehört zu den größten Irrtümern, die dir im Leben unterlaufen können. Wo das Ego für Missverständnisse und Schmerz sorgt und andere Menschen zu Geiseln macht, verbindet die Liebe euch durch Glück und segnet euch mit ihrem süßen Vergnügen. Mit diesem Wissen sollte es leicht möglich sein, zwischen Liebe und Besonderheit zu unterscheiden.

Unsere Generation hat ein Seelenversprechen gegeben, der Sexualität ihre Unschuld zurückzugeben und sie als Werkzeug der Verbundenheit einzusetzen. Es muss also einen Weg geben, dies zu erreichen. Die Größe dieses Versprechens mag zwar ungeheuerlich scheinen, ist aber nicht ungeheuerlicher als dein erstes Seelenversprechen, Verbundenheit und Partnerschaft zu erneuern und der Welt als Lebensart zurückzugeben. Der Himmel steht dir mit Wundern zur Seite, damit du beide Versprechen erfüllen kannst. Dein Anteil besteht darin, die Bereitschaft aufzubringen. Du kannst das Versprechen erfüllen, indem du vergibst und deine früheren Beziehungen heilst. In jeder Beziehung, die nicht von Glück geprägt war, hast du Sex missbraucht, um dich selbst zu überhöhen und deiner Berufung zur Liebe aus dem Weg zu gehen. Stattdessen hast du dich für die Angst anstelle von Nähe, Erfolg und dem nächsten Schritt in deiner Beziehung entschieden. Diese Entscheidung rührt von Gefühlen der Unzulänglichkeit her. Du hast natürlich dafür gesorgt, dass es bei deinem Schmerz und deinen Problemen nur darum geht, was dein Partner getan oder nicht getan hat, aber all das hat nur dazu gedient, deine Angst zu verschleiern.

Wenn du deine Vergangenheit in Bezug auf Sex heilst und ihm dafür vergibst, dass er dich nicht glücklich gemacht hat oder nicht der Himmel war, dann stößt du ihn von seinem Götzenthron, der ihm zwar Glanz verleiht, später aber nur zu Enttäuschung, Ernüchterung und geplatzten Träumen führt. Sobald du dir selbst für deine Hartherzigkeit vergibst, kannst du dich darauf konzentrieren, Sex zu dem Instrument zu machen, mit dessen Hilfe du das göttliche Liebesspiel entdecken kannst. Dies öffnet die Pforte zum Himmel und bringt dir die Erkenntnis, dass du ewiger Geist bist, verliebt in ALLES, WAS IST.

# 7

# Die Geschichte der Gier und der Adept

Adepten wollen mehr. Sie wollen sich mit weniger nicht zufriedengeben. Sie wollen, was der Himmel zu bieten hat. Ehe sie sich wieder an die Dinge erinnern konnten, die sie vergessen hatten, fürchteten sie sich vor der Erkenntnis dessen, wer sie waren und sind. Sie waren gierig, und fast alle trugen Geschichten der Gier in sich. Sie suchten an all den falschen Orten nach Liebe. Sie glaubten, mehr von dem zu bekommen, was sie begehrten, wie etwa Sex, Essen, Geld, Reisen, Macht oder Besonderheit, würde ihnen Befriedigung bringen. Und obwohl diese Dinge ihnen niemals Befriedigung brachten, haben sie es immer weiter versucht und immer mehr konsumiert, bis sie schließlich erkannten, dass sie das, wonach sie suchten, außerhalb ihrer selbst niemals finden würden. Sie entdeckten, dass ungeachtet dessen, was sie an äußeren Dingen ansammelten, die Strategie des Bekommenwollens nicht funktionieren würde. Zu guter Letzt erkannten sie, dass das Glück, nach dem sie strebten, von innen kommen musste, nämlich *von dem, was sie gaben oder empfingen.*

Jemand, der die Welt am liebsten verschlingen möchte, ist demzufolge ein möglicher Adept. Wenn er in die richtige Richtung gelenkt wird und loszulassen vermag, kann er lernen, die Anteile seiner selbst zu integrieren, die vermeintlich in gegensätzliche Richtungen steuern. Die Spaltungen des Egos können wieder miteinander verschmolzen werden, sodass die entgegengesetzten Aspekte des Bewusstseins, wie etwa Meisterschaft und das Ego, vereint werden können, um ein neues Maß an Frieden und Zuversicht zu erschaffen. Sobald er dem Himmel erlaubte, die Richtung vorzugeben, und seine Geschichten der

Besonderheit, der Gier und des Bekommens durch Geschichten des Gebens ersetzte, brauchte er oft nur noch einen kleinen Schritt zu gehen, um ein Adept zu werden. Sobald aus dem Bedürfnis, die Welt zu verschlingen, Integration und Ganzheit erwuchsen, kam ein frischgebackener Meister ans Licht, der sein Streben nach billigen Reizen aufgegeben hatte und nun nach Dingen strebte, die einen echten Wert besaßen. Nur dann fand dieser zukünftige Meister seine Mitte und seine Bestimmung. Es brachte ihm Glück und nicht die Enttäuschung geplatzter Träume, die das Streben nach Glück in äußeren Dingen ihm beschert hätte. Sieh dich selbst und andere Menschen, die Geschichten der Gier in sich tragen, als potenzielle Meister. Es bedarf lediglich der Bereitschaft, Weisung zuzulassen und die richtige Richtung einzuschlagen.

Wie viele Geschichten der Gier trägst du in dir? Lasse sie alle los, denn sie stehen dir im Weg. Deine Gier sorgt dafür, dass du nicht empfangen kannst, und ganz ungeachtet dessen, was du bekommst oder nimmst, hat deine Gier bereits festgelegt, dass es niemals genug ist. Geschichten der Gier sabotieren das Glück und verwandeln das Leben in etwas, das es lediglich zu konsumieren gilt. Glück rührt nicht von dem her, was du bekommst, sondern von dem, was du gibst und empfängst.

Meister empfangen alles, was sie wollen, vom Himmel. Das gibt ihnen die Möglichkeit, allen Menschen in reichlichem Maße zu geben, und macht sie fähig, in noch höherem Maße zu empfangen. Dazu gehören die wunderbaren Gaben im Stadium der Meisterschaft, die Teil deiner Bestimmung sind, Teil dessen, was dir zugedacht war. Dies gilt ebenso für deine Geschichten der Gier. Wenn du sie loslässt, erwartet dich deine Meisterschaft. Dein Selbstwert und deine Selbstliebe rühren dann nicht von dem her, was du bekommst oder konsumierst, sondern von dem, wer du bist und was du gibst.

Wie viel gibst du deinem Partner, anstatt eigenen Bestrebungen zu folgen? Meisterschaft strahlt aus, und sie gibt. Es herrscht ein natürliches Gleichgewicht zwischen den Dingen, die du für dich selbst, und den Dingen, die du für andere Menschen tust.

Welche Einstellung hast du zum Bekommen verglichen mit Geben?
Konsumierst du oder gibst du?
Wo liegt das Gleichgewicht zwischen beiden?

Das Maß, in dem du konsumierst, entspricht dem Maß, in dem du mit der Masse gehst. Das Maß, in dem du gibst, entspricht dagegen dem Maß, in dem du Partner und Freund oder Partnerin und Freundin bist. Auf höheren Ebenen des Gebens wirst du zu einer Führungspersönlichkeit, einem Visionär, einem Meister. Gib deine Gier zugunsten deiner Meisterschaft auf. Du machst ein hervorragendes Geschäft.

# 8

# Dein Ego oder der Himmel

Die Selbstkonzepte, die deine Identität ausmachen, rühren von Ereignissen her, in denen du Schmerz oder Verlust erlitten hast. Diese Aspekte der Trennung, die du selbst herbeigeführt hast, hast du anderen Menschen zur Last gelegt, und du hast sie benutzt, um dein Ego zu stärken. Dein Ego ist auf dem Gerüst deiner Kindheit aufgebaut. Durch Entscheidungen, die dann zu deinen Selbstkonzepten wurden, hast du dich auf eine bestimmte Weise geformt. Diese Identität ist stets mit Selbstkonzepten des Opfers, der Aufopferung und – am tiefsten verborgen – der Unabhängigkeit verbunden. Du schaffst für gewöhnlich ein Bild deiner selbst als unschuldiges Opfer, das in deiner eigenen Geschichte ein Held war, denn du hast die Ungerechtigkeit überlebt, obwohl du so schamlos ausgenutzt wurdest. Neben der Trennung übernimmst du auch Selbstkonzepte von den Menschen in deiner Umgebung. Auf diese Weise machst du dich mit deiner Umgebung gleich, um Anerkennung zu finden.

Dein Ego ist die treibende Kraft hinter Kontrolle, dem Verlangen, dass alles nach deinem Willen laufen soll, dem Verlangen, Recht zu haben, einem Leben nach Rollen und Regeln, Konkurrenz, Angriff und Selbstangriff, obwohl alle diese Dinge zu Kämpfen und zu Leblosigkeit führen. Deine Selbstkonzepte bilden deine Glaubenssysteme, und deine Glaubenssysteme formen deine Wahrnehmung der Welt und sind das Gefängnis, das dich einengt.

Wenn du allmählich erkennst, dass du die Trennung aufgeben musst, die durch die Selbstkonzepte aufrechterhalten wird, die das Ego zwischen dir und dir selbst, zwischen dir und anderen Menschen und zwischen dir und dem

Himmel erschaffen hat, dann kannst du deine Emotionen als Hinweis darauf nutzen, was der Heilung bedarf. Du hast eine Spaltung in deinem Bewusstsein aufgedeckt, die von einem alten Glaubenssatz oder von einem schmerzhaften Ereignis aus deiner Vergangenheit herrührt, das jetzt geheilt werden will. Auf diese Weise kannst du die Trennung, den Schmerz und deine Glaubenssätze aufgeben, auf die du deine Identität aufgebaut hast. Sie werden durch Frieden und die Auswirkungen dieses Friedens ersetzt, zu denen Liebe, Fülle und Glück gehören. In dem Maße, in dem Heilung geschieht, trittst du zurück und der Himmel ist in stärkerem Maße in dir präsent. Alle Stimmen des Zweifels, der Selbstzentriertheit und des Selbstangriffs verstummen. Sie sind das, was dich wie Zellophan von anderen Menschen, dem Leben und der Liebe trennt. Wenn du einem Menschen, der in Not ist, dein Herz öffnest, befreist du dich von deinen Selbstkonzepten, weil der betreffende Mensch ebenfalls von seinem Problem – oder zumindest einer Schicht seines Problems – befreit wird.

Der Himmel hat ein weit besseres Leben für dich geplant, als du es für dich selbst geplant hast. Deine Glaubenssätze über dich selbst können dich rasch auf äußerst schmerzhafte Weise einengen oder das alte Muster aus Zwang, Schmerz und Selbstschädigung wiederholen. Der Plan des Himmels birgt weder Schmerz noch Aufopferung in sich. Der Himmel verwechselt dissoziierte Unabhängigkeit niemals mit Freiheit.

Lege deine Identität heute in die Hände des Himmels, damit er dir helfen kann, dein höchstes Selbst zu finden, und lasse dich von ihm in ein Leben führen, das der Himmel auf Erden ist.

9

# Die tiefe Enttäuschung der Ehe

Im Verlauf einer Ehe entstehen viele Situationen, die zu Enttäuschung und manchmal sogar zu einer sehr tiefen Enttäuschung führen können. Dies kann im entscheidenden ersten Jahr oder im verflixten siebten Jahr passieren. Manchmal kann es auch ganz einfach daran liegen, dass die Partner älter werden und nicht mehr das innere Feuer oder das Verlangen verspüren, einander näherzukommen. Da deine Beziehungen und deine wahre Berufung die Lebensaspekte sind, die am tiefsten sinnerfüllend sein können, sind sie zugleich auch die Bereiche, die dich durch tiefe Enttäuschung in die Knie zwingen und damit zu Sinnlosigkeit führen können.

Es ist wichtig herauszufinden, was zu diesem Zustand geführt hat, in dem euer Zusammenkommen kein Verlangen und keine Energie mehr in sich birgt und du eher dem Grab als dem Leben zugewandt bist. Das Wesen der Enttäuschung besteht darin, dass dein Bewusstsein sich in einem Zwiespalt befindet. Ein Anteil deines Bewusstseins will dein Ziel der Liebe, der Ganzheit und der Gemeinschaft erreichen, in dem deine Beziehung dich zur Liebe Gottes hinführt und wirklich eine Himmelsleiter ist. Der andere Anteil folgt einem heimlichen Plan des Egos, das sich trennen will und nicht bereit ist, durch die schmerzhaften Emotionen und das Unbehagen der Verbindung mit deinem Partner hindurchzugehen, um Verbundenheit zurückzugewinnen.

Dies ist einer der großen Scheidewege, an denen du im Leben stehst, weil du dich entweder anpasst und die Möglichkeit aufgibst, deine Ehe zu verbessern, oder etwas dagegen tust. Rührt die Enttäuschung von einem allgemeinen Gefühl des Unwohlseins her oder von einem geplatzten Traum? Ist es eine Seelenlektion, die du lernen wolltest, oder ist eine dunkle Lektion daraus geworden, die dich zurückgeworfen und deine Beziehung gelähmt hat?

Das erste Prinzip, das es umzusetzen gilt, um eine positive Veränderung zu bewirken, besteht darin, Verantwortung für deine Emotionen und den Zustand deiner Ehe zu übernehmen. Wenn die Dinge nicht gut laufen, ist ein heimlicher Plan des Egos am Werk. Du benutzt den Zustand deiner Ehe beispielsweise, um im Leben aufzugeben, eine Ausrede zu haben, dich hinzulegen und zu sterben, dich nicht ändern zu müssen oder dich zu rächen. Deine Beziehung kann nicht nur diesen, sondern noch vielen anderen heimlichen Absichten dienen. Deshalb lautet das zweite Prinzip, dich auf die Suche nach der heimlichen Belohnung des Egos zu machen.

Das dritte Prinzip besteht darin, dich zu entscheiden, was du wirklich willst. Willst du, dass alles so bleibt, wie es ist? Willst du die Situation benutzen, um zu beweisen, dass du im Recht bist? Willst du sie als Ausrede benutzen, um nicht vertrauen zu müssen? Oder willst du einen Weg finden, sie zu verbessern? Es gibt einen besseren Weg, wenn du bereit bist, ihn zu gehen!

Es ist wichtig zu erkennen, dass nahezu jeder Fehler, jeder Konflikt, jede Emotion und jede Erfahrung ein Gefühl der Leblosigkeit zwischen dir und deinem Partner hochkommen lässt. Als der Mensch, der dir am nächsten steht, spiegelt dein Partner deine Beziehung zum Himmel wider. Willst du ein immer höheres Maß an Liebe und Glück in deinem Leben erfahren? Wenn die Antwort ja lautet, besteht der Weg darin, deine Lektion zu lernen.

Das vierte Prinzip lautet, dass die Liebe, die dein Partner für dich empfindet, dein eigenes Selbstwertgefühl widerspiegelt. Wenn du nicht unschuldig bist oder das Gefühl hast, dieser Liebe nicht würdig zu sein, dann spiegelt sich dies in der Einstellung deines Partners dir gegenüber wider. Wenn du lieblos warst und den Hilferuf eines anderen Menschen nicht beachtet hast, dann schenkt dein Partner dir keine Beachtung. Du deckst dein Verhalten meist durch eine Situation zu, in der du glaubtest, zum Opfer gemacht worden zu sein. Damit verbirgst du einen Ort, an dem du vortreten, die Situation retten und einem wichtigen Menschen in deinem Leben hättest helfen können, statt einen Groll gegen ihn zu hegen wegen des Schmerzes, den er dir vermeintlich verursacht hat und der deine Schuld an dem Ort verbirgt, an dem du nicht geholfen hast.

Das fünfte Prinzip lautet, das Wachstum deiner Beziehung sowohl zu deinem persönlichen Wachstum als auch zu deinem spirituellen Weg zu machen.

Dies verleiht deiner Beziehung den zentralen Stellenwert, den sie verdient. Du kannst sie als Barometer für dein Leben und als Möglichkeit dafür nutzen, alles in eine positive Richtung zu verändern. Deine Beziehung zeigt letztlich deine Einstellung zum Leben. Benutzt du die Probleme, die es in deiner Beziehung gibt, um in der Welt steckenzubleiben und gegen Gott zu kämpfen, oder benutzt du sie, um dich zum Einssein zu führen?

Das sechste Prinzip lautet, dass der Sinn deiner Beziehung in dem liegt, was du in sie einbringst. Wenn du erwartest, dass dein Partner dich glücklich macht, wirst du immer wieder enttäuscht. Was hindert dich daran, selbst zu geben? Gibt es einen Groll, den du bisher nicht voll und ganz loslassen konntest? Frage dich, zu welchem Zweck du diesen Groll benutzt. Hast du bei dem Ereignis, in dessen Verlauf dein Groll begonnen hat, Verträge mit dem Ego abgeschlossen? Solche Verträge bringen dich immer wieder zu dem alten Vorfall zurück. Das Ego macht ihn zu einem Bestandteil seines Fundaments, das aus Angriff und Selbstangriff besteht. Das „Schwert der Wahrheit" kann benutzt werden, um diese Pakte mit dem Ego aufzulösen. Deine Geschäfte mit dem Ego haben Egopersönlichkeiten entstehen lassen, die ebenfalls aufgelöst werden können. Frage dich dann, ob du bei einem der Ereignisse, in deren Verlauf du einen Herzensbruch erlitten hast, Geschäfte mit dem Teufel eingegangen bist. Wie viele Geschäfte mit dem Teufel hast du abgeschlossen? Sie verleihen deiner Niederlage oder deinem geplatzten Traum einen toxischen Aspekt. Du hast teuflische oder toxische Persönlichkeiten ausgebildet, die du ebenfalls mit dem Schwert der Wahrheit auflösen kannst. Ich habe herausgefunden, dass andere Teufel häufig auf diese Verträge aufspringen und dein Leben peinigen. Insgeheim hoffen sie, dass du eines Tages aufwachen und sie erlösen wirst. Du kannst das Schwert der Wahrheit benutzen, um diese Verträge mit dem Teufel aufzulösen. Es waren Vereinbarungen, die der Teufel nie eingehalten hat. Du kannst deine Engel sowie andere Freunde an höherer Stelle bitten, alle Teufel ins Licht zurückzuführen. Wenn eine Form von – insbesondere körperlichem oder sexuellem – Missbrauch dir diese dunklen blinden Passagiere eingebracht hat, dann ist es von entscheidender Bedeutung, auch die Geschäfte zu lösen, die der Täter mit dem Teufel abgeschlossen hat. Alle Teufel, die auf die Verträge aufgesprungen sind, kannst du wiederum mit Hilfe deiner Freunde an höherer Stelle befreien.

Das siebte Prinzip besteht darin, dass du bei einem chronischen Problem den Wutanfall, die „Masche", den mehr oder minder tief verborgenen Starrsinn und die falsche Einstellung erkennen musst, die damit verbunden sind. Alle diese Dinge zeigen, dass du Angst vor Veränderung hast, an Götzen sowie an deinem Kampf festhältst und fürchtest, Gottes Liebe könne dich der Erde entreißen. Dies kann noch durch astrale Einflüsse oder durch die Dämonen, Teufel und dunklen Götter verstärkt werden, die in Wirklichkeit nur andere Bezeichnungen für das uralte Ego sind, das benutzt wird, um dich in der Trennung festzuhalten. Das Ego ist nicht Herr über Licht und Liebe. Auch dies ist eine Frage der Entscheidung, in was du investieren willst – in die Liebe oder das Ego. Ein Problem ist eine Klage. Ein großes Problem ist ein Wutanfall oder eine „Masche". Es bedeutet, dass du etwas nicht gibst, sondern versuchst, es außerhalb deiner selbst zu bekommen. Du trägst eine Seelengabe in dir, die du hervorbringen könntest. Worin besteht sie? Auch der Himmel steht dir bei, indem er dir die Gaben und Wunder schenkt, die du brauchst.

Wenn du den Weg der Heilung gehst, lässt er ein immer größeres Maß an Nähe zwischen dir und deinem Partner entstehen und macht deine Beziehung zu einem Erfolg für euch beide. Verbundenheit und Liebe bilden das achte Prinzip, das deine Probleme lösen kann. Stelle dir vor, dass du dein inneres Licht mit dem inneren Licht deines Partners zu einem einzigen Licht verbindest. Reiche in Liebe zu ihm hinaus. Öffne ihm dein Herz. Gib ihm jeden Tag auf eine besondere Weise, um deine Liebe zum Ausdruck zu bringen. Lasse nicht zu, dass ein Problem oder eine Emotion dir wichtiger wird als dein Partner. Du kannst dich fragen: „Will ich diesen Ärger fühlen, oder will ich auf meinen Partner zugehen?" „Will ich dieses Problem haben, oder will ich auf meinen Partner zugehen?" Wiederhole diese Fragen, bis du dich von Geist zu Geist und von Herz zu Herz mit deinem Partner verbinden kannst. Wenn du es jeden Tag tust, kannst du Schicht um Schicht auch große chronische Probleme beseitigen. Zehn Tage reichen aus, um dich auf eine ganz neue Ebene zu bringen.

Vergebung ist das neunte Prinzip und ebenfalls eine wunderbare Methode. Um das Verhalten deines Partners zu vergeben und es zu segnen, vergib ihm und segne ihn. Vergib seinen Glaubenssystemen und segne sie. Vergib dann deinem Verhalten und segne es. Vergib dir selbst und vergib deinem Glaubenssystem, das diese Situation hervorgerufen hat. Wenn du dir zum Ziel setzt, dies hundertmal am Tag zu tun, kann deine Beziehung sich innerhalb von zehn Tagen grundlegend verändern. Ich empfehle dir, ein kleines Tagebuch zu führen, in dem du notierst, wofür du ihm vergibst. Du wirst feststellen, dass dir während dieser Übung auch andere Menschen und Situationen in den Sinn kommen, denen es zu vergeben gilt. Zähle sie jeweils als einen Akt der Vergebung.

Das zehnte Prinzip besteht darin, Götzen und Anhaftungen loszulassen. Du kannst ohne sie weder Schmerz noch Enttäuschung erleben, und sie können als bloße Illusionen losgelassen werden, die dich weder tragen noch glücklich machen können. Wenn du etwas loslässt, dann kommt etwas, das wahrer ist, um den Platz dieser falschen Götter einzunehmen, und es erlaubt dir, den nächsten Schritt zu gehen. Dein Festhalten macht eine Sache zu einem falschen Gott und verhindert Glück in der Gegenwart.

Vertrauen, das elfte Prinzip, ist ein ebenso machtvolles Prinzip der Heilung. Vertrauen in eine Situation zu haben bedeutet, sie sich entfalten zu lassen, bis sie paradoxerweise eine positive Wendung nimmt. Auch Verpflichtung bringt dich in wichtigen Schritten voran, weil sie bewirkt, dass du dich voll und ganz hingibst. Sie bringt Wahrheit, Mühelosigkeit und Freiheit in eine Situation hinein. Wo kein vorwärts gerichteter Fluss stattfindet, dort gibst du dich selbst nicht von ganzem Herzen.

Hilfe ist das zwölfte Prinzip, das ebenfalls ein wichtiges Prinzip der Heilung ist. Wenn es dir gelingt, energetisch durch die Emotion, die du fühlst, oder das Problem, vor dem du stehst, hindurch zu geben, dann klärt sich eine Schicht des Problems oder Schmerzes und bringt dich in einen Fluss. Dies ist ein müheloser Weg voran, der eine große Veränderung bewirken kann.

Diese Prinzipien können dich über tiefe Enttäuschungen in einer Beziehung hinausbringen und sie neu belebt wieder auf die Füße stellen.

# 10

# Existenzielle Rollen

Existenzielle Rollen sind die Rollen, die das Leben scheinbar an dich austeilt. Dazu können die Rolle des Sohnes, der Tochter, des Ehemannes, der Ehefrau, der Mutter oder des Vaters gehören. Rollen – vor allem existenzielle Rollen – können dich niederdrücken. Du hast das Gefühl, dass es weder ein Entkommen noch eine Atempause gibt. Wie bei allen Problemen liegt aber auch ihr Ursprung in deinem Bewusstsein und in deinem Denken. Das kannst du glücklicherweise ändern und dich von einem Leben voller Bürden befreien. Verändere dein Denken und sieh in deinen existenziellen Rollen und dem damit einhergehenden bloßen Pflichtgefühl eine Chance, andere Menschen zu lieben und dich selbst zu geben. Existenzielle Rollen sind, richtig betrachtet, Situationen des Dienstes und der Hingabe. Dienen erzeugt Fluss, und Hingabe bringt Hingabe hervor.

Es gibt eine Reihe von Möglichkeiten, deine existenziellen Rollen von ihrer Bürde zu befreien. Du kannst dich zum Beispiel dafür entscheiden, dich zu geben, sodass das, was du tust, zum Geben und Empfangen und damit zu einem Akt der Liebe wird. Der zweite Schlüssel besteht darin, dich voll und ganz zu geben und nichts zurückzuhalten. Das erlaubt dir, Schritt um Schritt weiterzugehen, denn uneingeschränkte Selbsthingabe bringt Erfüllung.

Bürden spiegeln die Tatsache wider, dass du versuchst, alles aus eigener Kraft zu tun. Damit sorgst du dafür, dass die Aufmerksamkeit auf dich gerichtet ist, machst dich zu etwas Besonderem und verlierst jetzt, um später zu gewinnen. Bürden sind eine Form von Konkurrenz, die dich überlegen sein lässt. Bei einem von Bürden erfüllten Leben sorgst du insgeheim dafür, dass alles sich nur um dich dreht. Die zweite Möglichkeit, dich von Bürden zu befreien, besteht darin, das, was du tust, durch Gnade zu tun und daran zu denken, dass die göttliche Präsenz bei dir ist und jede Bürde für dich tragen kann.

Der Plan des Himmels ist wohlwollend und will nicht, dass du in irgendeiner Weise leidest oder dich aufopferst. Der Plan des Egos besteht darin, seine eigene Position durch Schmerz, Groll und Kampf zu stärken. Es macht dich zur Geisel der Identität, die es erschaffen will, und sorgt dafür, dass du die Rechnung bezahlst. Rollen und die Schuld und Unwürdigkeit, die sie verstecken, sind die Mittel, die das Ego einsetzt, um seine Sicherheit zu gewährleisten. Es mag dich nicht, reicht die Rechnung aber immer an dich weiter.

Heute ist ein guter Tag, um aufzuspüren, wo du eine Schwere in dir trägst, die von existenziellen Rollen herrührt. Es ist wichtig, sie loszulassen, damit dein Leben ohne den inneren Stress verlaufen kann, den Rollen erzeugen. Du solltest außerdem wissen, dass du möglicherweise auch dann noch an einer Sohn- oder Tochterrolle festhältst, wenn deine Eltern bereits lange gegangen sind. Dies kann ebenso bei der Elternrolle oder Rollen innerhalb einer Ehe der Fall sein. Es gibt auch Schüler-, Angestellten- oder Vorgesetztenrollen, die ihren eigenen Stress in sich tragen. Lasse sie alle los und gehe authentisch auf jede Situation ein, wenn du dazu aufgerufen bist. Um zu sehen, wie hoch das Maß an Stress ist, das du in dir trägst, ist es sicher interessant, einmal den Prozentsatz an Stress zu addieren, der mit jeder deiner Rollen verbunden ist, ehe du sie alle loslässt. Wenn du deine Rollen loslässt, gehst du nicht mechanisch, sondern mit echter Einfühlsamkeit auf andere Menschen oder Situationen ein.

## 11

# Der verhängnisvolle Fehler als Kompensation

Ein verhängnisvoller Fehler ist ein Fehler, der eine vernichtende Niederlage zur Folge haben und dein Untergang sein kann. Er kann die Gesundheit zerstören, dafür sorgen, dass du etwas verlierst, das dir lieb und teuer ist, und sogar deinen Tod herbeiführen. Ein verhängnisvoller Fehler geschieht, weil du glaubst, ihn zu benutzen, um etwas Unheilvolleres abzuwenden – ein Gefühl überwältigender Schuld. Du hast einen verhängnisvollen Fehler begangen, um dich für die Schuld zu bestrafen, und benutzt den verhängnisvollen Fehler zugleich, um die Schuld zu verbergen. Die überwältigende Schuld kann von etwas herrühren, das in diesem Leben geschehen ist, geht vermutlich aber noch weiter zurück in das persönliche Unbewusste deiner Ahnen- und Seelenmuster.

Ein verhängnisvoller Fehler beschwört eine Katastrophe herauf, und du bist meist blind für das, was du auf der tieferen Ebene tust oder fühlst. Du versuchst, die Schuld in den verhängnisvollen Fehler zu leiten, um seine grimmige Forderung nach deinem Tod nicht zu fühlen. Diese Abwehrstrategie kann sich jedoch leicht selbst als verhängnisvoll erweisen. Jede Abwehrstrategie führt genau das herbei, was sie zu verhindern versucht, und dies gilt in besonderem Maße dort, wo der verhängnisvolle Fehler eine Kompensation ist. Die Schuld rührt ungeachtet ihres vermeintlichen Ursprungs von deiner Weigerung her, deinen Platz einzunehmen, wenn es um die Erfüllung deiner Bestimmung geht. Die Schuld rührt daher, dass du nimmst, während deine Bestimmung eine Strahlkraft ist, ein Akt des Gebens, das von deinem *Sein* herrührt.

Fasse heute eine feste Absicht und bitte den Himmel um Hilfe. Entscheide dich dafür und bitte darum, dass dein verhängnisvoller Fehler mit der Schuld, die er verbirgt, integriert werden möge. Bitte anschließend darum, dass das Produkt dieser Integration nun mit deiner Bestimmung integriert werden möge. Auf diese Weise wird das, was negativ ist, transformiert und in ein neues Maß an Ganzheit verwandelt.

# 12

# Liebe und Dankbarkeit

*Dankbarkeit, an Liebe geknüpft, wird zu einem wunderbaren Heilmittel.*

Ein Teilnehmer am Workshop beklagte sich über seine kranke, aber äußerst unabhängige Ehefrau. Er klagte über ein so hohes Maß an Mangel, dass er kaum in der Lage war, seine Rechnungen zu bezahlen. Außerdem klagte er über ein so hohes Maß an Leblosigkeit in der Beziehung zu seiner Frau, dass er kaum darüber sprechen konnte, ohne in Tränen auszubrechen. Ich fragte ihn, wenn die Distanz zwischen ihm und seiner Frau ein Gewässer sei, wie groß dieses Gewässer dann wäre. Er antwortete: „So groß wie der Pazifik." Darauf bat ich ihn, mit der festen Absicht, Heilung zu erlangen, die folgenden Worte aus *Ein Kurs in Wundern* zu wiederholen und gleichzeitig um die Hilfe des Himmels zu bitten: „Liebe ist der Weg, den ich in Dankbarkeit beschreite." Nach jeder Wiederholung ging er einen Schritt nach vorne. Beim dritten Schritt war bereits eine leichte Veränderung zu erkennen. Beim siebten Schritt hatte er ein Lächeln im Gesicht. Ich fragte ihn, wo im Pazifik er sich befinde, und er antwortete: „In der Mitte." Ich sagte: „Oh, du bist in Hawaii!" Das brachte ihn zum Lachen. Nach jedem Schritt fragte ich ihn, wie die Situation sich nun für ihn darstellte und anfühlte. Mit jeder Frage wurde es besser. Beim vierzehnten Schritt lächelte er und war sehr erleichtert. Innerhalb weniger Minuten hatten sich seine Gefühle gegenüber seiner Frau vollkommen verändert. Ich bat ihn daraufhin, sich umzudrehen und den Satz noch zwölfmal zu wiederholen, während wir in den vorderen Bereich des Raums zurückkehrten. Nach dem letzten Schritt war er glücklich und von Freude erfüllt. Er hatte neue Hoffnung. Er war in seiner Beziehung erneuert. Am Ende des Prozesses spendete der gesamte Raum spontanen Beifall, weil alle sahen, wie ein Mann, der sich nur wenige Minuten zuvor so hilflos gefühlt hatte, nicht nur neue Kraft, sondern auch neues Leben in seiner Beziehung fand. Ist Liebe der Weg, den auch du heute in Dankbarkeit beschreitest?

## 13

## Festhalten

Festhalten rührt von unerfüllten Bedürfnissen in der Vergangenheit her, die wir in die Gegenwart gezerrt haben. Ein Bedürfnis aus der Vergangenheit in der Gegenwart erfüllt bekommen zu wollen, hat allerdings wenig Aussicht auf Erfolg. Die Erfüllung dieser Bedürfnisse kann in der Gegenwart nicht funktionieren, weil es eine Phantasievorstellung gibt, die dem Empfangen im Weg steht. Festhalten ist die Verhaftung an ein Bild. Wenn wir an einem Bild dessen festhalten, wovon wir glauben, es könne unser Bedürfnis erfüllen, ist es eine *Phantasievorstellung* von dem, was wir wollen. Wenn wir das, was wir wollen, haben, ist es ein Bild in unserem Bewusstsein. Wenn wir festhalten oder Phantasievorstellungen haben, glaubt unser Bewusstsein also, dass wir haben, was wir wollten, und es deshalb nicht mehr brauchen. Festhalten und Phantasievorstellungen stehen Befriedigung und Empfangen im Weg.

Bedürfnisse führen zu Forderungen, und gegen Forderungen – auch gegen die, die wir an uns selbst richten – wehren wir uns. Bedürfnisse und Forderungen führen zu Erwartungen. Erwartungen rauben uns entweder die Freude daran, zu tun, was von uns erwartet wird, oder wir leisten ihnen Widerstand. Bedürfnisse rühren von Trennung her, und hinter der gesamten verborgenen Dynamik von Trennung und verlorener Verbundenheit steht der Wunsch, unabhängig zu sein. Unter unserem Bedürfnis und unserem Wunsch nach Liebe und Erfolg liegt also auch der Wunsch nach Unabhängigkeit versteckt. Dieses gespaltene Bewusstsein erzeugt Widerstand, der verhindert, dass wir empfangen, woran wir festhalten. Je stärker wir festhalten, umso größer wird der Widerstand, der sich unter der Abhängigkeit unserer Anhaftung verbirgt.

Wenn wir loslassen, dann verlieren wir nichts, das wahr ist. Wir verlieren lediglich die Anhaftung. Loslassen ermöglicht Verbundenheit, Empfangen und den nächsten Schritt.

Angst und Widerstand sind zentrale Aspekte, wenn es um unser Festhalten und unsere Anhaftungen geht. Wir leisten Widerstand, weil wir die Wirklichkeit unserer Situation nicht akzeptieren können und weil wir befürchten, nicht das zu bekommen, was wir zu brauchen glauben. Ein weiterer Aspekt ist das noch tiefer verborgene Bedürfnis, das daher rührt, dass wir glauben, das zu bekommen, was wir brauchen, und unsere Unabhängigkeit zu verlieren.

Wir kompensieren unsere Verluste und Bedürfnisse, indem wir festhalten, geschäftig sind, aufgeben, in zu viele Richtungen gleichzeitig gehen, uns wegen der Vergangenheit einsam und schlecht fühlen, Forderungen stellen, Erwartungen haben, uns antreiben oder perfektionistisch sind. Diese Dinge sind ein sicheres Zeichen dafür, dass wir sowohl festhalten als auch Bedürfnisse haben. Es gibt in unserer Entwicklung ein Stadium des Festhaltens, das von den vielen Stadien, die wir durchlaufen, am stärksten durch Unabhängigkeit geprägt ist. Daher ist es das Stadium, in dem wir am wenigsten fähig sind, uns zu verbinden, zu empfangen oder zu genießen.

Heute ist ein guter Tag, um loszulassen, denn wenn wir festhalten, sind wir statisch. Wir arbeiten für das Ego und sein Verlangen, den derzeitigen Zustand aufrechtzuerhalten. Stagnation ist auf Dauer aber unmöglich, weil wir entweder auf das Leben oder auf den Tod zusteuern. Wir sind entweder eine Geisel unseres Egos, oder wir erkennen uns als Kind Gottes, das die gesamte Fülle des Lebens verdient. Wenn wir loslassen, können wir von dem, was wir losgelassen haben, so viel haben, wie wir nur wollen. Wenn wir festhalten, ist das, was wir brauchen, niemals das, was wir empfangen können.

Ist es das, was du willst? Was willst du?

## 14

# Wenn du dich beklagst, bist du undankbar

Wenn du dich beklagst, siehst du niemals das ganze Bild. Du erwartest, dass jemand sich auf eine Weise verhält oder dass etwas auf eine Weise geschieht, die dich glücklich macht. Das funktioniert niemals, und Klagen machen die Dinge nur schlimmer. Klagen fordern und setzen einen anderen Menschen unter Druck. Wie fühlst du dich, wenn andere Menschen etwas von dir fordern, auch wenn es etwas ist, das du vorher aus eigenem Antrieb tun wolltest? Klagen rühren von Urteilen her. Urteile bringen den Fluss zum Stillstand, schneiden Inspiration und Kreativität ab und haben zur Folge, dass du dich aufopferst und den Menschen oder die Situation nur so wahrnimmst, wie du über ihn oder sie geurteilt hast. Das sorgt dafür, dass du Recht hast, verhindert aber, dass du das ganze Bild sehen kannst.

Das ganze Bild birgt stets Dankbarkeit in sich. Wenn du Dankbarkeit in eine Situation einbringst, hilft sie dir, das ganze Bild zu sehen. Dankbarkeit bereichert deine Beziehung, und sie lässt dich die wunderbaren Dinge über deinen Partner noch einmal neu erfahren. Sie nimmt deine Wahrnehmung aus den Händen des Egos, das stets das Bedürfnis hat, den gegenwärtigen Zustand aufrechtzuerhalten oder der Situation eine negative Wendung zu geben. Auf diese Weise wächst es und schützt sich selbst.

Dankbarkeit erzeugt Fluss und ist die Eintrittspforte zur Liebe. Dankbarkeit gibt dir die Möglichkeit, dich an etwas immer wieder neu zu erfreuen. Je mehr du dich an etwas erfreust, umso mehr erkennst du, dass du es verdienst, und es wird zu einem natürlichen Bestandteil deines Lebens. Dies verdankst du deinem Partner oder dem Menschen, der es dir bringt. Dankbarkeit rückt Probleme ins richtige Licht, verringert sie dadurch oder löst sie sogar auf. Der Fluss, der mit Dankbarkeit einhergeht, lässt Probleme ebenfalls schrumpfen, da jedes Problem ein Versuch des Egos ist, uns aufzuhalten. Dankbarkeit zeigt dir ein viel wahreres Bild deines Partners und nimmt der Getrenntheit des Egos den Wind aus den Segeln. Je größer die Distanz zwischen dir und deinem Partner ist, umso größer sind Illusionen, Dunkelheit und Schmerz.

Du kannst dankbar sein für die Negativität oder die Fehler, die dein Partner zur Sprache bringt, weil sie zeigen, was in **deinem** Bewussten vergraben ist und der Heilung bedarf. Du hast diese Eigenschaften meist kompensiert, behandelst dich selbst aber dennoch genauso, wie du deinen Partner im Hinblick auf dieses Problem behandelst. Es kann sein, dass du Rollen angenommen hast, die dich gut aussehen lassen, sodass du dich überlegen fühlst, aber trotzdem ist dein Maß an innerem Selbstangriff genauso hoch wie das Maß an Angriff, das du nach außen trägst.

Nimm dir in der kommenden Woche jeden Tag morgens und abends jeweils etwa zehn Minuten Zeit, um zu überlegen, wofür du in der Beziehung zu deinem Partner dankbar bist. Wenn sich negative Dinge in deinen Überlegungen finden, bitte den Himmel darum, deine Kompensation und die betreffende Eigenschaft zu integrieren. Sobald einer von euch diese Lektion lernt, gelingt es euch beiden. Dankbarkeit baut deine Beziehung auf, hilft euch beiden, in eurer Entwicklung eure jeweils besten Seiten zu fördern, und bringt euch durch Wertschätzung und Liebe einander näher.

## 15

# Alles Festhalten ist eine Klage

Wenn wir an etwas aus der Vergangenheit festhalten, dann beklagen wir uns darüber, was in unserem Leben fehlt. Wir beklagen uns über das Leben, über andere Menschen, die diesen Mangel vermeintlich verursacht haben, über Gott, der zugelassen oder dafür gesorgt hat, dass dies geschieht, und schließlich über uns selbst, weil wir den Fehler gemacht haben, uns dafür zu entscheiden oder zu erlauben, dass es geschieht.

Das Maß, in dem wir festhalten, entspricht dem Maß, in dem Angriff und Selbstangriff in uns am Werk sind. Das allein sollte uns vor der Zerstörungskraft warnen, die jedem Festhalten innewohnt. Tatsächlich ist alles, was wir brauchen, unmittelbar in der Gegenwart zu finden, aber wir leben nicht in der Gegenwart, sondern halten an der Vergangenheit fest, die uns niemals Befriedigung bringen kann. Festhalten verhindert, dass wir die Dinge empfangen können, über deren Fehlen wir uns beklagen. Klagen stehen dem Empfangen ebenfalls im Weg, aber wir fühlen uns sowohl in unseren Klagen als auch in dem gerechtfertigt, was uns andere Menschen, das Leben und Gott unserer Meinung nach schuldig sind. In letzter Konsequenz liegt der Fehler, den wir beanstanden, jedoch bei uns selbst. Wir halten fest, weil wir etwas verloren haben. Entweder haben wir das, was wir mit einem anderen Menschen hatten, nicht wertgeschätzt und nicht genossen und haben ihn deswegen verloren, oder unser Mangel an Würdigkeit hat uns zu Bedürftigkeit und emotionalen Forderungen gedrängt. Es ist auch möglich, dass wir, weil wir uns selbst nicht wertgeschätzt haben, auch unseren Partner nicht wertgeschätzt und ihn deshalb verloren haben. Manchmal sind alle diese Dinge beteiligt, aber die grundlegende Dynamik besteht darin, dass wir festhalten. Was wir hatten, hat uns in der Vergangenheit keine Befriedigung gebracht, und unser Festhalten daran wird uns in der Gegenwart ebenso wenig Befriedigung bringen. Klagen über die Vergangenheit stehen für einen Groll, der jetzt verhindert, dass wir empfangen. Der Groll verbirgt unsere Schuld, und **Klagen zeigen, wo wir uns schuldig für das fühlen, was wir nicht gegeben haben.** Erwartungen, die andere Dynamik, die im Festhalten verborgen liegt, können ebenfalls nicht empfangen, denn wir fordern nur das, was wir selbst nicht geben. Würden wir wirklich geben, dann würde das Bedürfnis, das die Forderung und damit die Erwartung antreibt, geheilt, und es gäbe weder Forderungen noch Erwartungen, sondern nur Geben und Empfangen. Festhalten macht einen Anteil unseres Bewusstseins zur Geisel unserer Vergangenheit. Wenn wir in hohem Maße festhalten, haben wir einen Wutanfall, und Wutanfälle sind eine Möglichkeit, keine Verantwortung für unser Leben und unsere bewussten und unterbewussten Entscheidungen übernehmen zu müssen.

Frage dich, an wem du festhältst. Frage dich, woran du festhältst. Wie sehr – in Prozent ausgedrückt – hältst du fest? Wozu benutzt du die Tatsache, dass du festhältst? Festhalten bewirkt, dass du nicht empfangen kannst und dein Leben ins Stocken bringt. Ist es das, was du willst? Was willst du? Jede Aussicht darauf, uneingeschränkt zu empfangen, beginnt damit, dass du deine Anhaftungen und Klagen uneingeschränkt loslässt. Festhalten und Klagen bilden einen Teufelskreis, der dich und dein Leben zu Fall bringt. Es ist an der Zeit, sie loszulassen und den nächsten Schritt zu gehen. Es ist an der Zeit, dein Leben zurückzugewinnen.

# 16

# Hingabe, Teil 1

Frage dich, wie groß die emotionale Distanz ist, die dich und deinen Partner trennt. Dein Partner sollte der Mensch sein, der dir am nächsten ist, und wenn du ihm in deinen Gefühlen nicht nahe bist, dann zeigt die Distanz zwischen ihm und dir auch die Distanz zwischen dir und dem Himmel, dir und der Liebe Gottes. Diese Distanz entspricht dem Maß an Widerstand und Urteil, das zwischen dir und deinem Partner steht. Frage dich, wie viele Schritte du von deinem Partner entfernt bist. Ist es das, was du willst? Gegen welche Eigenschaft deines Partners leistest du Widerstand? Ist es das, was du willst, oder würdest du lieber einen Schritt auf ihn zugehen? Gegen welche Eigenschaft deines Partners leistest du jetzt Widerstand? Ist es das, was du willst, oder würdest du lieber einen Schritt auf ihn zugehen? Was hält dich hier, bei diesem Schritt, von deinem Partner fern? Nimm wahr, dass das, wogegen du dich bei deinem Partner widersetzt, auch das ist, wogegen du dich bei Gott widersetzt. Ist es das, was du willst, oder würdest du lieber einen Schritt auf Gott und auf deinen Partner zugehen? Fahre fort, bis du mit deinem Partner und mit Gott zu einem einzigen Licht werden kannst. Das Maß, in dem du dich deinem Partner hingibst, entspricht dem Maß, in dem er sich dir hingibt. Das Maß, in dem du dich Gott hingibst, entspricht dem Maß, in dem du seine Hilfe in Anspruch nimmst.

# 17

# Der Schlaf des Vergessens

Wir alle schlafen den „Schlaf des Vergessens". Wir haben vergessen, dass diese Welt ein Traum ist, und auch wenn wir uns wieder daran erinnern, tun wir weiterhin so, als ob sie real sei. Wir haben die ekstatische Freude und Liebe des Himmels und Gottes vergessen. Wir haben unser Unterbewusstsein vergessen, und die wahren Beweggründe für unser Handeln sind die Dynamiken, die unsere Probleme antreiben. Wir bilden uns ein, dass das Unbewusste nicht existiert, und vergessen, dass die wahre Aufgabe unseres Seelenbewusstseins darin besteht, uns als reinen Geist zu erkennen. Wir ziehen es bequemerweise vor, uns nicht daran zu erinnern, dass unser Kampf mit anderen Menschen in Wirklichkeit ein Kampf mit unserem Schöpfer ist und dass alle unsere persönlichen Tragödien, niederschmetternden Erfahrungen und chronischen Probleme dazu dienen, uns in dieser Welt festzuhalten, um etwas zu bekommen, das es nicht gibt. Wir sind, um es anders auszudrücken, in dieser Welt gefangen, um etwas an einem Ort zu bekommen, an dem es nicht existiert. Wir haben vergessen, dass diese Probleme keine zufälligen „Unfälle" sind, sondern durch unseren Widerstand verursacht werden und mit unserem heimlichen Einverständnis geschehen. Der Schlaf des Vergessens ist nur der Unwille, uns an unsere Vergebung und an unsere Liebe zu erinnern. Wir wollen uns nicht daran erinnern, dass alles, was nicht Freude ist, ein Plan des Egos ist und dass all unsere Schuld von unserem Autoritätskonflikt mit Gott herrührt. Diese Schuld und der Plan des Egos halten uns in Konflikten oder Leblosigkeit mit unserem Partner fest. Sie machen uns kleinlich oder halten uns gefangen. Sie verhindern die mystische Verbindung und transzendente

Liebe, die uns die Tiefe der Liebe Gottes erfahren lassen würden. Heute wollen wir uns gemeinsam mit unserem Partner daran erinnern, wer wir sind und was für uns bereitgehalten wird.

> „Der Schlaf des Vergessens ist nur der Unwille, uns an DEINE Vergebung und DEINE LIEBE zu erinnern."
>
> EIN KURS IN WUNDERN, TEXTBUCH, 16.VII.12:4

Wir wollen uns daran erinnern, dass uns so viel mehr angeboten wird, und in dieser Erinnerung können wir gemeinsam mit unserem Partner den Himmel betreten. Der Himmel ist die Erinnerung an das, was wir immer bereits in uns getragen haben.

# 18

# Probleme und Schmerz als Bedürfnis nach Wichtigkeit

Zu den versteckten Dynamiken aller Probleme und des damit verbundenen Schmerzes gehört, dass wir versuchen, Aufmerksamkeit zu erlangen, von der wir auf einer bestimmten Ebene glauben, dass wir sie nicht wirklich verdient haben. Darum versuchen wir, sie zu *bekommen*, statt sie einfach zu empfangen oder als natürlich zu erbitten. Unser Problem und unser Schmerz sind eine Manipulation, um Mitleid zu ernten. Wenn wir unsere Liebenswürdigkeit verloren haben, dann begeben wir uns auf die Suche nach etwas, um uns wichtig zu machen. Schmerz oder Probleme unterbewusst oder unbewusst herbeizuführen, um uns wichtig zu machen, ist vergleichbar damit, dass wir ein Loch aufreißen, um ein anderes Loch zu stopfen. Wir fühlen uns der Dinge, die wir bekommen, nicht würdig, weil wir manipulieren mussten, um sie haben zu können. Unser Selbstwertgefühl wird durch das, was wir tun, nicht gestärkt.

Geben stärkt dagegen unser Selbstwertgefühl, vor allem dann, wenn unser Geben von Herzen kommt. Wenn wir von ganzem Herzen geben, schenken wir anderen Menschen und uns selbst Wert und Bedeutung. Wenn wir uns selbst in das einbringen, was wir tun, ist alles, was wir tun, eine Form von Liebe. Unsere Selbsthingabe kommt vervielfacht zu uns zurück. Wir werden Schritt für Schritt vorangebracht, statt uns mühsam dahinschleppen zu müssen. Aufopferung gibt uns weder Bedeutung noch Selbstwert. Sie setzt sie herab und verstärkt unsere Kleinheit. Probleme und Schmerz stellen eine Form von Aufopferung dar, und Aufopferung selbst ist nicht nur von Konkurrenzdenken geprägt, sondern ist eine Form von Überlegenheit, selbst wenn sie sich unterlegen gibt, damit sie jetzt verlieren kann, um später zu gewinnen. Aufopferung hält uns in Rollen fest, die uns in eine Falle locken. Das Ego gedeiht durch unseren Mangel an Selbstwert, obwohl es diese Tatsache kompensiert, indem es unsere Bedeutung hervorhebt, damit wir in unserer eigenen Vorstellung zu einer Legende werden. Aufopferung zerstört uns, während echtes Geben uns stärkt. Aufopferung stärkt nur das Ego, dem es egal ist, dass wir um seinetwillen leiden.

Entscheide dich dafür, dich heute und für den Rest deines Lebens bei allem, was du tust, rückhaltlos zu geben. Dann gelangst du innerhalb von fünf Monaten zum Stadium der Vision mit seiner Leidenschaft, seiner Kreativität, der Erfüllung deiner Lebensaufgabe und seinen hohen Seelengaben voran.

# 19

# Das gespaltene Bewusstsein und die Angst vor dem Erwachen

Je weiter deine Beziehung voranschreitet und je mehr du zu den höheren Stadien des Wachstums gelangst, umso dringlicher oder chronischer können die Probleme sein, denen du dich stellen musst. Bei diesen Problemen handelt es sich entweder um Themen in deiner Beziehung selbst oder um äußere Probleme, die durch die Macht deiner Beziehung geheilt werden können. Eine Kombination aus beiden Aspekten ist ebenfalls möglich.

Dein Problem zeigt nicht nur dein gespaltenes Bewusstsein in Bezug darauf, dass du einerseits Liebe und Erfolg willst, andererseits jedoch Angst davor hast, das, was du vermeintlich willst, zu bekommen, sondern es zeigt auch die tiefere Spaltung zwischen dem Wunsch zu erwachen und der Angst, die du vor diesem Erwachen hast. Jedes Problem ist ein Ausdruck dieser unbewussten Spaltung. Die Spaltungen im Unbewussten spiegeln gewaltige Unterschiede ebenso wider wie der Anteil, der das große Glück will, und der Anteil, der es nicht will. Dass du es bewusst willst, steht außer Frage, aber die Dinge, die auf den tieferen Ebenen des Bewusstseins verborgen liegen, besitzen ein weit höheres Maß an Macht als die Dinge, die dir bewusst sind. Trotzdem ist es einfach, ein gespaltenes Bewusstsein wieder zu vereinen, vor allem dann, wenn es dein Wunsch ist. Du kannst mit der schwächeren oder stärker verborgenen Seite beginnen. Hier ist ein Beispiel: „Ich will, dass mein Ehemann eine Arbeitsstelle findet." Die verborgene Seite lautet: „Ich will nicht, dass mein Ehemann eine Arbeitsstelle findet, denn die Tatsache, dass er keine Arbeit hat, beweist, dass ich besser bin. Sie zeigt, dass ich überlegen bin. Ich gewinne. Ich beherrsche."

Wenn du das, was du willst, nicht hast oder etwas hast, das du scheinbar nicht willst, dann ist dies ein Zeichen für ein gespaltenes Bewusstsein. Du kannst es integrieren, indem du dich dafür entscheidest, es zu tun, oder es dem Himmel übergibst, damit er diese Integration für dich vollbringt. Manchmal kann es sich aber lohnen, den längeren Weg zur Integration eines gespaltenen Bewusstseins zu gehen, da er sehr erhellend und lohnenswert sein kann. Du kannst dazu einen langen Raum wählen oder die Übung auf einem Blatt Papier durchführen. Halte an einem Ende des Raumes oder in einer Ecke des Papierbogens die Gedanken und Gefühle der verborgenen Seite fest, die nicht will, was du zu wollen glaubst. Sage alles, was diese Seite mitteilen möchte, und gehe dann einen Schritt nach vorne. Lege an die Stelle, an der du stehst, eine Markierung und gehe dann zum gegenüberliegenden Ende des Raums. Wenn du die Übung auf einem Blatt Papier durchführst, wechsle zur gegenüberliegenden Ecke des Papierbogens. Sage oder schreibe dort das nieder, was die positivere Seite mitteilen möchte. Wechsle die Seiten immer wieder, verkörpere dabei den Anteil deiner selbst, auf dessen Seite du gerade stehst, und gehe Schritt um Schritt, bis du schließlich in der Mitte des Raums angekommen bist und die beiden Seiten deines gespaltenen Bewusstseins einander gegenüberstehen. Sage alles, was es zu sagen gibt, bis keine der beiden Seiten mehr etwas mitzuteilen hat. Dies ist der tote Punkt. Verharre in diesem Unbehagen, bis beide Seiten sich spontan zu neuer Ganzheit vereinen. Wenn du diese Übung auf einem Blatt Papier durchführst und in der Mitte angekommen bist, dann vergewissere dich, ob ein zweiter Papierbogen erforderlich ist oder ob du bereit bist, an dem toten Punkt zu stehen, an dem beide Seiten sich spontan vereinen.

Sobald die Integration stattgefunden hat, nimm dir ein wenig Zeit, um das Gefühl von Ganzheit, Frieden und neuer Zuversicht zu genießen.

## 20

# Natursinn

Bestimmte Menschen besitzen die Gabe des Natursinns. Er ist die Fähigkeit, sich mit der Natur auf eine Weise zu verbinden, die den betreffenden Menschen in die Lage versetzt, die Natur selbst und ihre ganze Lebenskraft zu spüren, zu fühlen und zu erfahren. Er ist ein Austausch von Energie und manchmal auch die Fähigkeit, die Welt durch Bäume, Blumen, Erde und Wasser zu spüren. Die Natur reagiert empfindlich auf sich entfaltende Energien und auf Verschmutzung. Diese Fähigkeit entwickeln in der Regel alle Geschöpfe, wenn sie die Feen-Elfen-Ebene der Meisterschaft erreichen. Bestimmte Menschen tragen die Gabe jedoch schon vorher in sich, vor allem dann, wenn sie einem alten Elfen- und Feengeschlecht entstammen. Diese Menschen kann der Natursinn nähren und unterstützen. Sie können Energie empfangen, um Heilung, Licht und Leben an die Orte zu bringen, an denen Dunkelheit und Tod herrschen.

Der Natursinn gehört zu den seltenen und uralten Gaben, die im Zuge der zunehmenden Bewusstseinsentwicklung wieder verstärkt in Erscheinung treten. Du kannst diese Gabe selbst entwickeln, indem du dich in deine Zimmerpflanzen einspürst. Wende dich dann dem Gras, den Büschen und den Bäumen zu, die in der Nähe deines Hauses oder deiner Wohnung wachsen. Du kannst deine Liebe, deinen Segen und deine Gaben in die Pflanzen einströmen lassen. Du kannst eine Beziehung zu ihnen aufbauen, indem du dich energetisch mit ihnen verbindest, mit ihnen sprichst und um ihre Erlaubnis bittest, ehe du eine Blüte oder einen Zweig abschneidest.

Dem Natursinn wohnt Zartheit inne, und sensible Menschen besitzen diese Gabe häufiger. Je mehr du deine Dissoziation überwindest, umso empfänglicher wirst du für andere Menschen, Tiere, Pflanzen und das sich entfaltende Tao. Dein Natursinn lässt dich Wertschätzung für alles empfinden, was dir in diesem Leben gegeben wird, vor allem dann, wenn du erkennst, dass die Schönheit im Leben einzig und allein für dich gedacht ist.

Spüre sie.
Empfange sie.
Genieße sie.

# 21

# Konkurrenz, Überlegenheit und Rechthaben-Wollen heilen

Konkurrenz zerstört Beziehungen. Sie sorgt dafür, dass andere Menschen sich zurückziehen, um nicht zu verlieren, oder lässt sie in ihrem Konkurrenzkampf noch aggressiver werden. Wenn wir in Konkurrenz treten, haben wir Erfolg und Nähe nicht in gleichem Maße sowohl für uns selbst als auch für unseren Partner zum Ziel. Konkurrenz ist eine Angst vor Erfolg, die mehr Aufmerksamkeit auf das Gewinnen als auf den Erfolg richtet. Das Ego besteht aus Konkurrenz und misst Beziehungen nur bis zu dem Punkt einen Wert bei, an dem es Aufmerksamkeit gewinnen oder sich selbst überhöhen kann. Deshalb geht es ihm hauptsächlich darum, Recht zu haben, schadenfroh zu sein und seine Überlegenheit zu sichern. Alle diese Dinge sind jedoch in den großen Spaltungen der Dualität in unserem Bewusstsein gefangen und nähren ihre eigenen Teufelskreise: richtig und falsch, überlegen und unterlegen, gewinnen und verlieren, Häme und Erniedrigung. Sie alle stärken nur die Macht des Egos um den Preis von Liebe, Nähe und größerem Erfolg.

Wenn wir zu den Menschen gehören, die es hassen, schadenfroh zu sein, Überlegenheit an den Tag zu legen oder dafür zu sorgen, dass andere Menschen verlieren, dann ist es sehr wahrscheinlich, dass dies eine Kompensation ist, weil Konkurrenz in der Tatsache angesiedelt ist, dass wir ein Ego haben. Der Schlüssel zum Fortschritt besteht darin, dir dieser Muster bewusst zu werden und darum zu bitten, dass diese Spaltungen zu neuer Ganzheit integriert werden, die Frieden, Zentriertheit und Erfolg bringt. Selbst die Menschen, bei denen wir aufgrund ihrer guten Partnerschaft am allerwenigsten erwarten würden, dass sie solche Muster in sich tragen, haben sie verborgen und kompensiert und dadurch Konflikte und Leblosigkeit erzeugt. Unsere Bewusstheit kann eine große Veränderung bewirken. Finde heraus, wie groß das Maß an Konkurrenz ist, das in dir lauert, übernimm die volle Verantwortung und lege sie danach in die Hände des Himmels, damit er sie für dich ungeschehen macht, sodass in deiner Beziehung ein höheres Maß an Nähe entstehen kann.

## 22

# Dunkle Geschichten um der Menschen willen aufgeben, die du liebst

Wir alle tragen Geschichten in uns. Die Geschichten unseres Lebens werden tatsächlich auf einer Seelenebene festgelegt. Der Schmerz, der unseren dunklen Geschichten innewohnt, ist das, was das Ego stärkt. Unsere dunklen Geschichten geben uns Kontrolle, Unabhängigkeit, die Möglichkeit, unseren eigenen Willen durchzusetzen, und die Ausrede, unser Licht nicht leuchten zu lassen. Das hat zur Folge, dass sie unsere Lebensaufgabe vor uns verbergen. Wo wir Probleme oder schmerzhafte Geschichten in uns tragen, dort bringen wir auch unseren Partner in diese Geschichten hinein und machen ihn zu einem Darsteller. Wir übertragen Negativität aus unserer Vergangenheit auf ihn, oder wir lassen ihn den Preis für die Vergangenheit bezahlen, indem wir ihn auf die Schattenseite unseres Lebens verbannen. Wir lassen unseren Partner die Rechnung für unsere Vergangenheit bezahlen. Doch das können wir ändern.

Wir können es ändern, indem wir uns in einem ersten Schritt verpflichten, alle unsere Geschichten in glückliche Geschichten oder Geschichten der Heilung zu transformieren.

Sobald wir dann erkennen, dass wir eine bestimmte Art von Geschichte in uns tragen, wie etwa eine Geschichte des Opfers, des Herzensbruchs, der Rache oder des Mangels, können wir sie vor unserem inneren Auge unserem Partner übergeben mit den Worten: „Es tut mir leid, dass ich zugelassen habe, dass diese Geschichte zwischen uns kommt. Ich werde nicht mehr länger zulassen, dass sie als Hindernis zwischen dir und mir steht. Ich übergebe dir

diese Geschichte als Geschenk, damit der Himmel alle Geschichten, die zwischen uns stehen, auflösen und in Geschichten der Liebe verwandeln kann."
In *Ein Kurs in Wundern* heißt es, dass, wenn du selbst Heilung erfährst, du nicht allein geheilt wirst. Legionen über Legionen anderer Menschen werden ebenfalls geheilt, vor allem die Menschen, die du liebst, und allen voran dein Partner und deine Kinder.

# 23

# Verträge um der Menschen willen aufgeben, die du liebst

Ich habe irgendwann begonnen, mich zu fragen, warum wir zu bestimmten traumatischen Vorfällen in unserem Leben immer wieder zurückkehren müssen, damit sie geheilt werden können. Da dies bei meiner Arbeit normalerweise nicht der Fall ist, ging ich weiter der Frage nach, was bei dieser Dynamik am Werk ist. Schließlich entdecke ich, dass wir, wenn wir ein neues Stadium des Wachstums erreichen, zu alten Traumata zurückkehren, um sie aus einem neuen Blickwinkel zu betrachten, der höher und tiefer zugleich ist.

In den letzten Jahren habe ich eine noch entscheidendere Entdeckung im Hinblick darauf gemacht, warum bestimmte traumatische Ereignisse in einem so hohen Maße chronisch und toxisch sind, dass sie niemals vollständig heilen. Ich habe festgestellt, dass wir, wenn wir ein Trauma erleben, häufig einen Vertrag mit unserem Ego eingehen. Es ist das Prinzip der Trennung, das nach Unabhängigkeit strebt und sich vor Liebe, Erfolg und allen guten Dingen versteckt, die uns wieder neu verbinden und die Trennung auflösen würden. Neben diesen Verträgen mit dem Ego schließen wir ähnliche Pakte mit dem Teufel, die uns Macht, Sicherheit oder Gesellschaft einbringen sollen. Teufel sind Aspekte des uralten körperlosen Egos, bei denen es sich um noch tiefgreifendere Aspekte der Trennung und der Abwendung vom Licht handelt. Obwohl das Ego eine reine Illusion ist und seine Verträge und Selbstkonzepte in unseren Traumata verwurzelt sind, werden sie durch die Wahrheit aufgelöst. Ich bitte meine Klienten häufig, das sinnbildliche Schwert der Wahrheit einzusetzen, um die Verträge und Selbstkonzepte des Egos aufzulösen, die an traumatische Ereignisse geknüpft sind. Die Geschäfte mit dem Teufel und die daraus entstehenden Teufelspersönlichkeiten lassen sich ebenfalls mühelos als hinfällig auflösen, wenn sie durch das Schwert der Wahrheit berührt werden. Teufel können auf diese Verträge aufspringen und als blinde Passagiere in unserem Leben mitreisen, werden jedoch mühelos erlöst, wenn wir die Liebe, die göttliche Liebe und die göttliche Präsenz darum bitten, sich in unserem Leben einzufinden. Ich habe vor über zwanzig Jahren herausgefunden, dass Dämonen und Teufel uns zwar quälen und nicht davor zurückschrecken, andere Menschen durch uns anzugreifen, damit es den Anschein hat, als ob sie rückhaltlos hinter dem teuflischen Programm des uralten Egos stünden, insgeheim jedoch darauf hoffen, erlöst zu werden.

Nachdem ein altes Trauma mit einer der grundlegenden Methoden geheilt wurde, die zum Beispiel darin bestehen kann, die Liebe, die göttliche Liebe und die göttliche Präsenz darum zu bitten, sich in der Situation einzufinden, können diese Teufel und Dämonen ins Licht zurückgeführt werden. Dies ist ein wichtiger Schritt in ihrer eigenen Evolution, der sie von dem Zwang befreit, Menschen zu peinigen und selbst gepeinigt zu werden.

Überprüfe dein Leben auf traumatische Erlebnisse, die nicht restlos geheilt wurden. Setze das Schwert der Wahrheit ein, um alle Pakte und Persönlichkeiten aufzulösen. Bitte die Liebe, die göttliche Liebe und die göttliche Präsenz, dich von allen ungebetenen Gästen zu befreien, die als blinde Passagiere versuchen, dich und die Menschen in deiner Umgebung aufzuhalten, besonders die Menschen, die du liebst. Wenn du in Verträgen mit dem Ego und dem Teufel gefangen bist, dann bist du blind für den Angriff, der durch dich erfolgt. Er kann in Form von emotionalem oder körperlichem Schwelgen geschehen oder durch Spaltungen in deiner Seele geführt werden, die das Trauma hervorgerufen hat. Sobald du von Dämonen und Teufeln befreit bist, erfährst du Tage des Friedens und den Lohn dafür, dass du mit diesem Akt der Befreiung nicht nur dich selbst, sondern auch viele andere Menschen in deiner Umgebung von den Teufeln erlöst hast. Befreie dich von diesen Pakten und teuflischen Schmarotzern. Steige von Trennung und Unabhängigkeit zu immer höheren Ebenen der Partnerschaft und wechselseitigen Abhängigkeit auf. Kläre diesen Bereich blindwütigen Selbstangriffs und heimlichen Angriffs auf andere Menschen. Bitte die göttliche Präsenz, dich zu leiten und vor ähnlichen Verträgen oder Geschäften zu schützen, die das Ego oder der Teufel dir anbietet. Weise die Richtung, wenn es darum geht, dich und andere Menschen zu befreien.

# 24

# Die Risse und Verletzungen der Seele heilen

Ich habe vor Jahren herausgefunden, dass der toxische Selbstangriff vieler Menschen mit der astralen Ebene verbunden ist. Dies ist eine dunkle Ebene des Egos, auf der Seelen in ihrem Streben nach unstillbaren Wünschen gefangen sind. Hier gibt es dämonische Seelen, Teufel und sogar dunkle Götter. Sie haben ihren Wohnsitz in diesen astralen Gefilden, und die, die hier gefangen sind, stellen eine Barriere für den Himmel auf Erden und für das Christusbewusstsein dar. Sie sind für unseren Entwicklungsprozess ein sehr großes Hindernis. Sie benutzen Angriff, Selbstangriff, Schwelgen, traumatische Ereignisse, Bewusstlosigkeit durch Gewalt oder Drogenmissbrauch sowie den astralen Angriff anderer Menschen, um Risse und Spalten in unserer Seele zu verursachen. Dann greifen astrale Kräfte uns von innen heraus durch diese Risse und Spalten an. Unser Bewusstsein ist verdunkelt. Bürden lassen unser Herz schwer werden, und Angst wird zu einer Krankheit. Es gibt jedoch einen Weg der Heilung, wenn astrale Kräfte zubeißen, und er besteht darin, dass wir zurückbeißen.

Stelle dir vor, du könntest deine Seele von vorne betrachten. Wie viele Risse und Spalten hat sie?

Rufe deine Engel, deinen Meister sowie alle anderen Persönlichkeiten aus dem geistigen Reich herbei, denen du dich verbunden fühlst. Bitte die göttliche Liebe und die göttliche Präsenz, bei dir zu sein. Finde den größten Riss in deiner Seele und schlüpfe mit der gesamten göttlichen Hilfsmannschaft an deiner Seite durch ihn hindurch. In den astralen Gefilden herrscht üblicherweise Dämmerung oder Dunkelheit. Sie gleichen einer riesigen, langgezogenen Höhle, so groß wie, aber länger als ein Flugzeughangar, die in der Regel entweder leer ist oder erfüllt von sich windenden Körpern, die nach sinnlicher Befriedigung streben. Wenn du die astralen Gefilde gemeinsam mit deinen Engeln, deinem Meister und deinen anderen Helfern aus der göttlichen Ebene betrittst, werden alle dort gefangenen Seelen mit ihrer und deiner Hilfe auf natürliche Weise befreit und zum nächsten Schritt ihres geistigen Entwicklungsprozesses geführt. Wenn du gemeinsam mit deiner Mannschaft voranschreitest, um Licht in diese Dunkelheit hineinzubringen, gehe immer weiter auf das Ende dieser astralen Ebene zu. Diese langgezogenen Höhlen werden meist von Dämonen, Teufeln und mitunter auch dunklen Herren beherrscht. Wenn sie sich nicht davonschleichen, ehe du sie erreichst, können sie durch die göttliche Präsenz erlöst und weitergeschickt werden, um ein höheres Karma zu erfüllen. Wenn der Prozess abgeschlossen ist und du dieser gesamten astralen Ebene das Licht gebracht hast, kehre wieder zurück und wiederhole den Vorgang mit dem zweitgrößten Riss deiner Seele. Bringe auch hier das Licht und erlöse, wen du kannst. Wenn der Prozess abgeschlossen ist, stelle dir vor, dass du gemeinsam mit deinem himmlischen Team deine Seele einer erneuten Prüfung unterziehst. Stelle dir vor, dass deine geistigen Helfer alle Risse und Spalten mit Licht verschließen und ihr so zu neuer Ganzheit verhelfen. Wenn dieser Prozess abgeschlossen ist, bitte deinen Meister darum, dich vor allen dunklen Übergriffen zu schützen und dich, die Menschen, die du liebst, und die Menschen in deiner Umgebung zu segnen.

Diese tiefste Ebene des Unbewussten ist davon abhängig, dass sie verborgen bleiben kann. Sobald du erkannt hast, worin das Problem besteht, kannst du um alle Wunder und um jede geistige Hilfe bitten, die du verdienst, um das Problem zu klären.

## 25

# Vergebung

Wenn du Illusionen wie Schmerz, Probleme und Traumata auflösen willst, ist Vergebung gefordert. Wenn du deine Schuld und das Urteilen, das die Waffe des Teufels ist, die du gegen dich selbst und andere Menschen einsetzt, auflösen willst, ist Vergebung gefordert. Wenn du eine sündenlose Welt sehen willst, die den Himmel auf Erden bedeutet, ist Vergebung gefordert. Wenn du Gesundheit und Glück erreichen willst, ist Vergebung gefordert. Wenn du zu jeder Zeit dem Licht zugewandt bleiben willst, ist Vergebung gefordert. Wenn du frei und ohne Probleme leben willst, ist Vergebung gefordert. Wenn du die Wahrheit erkennen willst, ist Vergebung der Weg, den du suchst. Wenn du den Weg finden willst, der dich voranbringt, ist Vergebung der Weg, den du gehen musst. Wenn Fülle lockt, ist Vergebung der Weg, den du einschlagen musst.

Vergeben heißt ganz einfach, dass du dich nur an die liebevollen Gedanken erinnerst, die du selbst in der Vergangenheit anderen Menschen zugedacht hast, und an die, die dir zugedacht wurden. Alle anderen Gedanken müssen vergessen werden. Vergebung ist selektives Erinnern, das nicht auf deiner Auswahl beruht. Wenn du dich in dein höchstes Selbst hinein auflösen willst, dann ist Vergebung der richtige Weg. Wenn du willst, dass das Licht wieder leuchtet, appelliere an die Vergebung. Wenn du Gott und die göttliche Liebe erfahren willst, appelliere an die Vergebung.

Vergebung übersieht Fehler, weil dir an ihrer Stelle etwas angeboten wird, das unbezahlbar ist.

Vergeben heißt einfach, dass du dich nur an die liebevollen Gedanken erinnerst, die du in der Vergangenheit gegeben hast, und an die, die dir gegeben wurden. Alle anderen müssen vergessen werden. Vergebung ist ein selektives Erinnern, das nicht auf deiner Auswahl fußt.

*Ein Kurs in Wundern*, Textbuch, 17.III.1

Wenn du also merkst, dass du wütend wirst oder einen Groll hegst, schalte deinen Geist auf einen anderen Kanal. Denke an die wunderbaren Zeiten zurück, die du mit dem betreffenden Menschen verbracht hast. Hat es diese Zeiten nicht gegeben, denke an die liebevollen Gedanken, die du anderen Menschen gegeben und von ihnen empfangen hast. Dies führt dazu, dass du von neuem in einen unbeschwerten Fluss gelangst.

# 26

# Nihilismus

Nihilismus ist eine Lebensphilosophie, bei der nichts einen wirklichen Wert oder echten Sinn besitzt. Die eigentliche Philosophie des Nihilismus wurde von Schopenhauer begründet. Dennoch birgt dieser Ort der Sinnlosigkeit die Chance, einen großen Sprung nach vorne zu tun und sogar in einen erleuchteten Zustand hinein zu erwachen. Buddha gelangte an diesen Ort und erkannte, dass die ganze Welt ein Traum und er selbst der Träumer war. Er erkannte, dass sein Geist die Welt schuf, die er wahrnahm. Damit war er den Erkenntnissen der Quantenphysik zweitausendfünfhundert Jahre voraus. Buddha erkannte, dass unsere Wünsche diese Traumwelt erschaffen, so wie Freud erkannte, dass alle Träume eine Form von Wunscherfüllung sind, obwohl er nicht völlig verstand, dass auch die Welt selbst ein Traum ist.

Wenn wir, ausgelöst entweder durch ein traumatisches Ereignis, das uns aus dem Traum des Lebens katapultiert, oder durch das Erlangen eines höheren Bewusstseinszustandes, einen Zustand der Sinnlosigkeit erreichen, dann liegt es an uns, wie wir diese Sinnlosigkeit sehen wollen. Sie symbolisiert das Schlachtfeld zwischen dem Ego und dem höheren Bewusstsein. Das Ego tut alles, um uns von diesem Ort abzulenken, indem es uns verführerische Dinge anbietet, die unsere von ihm und seinen Bedürfnissen herrührenden Wünsche nähren. Das, was uns anzieht, führt früher oder später zu Enttäuschung, Desillusionierung oder sogar geplatzten Träumen. Damit wir Nihilismus für wahr halten können, müssen wir einen geplatzten Traum erlitten haben. Ein geplatzter Traum kann uns aus dem Spiel des Lebens unmittelbar in diesen Raum der Sinnlosigkeit katapultieren, der zwischen der Welt der Illusionen und dem liegt, was *Ein Kurs in Wundern* als die wirkliche Welt bezeichnet, eine perfekte, paradiesische Welt hier auf der Erde. Es ist, als seien wir wieder im Garten Eden angekommen.

Sinnlosigkeit steht der Erleuchtung sehr nahe. Es ist wichtig, dass wir auf unserem Weg die Möglichkeit haben, Weisung zu empfangen. Das Ego kann uns ablenken und in die Irre führen, wenn wir nicht unaufhörlich um Weisung und Führung bitten. Das Ego will, dass wir uns verirren. Es schlägt den Tod als Weg vor, der aus der Hölle der Sinnlosigkeit hinausführt. Sinnlosigkeit ist ein Zustand, der so schmerzhaft ist, dass wir am liebsten sterben würden. Unser Ego, das aus Angriff und Selbstangriff besteht, will seine eigene Macht vergrößern. Wenn ihm dies gelungen ist, will es uns töten, weil es glaubt, dass wir nicht gut genug für es sind. Tod ist der ultimative Angriff und Selbstangriff.

Wir leben in einer Todeswelt, in der wir alle durch das Ego einen Pakt mit dem Tod geschlossen haben. Wenn wir zu einem höheren Bewusstseinszustand voranschreiten, dann erkennen wir, dass für den Geist der Tod keine Bedeutung hat. Dann können wir dem Ego die Gefolgschaft kündigen, unsere Überzeugung aufgeben, dass wir uns selbst erschaffen haben, und diese Aufgabe wieder Gott überlassen. Dies gibt uns die Möglichkeit, uns zu unserer geistigen Wesensnatur und dazu zu bekennen, wie wir erschaffen wurden. Wenn wir aufhören, an den Tod zu glauben, können wir ebenso mühelos aus unserem Körper heraustreten, wie wir unsere Kleidung ablegen. Der Tod hat sowohl seinen Schrecken als auch seine Anziehungskraft verloren, die auf der unbewussten Ebene in Wirklichkeit gleichbedeutend sind.

Es ist wichtig zu erkennen, dass Gott keine sinnlose Welt erschaffen hat. Sie ist durch unsere Gedanken, Wünsche und Glaubenssätze entstanden. Der Geist projiziert, was er gewählt hat. Gott kann keine sinnlose Welt erschaffen, weil von Gott als dem höchsten Sinn selbst keine Sinnlosigkeit ausgehen kann. Von Gott, dem höchsten Sinn, rührt nur echter Sinn her.

Es gibt eine Reihe von Möglichkeiten, Sinnlosigkeit zu überschreiten:
1. Frage den Himmel: „Worin besteht mein Sinn?" Die Antwort, die du erhältst, trägt den Sinn in sich.
2. Liebe einen anderen Menschen durch die Sinnlosigkeit hindurch. Das Ego wird dir erklären, dass es sinnlos sei, aber das tut es lediglich, um zu verhindern, dass du das Ausgangsschild siehst, das dich aus diesem schwierigen Zustand hinausführt.

3. Heile die Vergangenheit mit ihrer Desillusionierung, ihren geplatzten Träumen und ihrer Sinnlosigkeit.
4. Bitte die Liebe, die göttliche Liebe und die göttliche Präsenz, sich in deinem Leben einzufinden. Die Liebe kommt immer, wenn sie gerufen wird, und Gott antwortet immer auf deine Hilferufe. Er hat es bereits getan, bevor die Bitte geäußert wurde. Die Bitte öffnet lediglich dein Bewusstsein für das, was dir bereits gegeben wurde.

Du lebst in einem Zustand der Sinnlosigkeit zwischen dieser Welt und der Erleuchtung beziehungsweise zwischen deinem höheren Bewusstsein und dem Ego, das stets um deine Aufmerksamkeit kämpft. Das höhere Bewusstsein kämpft nicht, weil Kampf von Trennung herrührt. Wenn du die Aufmerksamkeit auf dein höheres Bewusstsein richtest, bringt es dich in einem Sprung zu einem höheren Zustand, zur Erleuchtung oder zum Himmel auf Erden voran. Hier vernimmst du die Stimme Gottes viel klarer. Sie leitet dich, damit du dich nicht verirren kannst, und bringt dich auf den freudvollen und mühelosen Weg, der dich nach Hause führt.

Nihilismus ist eine falsche Entscheidung, die du an einem Ort triffst, der dir eine wunderbare Gelegenheit bietet. Wenn dir nicht bewusst ist, welche Chance der Sinnlosigkeit innewohnt, kann sie dir allerdings schon wie die Hölle auf Erden vorkommen. Deine Liebe kann sich mit den Menschen verbinden, die in einem Zustand der Sinnlosigkeit gefangen sind, und sie ins Leben und zu ihrem nächsten Schritt zurückführen. Es gibt keine Sinnlosigkeit, wenn du dich in Liebe mit einem anderen Menschen verbindest.

Geißle dich nicht, wenn du einen Zustand der Sinnlosigkeit erreichst, denn dadurch machst du die Sache noch schlimmer. Wenn du einen Rückschritt in die Sinnlosigkeit gemacht hast, nutze sie, um Heilung zu erlangen. Dann wird sie dich einen großen Schritt voranbringen. Wenn du dagegen einen Schritt nach vorne in die Sinnlosigkeit gemacht hast, erkenne und richte dich auf das nächste höhere Bewusstseinsstadium aus, das unmittelbar auf der anderen Seite der Sinnlosigkeit liegt.

# 27

# Außen suchen, was innen ist

Wenn du außen das suchst, was innen ist, magst du kurzfristig erfolgreich sein. Wenn du jedoch nicht erkennst, dass du das, was du suchst, letztlich in dir selbst trägst, wirst du irgendwann wegen seines Verlustes leiden. Was von innen kommt, kannst du nicht verlieren.

Jedes Ereignis, bei dem du jemals gelitten hast, weist auf einen Ort hin, an dem du versucht hast, etwas zu bekommen, das außerhalb deiner selbst liegt. Es hat eine Form von Anhaftung, Bedürfnis oder Schwelgen gegeben. Es hat einen Götzen gegeben, von dem du hofftest, er würde dir Glück bringen. Jedes Ereignis, das dich frustriert oder enttäuscht hat, zeigt einen Ort, an dem du erwartet hast, etwas zu bekommen, das du anderen Menschen oder dir selbst nicht gegeben hast. Jede Emotion, jede Verstimmung und jedes Ärgernis deutet auf die gleiche Sache hin. Du hast versucht, außerhalb deiner selbst etwas zu bekommen, das du in Wirklichkeit in dir trägst.

Der größte Fehler im Leben und in Beziehungen besteht darin, außerhalb deiner selbst etwas bekommen zu wollen, das du in dir trägst und geben sollst. Wenn du dich in einer Situation befindest, die bei deinen Eltern, deinem Partner oder deinem Vorgesetzten zu Verletztheit oder Verstimmung geführt hat, dann hattest du gehofft, von einem anderen Menschen etwas zu bekommen, das in Wirklichkeit du ihm geben solltest. Du denkst vielleicht: „Er sollte es mir geben, weil er mein Vater, mein Partner, mein Angestellter ist." „Sie sollte es mir geben, weil sie meine Mutter, meine Partnerin, meine Mitarbeiterin ist." Damit schiebst du die Lektion jedoch lediglich hinaus und leidest weiter, bis du sie gelernt hast. Wenn deinem Partner in deinen Augen etwas fehlt, dann kannst du dich darüber beklagen, oder du kannst in deinem eigenen Geist die Tür zu dieser Gabe öffnen, die darauf nur gewartet hat. Du besitzt das Mittel, das die Situation retten kann. Wirst du es tun? Sobald du dir diese Denkweise zu eigen machst, erkennst du, dass der Himmel dir alles gibt, was du brauchst. Tatsächlich hat er es dir bereits gegeben und wartet lediglich darauf, dass du darum bittest, damit du dich dafür öffnest.

Kabir schrieb einmal, dass er gelacht habe, als er hörte, die Fische im Wasser seien durstig. Die Mehrheit der Menschen verwechselt eine Beziehung mit einem Vertrag. „Du tust das für mich, und ich tue das für dich." In einer Beziehung setzt ein Vertrag dich jedoch herab und macht dich klein. Wenn du damit lange genug weitermachst, findest du dich in absehbarer Zeit in der Toten Zone wieder, in der du von Rollen angetrieben wirst, den Geist und das Herz der Beziehung jedoch verloren hast. Liebe und Spaß sind dir abhanden gekommen.

Dort, wo du Fehler gemacht hast, sind Erholung und Erneuerung möglich. Du erkennst deine Fehler an dem Schmerz, den du erlitten hast. Lasse dir jedoch kein Ärgernis und keine Verstimmung als Chance entgehen, denn sie führen zu Herzensbruch und darunter verborgener Wut. Kehre zu jeder Situation zurück, bringe die Gabe hervor, die gebraucht wird, um sie zu heilen, und empfange die Gabe des Himmels. Dies verhilft nicht nur deinem eigenen Geist und Herzen zu neuer Ganzheit, sondern heilt auch andere Menschen von diesem Problem. Es lohnt sich, jeden Tag zehn Minuten deiner Zeit dafür zu investieren. Wenn du den Wert dieser Übung erkennst, bist du vielleicht sogar bereit, ihr jeden Tag zweimal zehn Minuten zu widmen. Du kannst deinem Geist die Ganzheit wiedergeben, dein Herz heilen und dir selbst die Bereitschaft schenken, den nächsten Schritt zu gehen. Dies bringt sowohl die Gaben hervor, die dir in diesem Leben zugedacht waren, als auch die Leuchtkraft, die dir zugedacht war und mit der du dich selbst und die Welt segnen sollst.

Achte aufmerksam auf deine negativen Gedanken, deine Sorgen und deine Kümmernisse. Sie zeigen, wo du dich selbst angreifst. Du könntest eine andere Entscheidung treffen und stattdessen die Gabe annehmen. Jede Emotion, jedes Problem und jede Klage verbirgt deine Gaben und den Wunsch des Himmels, dir seine Hilfe zu gewähren. Bediene dich deiner inneren Gaben und der Gnade, die dir gehört.

# 28

# Verrat

In jeder Situation, in der es um Verrat geht, ist jede daran beteiligte Person ein Verräter. Es ist leicht, die Person zu erkennen, der die Rolle des Verräters in der Situation zugedacht wurde. Es ist die Person, die deine Täuschung, deinen Herzensbruch oder deine Niederlage herbeigeführt hat. In jeder Situation, in der du dich verraten fühlst, haben jedoch alle daran beteiligten Personen das Gefühl, verraten worden zu sein. Der Verräter fühlt sich von früheren Partnern, seinen Eltern oder seiner Familie verraten, er hat das Gefühl, in einem früheren Leben verraten worden zu sein, oder Verrat sogar von seinen Vorfahren übernommen. Verrat kann auch vom kollektiven Bewusstsein der Menschheit herrühren. Jeder, der deinen Verrat erleben musste, du selbst eingeschlossen, hat Selbstkonzepte des Verräters und des Verratenen in sich getragen.

Das Unterbewusstsein zeigt in solchen Fällen, dass du dich selbst verraten hast, um das Ereignis für einen bestimmten Zweck zu nutzen. Du hast dich selbst geopfert, um die Position deines Egos zu stärken. Dein Lohn war Unabhängigkeit, Kontrolle, die Möglichkeit, dich zu verstecken, deiner Lebensaufgabe aus dem Weg zu gehen, Recht zu haben, zu schwelgen, den nächsten Schritt nicht gehen und dich deiner Angst vor Nähe oder Erfolg nicht stellen zu müssen, etwas zu beweisen, dich an einem bestimmten Menschen zu rächen, zu gewinnen, indem du verlierst, an etwas oder jemandem festzuhalten, deiner Bestimmung aus dem Weg zu gehen, dich selbst zu bestrafen, dich aus deinem Selbsthass heraus selbst anzugreifen und dich vor der Angst zu schützen, du könntest dich selbst verlieren. Dies sind nur einige der Dynamiken, die Teil jedes derartigen Problems sind. Du selbst hast dich den Wölfen zum Fraß vorgeworfen. Du hast dich selbst an dein Ego verkauft, das dein Leiden benutzt hat, um sich zu trennen und seine Macht zu vergrößern.

Du hast auch den Himmel verraten, der wollte, dass du vortrittst und dein Licht leuchten lässt, dass du deine Seelengaben öffnest und seine Gaben der Liebe und der Wunder empfängst und dass du dich zu deiner Lebensaufgabe und deiner Bestimmung bekennst. Du hast dein eigenes Glück und den Himmel um deines Egos willen verraten.

Zu guter Letzt hast du dich selbst verraten, um die Tatsache zu verbergen, dass du den vorgesehenen Verräter verraten hast. Du hast ihn zum bösen Buben gemacht, um dich selbst nicht bewusst mit der Schuld dafür auseinandersetzen zu müssen, dass du ihn nicht gerettet hast, wie du es versprochen hattest. Dies war ein Teil deiner Gaben, deiner Lebensaufgabe und deiner Bestimmung, der erforderlich war, um den Beitrag zu leisten, den du anderen Menschen und der Welt versprochen hattest. Du hast denjenigen zum Sündenbock gemacht, den zu retten du versprochen hattest, und du hast dich nicht gezeigt, um die Menschen zu retten, denen zu helfen du versprochen hattest.

Alle an der betreffenden Situation beteiligten Menschen haben alte oder sogar uralte Selbstkonzepte ausagiert, und mit ihrer Rettung hättest du auch dich selbst auf bewussten, unterbewussten und unbewussten Ebenen retten können. Nun hast du die Möglichkeit, diesen Verrat für dich selbst und für alle anderen Menschen umzukehren. Wenn du verraten wirst, verrätst du unterbewusst oder mit voller Absicht andere Menschen und sorgst dafür, dass dieses Problem sich in deinem Leben fortsetzt. Heute ist jedoch ein guter Tag, um dem ein Ende zu bereiten. Frage dich, wie viele Menschen du verraten hast. Wie viele Menschen haben die Menschen, die du verraten hast, ihrerseits verraten? Und wie viele Menschen haben diese Menschen verraten? Wie du siehst, setzt sich diese Kette endlos fort.

Frage dich nun mit Blick auf den Menschen, der dich verraten hat, wie viele Menschen ihn verraten haben. Wie viele Menschen haben die Menschen verraten, die ihn verraten haben? Die Kette setzt sich endlos fort. Du stehst im Mittelpunkt eines riesigen Netzes aus Verrat, und du hast die Möglichkeit, etwas daran zu ändern. Rufe die Seelengabe herbei, die du für diese Situation mitgebracht hast. Worin hat diese Gabe bestanden? Empfange die Gabe des Himmels und bekenne dich zu den Aspekten deiner Lebensaufgabe und deiner Bestimmung, die dazu gedacht waren, alle Menschen zu befreien. Bitte den

Himmel um die Gabe der Erlösung. Gib diese Gaben nun an alle Menschen weiter, die du verraten hast, an alle Menschen, die sie verraten haben, und von dort an das gesamte Netz. Gib die Gaben anschließend an den Menschen weiter, der dich verraten hat, an die Menschen, die ihn verraten haben, an die Menschen, die sie verraten haben, und von dort durch das gesamte Netz, bis du an dem Punkt angelangt bist, an dem du glaubst, im Fall aus dem Zustand des Einsseins von Gott verraten worden zu sein, obwohl es natürlich genau anders herum war. Spüre das Glücksgefühl, das damit verbunden ist, dass du das gesamte Netz geheilt hast. Dies ist ein wunderbarer Grund zu feiern, denn du hast die Erde von diesem Muster und seinem Leiden befreit.

29

# Der Scheideweg der Liebe

Es gibt eine Reihe von Scheidewegen, an denen wir in Beziehungen stehen. Der erste grundlegende Beziehungstest besteht in der Frage: „Siehst du deinen Partner als die Quelle deines Glücks an?" Wenn du es tust, bist du in Emotionen gefangen, die von Ärger bis zu Traurigkeit reichen, am Ende aber Enttäuschung, Ernüchterung und sogar geplatzte Träume zur Folge haben. Tatsächlich ist jede Emotion ein Anhaltspunkt dafür, dass du versuchst, etwas von deinem Partner zu bekommen. Dies geschieht, wenn du genau das, was du zu bekommen versuchst, dir selbst oder ihm nicht gibst, denn was du deinem Partner gibst, ist das, was dir Befriedigung bringt und dich erfüllt.

Ein weiterer wichtiger Scheideweg ist die Frage, wie du mit dem Thema der Ebenbürtigkeit umgehst. Ohne Ebenbürtigkeit ist die Beziehung von Kampf und Leblosigkeit geprägt. Es gibt Konkurrenz und die damit verbundene Einordnung in Sieger und Verlierer. Konkurrenz hält dich in der dissoziierten Unabhängigkeit fest. Du kannst dich jeden Tag wieder neu der Ebenbürtigkeit verpflichten, damit ihr euch beide als Sieger fühlen könnt.

Wenn dein Partner dir zu idealistisch und zu naiv erscheint, kannst du durch ständige Kommunikation erst eine Brücke zwischen euren beiden Wirklichkeiten bauen und sie dann schließlich integrieren. Wenn dein Partner dir zu negativ und zu pessimistisch erscheint, kannst du ihm zeigen, dass es bessere Wege gibt, die Situation zu betrachten. Etwas kann nur dann funktionieren, wenn ihr beide euch darauf einigen könnt.

Es ist wichtig, dich immer wieder neu der Romantik, der Sexualität und der Spiritualität zu verpflichten, die sich in Liebe und Glück zeigt.

Es ist wichtig, dich einem Problem in deiner Beziehung nicht zu fügen, denn das erhält die Distanz zwischen euch aufrecht. Wenn du dich stattdessen immer wieder für die Heilung entscheidest, verbindest du dich mit deinem Partner, statt über ihn zu urteilen.

Stärkst du die Position deines Egos auf Kosten deiner Beziehung und deines Partners? Ist dein Partner dir wichtiger als dein Verlangen, Recht zu haben? Gehst du offen und respektvoll mit deinem Partner um, oder hast du zugelassen, dass sich Groll in der Beziehung aufbaut?

Erkennst du, dass alles, was du deinem Partner als deiner Meinung nach unverzeihlich zur Last legst, in Wirklichkeit nur dazu dient, das zu verbergen, was du getan hast und für noch unverzeihlicher hältst? Weißt du, dass dein Groll das verbirgt, was du selbst getan hast, und dass deine Urteile über deinen Partner deine eigene Schuld verbergen? Misst du der Wahrheit mehr Wert bei als allem anderen?

Erkennst du, dass die Themen in einer Beziehung immer gleich verteilt sind? Es gibt das gleiche Maß an Integrität, das gleiche Maß an Verpflichtung und das gleiche Maß an Geben und Lieben. Wenn es den Anschein hat, als sei es anders, dann liegt es daran, dass alles andere Rollen und Kompensationen sind, die zwar einen guten Eindruck machen, das eigentliche Thema aber im Unterbewusstsein verbergen.

Wenn du in Versuchung geführt wirst, hältst du dann die damit verbundene Energie auf deinen Partner gerichtet, weil du weißt, dass dein Partner kurz davor ist, genau die Eigenschaft zu entwickeln, die dich bei einem anderen Menschen in Versuchung geführt hat? Weißt du, dass du immer dann in Versuchung geführt wirst, wenn deine Beziehung kurz davor ist, in ihrer Entwicklung auf eine neue Ebene der Erfüllung und des Erfolges zu gelangen? Hinzu kommt, dass, obwohl du mit deinem Partner im Stadium des Machtkampfs und der Toten Zone vielleicht Fortschritte gemacht hast, jemand außerhalb der Beziehung immer eine größere Anziehungskraft auf dich ausübt, weil du dich mit dieser Person im Stadium der Verliebtheit befindest.

Erkennst du, dass deine Beziehung als Himmelsleiter gedacht ist, die dich zu Ganzheit, Glück und Heiligkeit führen soll? In dem Maße, in dem ihr gemeinsam voranschreitet, trittst du zurück, und die Liebe zwischen dir und deinem Partner ist in stärkerem Maße präsent. Du trittst zurück, und der Himmel ist in stärkerem Maße präsent.

Bist du bereit, über deine Ängste zu reden und etwas dagegen zu tun, oder machst du deinen Partner durch Kontrolle zur Geisel deiner Ängste? Hilfst du deinem Partner, wenn er Schmerz oder Not leidet?

Schwelgst du und strebst nach Besonderheit und Beachtung, oder opferst du dich auf, spielst Rollen und gibst *dich* deinem Partner nicht hin? Wie hoch ist das Maß an Angriff oder Selbstangriff, das du in der Beziehung zulässt? Angriff und Selbstangriff zeigen, dass du dich am Scheideweg für das Ego anstelle der Liebe entschieden hast. Nun kannst du die Liebe wählen und diese falsche Entscheidung rückgängig machen.

Gleitest du in deiner Beziehung einfach so dahin, oder bist du proaktiv?

Wie gut die Entscheidungen sind, die du an diesen Scheidewegen getroffen hast, erkennst du daran, wie glücklich ihr beide in der Beziehung seid. Wenn er nicht glücklich ist und du nicht glücklich bist, ist Heilung gefordert. Bist du jedoch glücklich und er ist es nicht, dann bist du aufgefordert, etwas zu geben. Wahres Geben, zu dem auch gehört, dass du dich rückhaltlos gibst und möglicherweise sogar einige deiner leuchtenden inneren Gaben öffnest, gibt deinem Partner die Möglichkeit, ebenfalls glücklich zu sein.

Prüfe immer wieder, wie gut deine Beziehung funktioniert. Daran erkennst du, welche Wahl du an den mehr oder weniger offensichtlichen Scheidewegen getroffen hast. Lerne die wichtigen Lektionen zwischen Liebe und einem Fehler. Wenn dein Partner nicht dein Geliebter und dein bester Freund ist, dann weißt du, dass du an irgendeinem Punkt am Scheideweg eine wichtige Entscheidung nicht getroffen hast. Du könntest in diese Zeit zurückkehren, die Lektion lernen und dieses Mal die richtige Entscheidung treffen. Wenn du wüsstest, wann dies geschehen ist, dann war es vermutlich _____. Bitte die Liebe, die göttliche Liebe und die göttliche Präsenz, sich in dieser Zeit einzufinden, und lasse zu, dass sie mit Ganzheit erfüllt wird. Rufe dir dann die Situationen aus deiner Kindheit und deinem Erwachsenenleben ins Gedächtnis, die du nun mit Liebe anstelle der ursprünglichen Negativität erfüllen könntest. Wenn es bestimmte Situationen in der Kindheit gegeben hat, kehre außerdem auch in den entsprechenden Monat im Mutterleib zurück und bitte die Liebe, die göttliche Liebe und die göttliche Präsenz, sich dort einzufinden.

Wenn du im Alter von sieben und drei Jahren ein Trauma erlitten hast, dann ist dies ein Hinweis auf traumatische Erlebnisse im siebten und dritten Monat im Mutterleib. Frage dich, wer daran beteiligt war und was der betreffende

Mensch getan und gefühlt hat, weil du diese Emotionen direkt von ihm übernommen und dir zu eigen gemacht hast. Bitte stattdessen die Liebe, die göttliche Liebe und die göttliche Präsenz, sich in diesen Zeiten im Mutterleib einzufinden. Teile diese Liebe und diese Präsenz mit allen Menschen, die anwesend waren. Frage dich zuletzt, in welchem Maße deine falschen Entscheidungen dafür gesorgt haben, dass du dieses Leben mit Angst anstelle von Liebe erfüllt hast. Heiße die Liebe, die göttliche Liebe und die göttliche Präsenz in dein ganzes Seelenmuster hinein willkommen, um es zu heilen.

# 30

## Dich für die Wahrheit entscheiden

Dich für die Wahrheit zu entscheiden heißt immer, dich für deinen Partner anstelle des Problems zu entscheiden und immer weiter auf ihn zuzugehen. Alle Unterschiede, alle Urteile und jeder Groll, den du hegst, sind nicht die Wahrheit. Alle Schuld und alle Angst, die du empfindest, sind nicht die Wahrheit. Alles, was dich daran hindert, dich als eins mit deinem Partner zu sehen und zu erkennen, ist nicht die Wahrheit. Alle Gedanken und alle Emotionen, die euch voneinander getrennt halten, sind nicht die Wahrheit. Das Ego benutzt sie als Mittel, während es darum kämpft, seinen Fortbestand zu sichern. Es vergrößert seine Macht auf deine Kosten, auf Kosten deines Partners und auf Kosten eurer Beziehung. Wenn dein Ego das Sagen hat, gibt es nicht nur weniger Liebe, sondern auch mehr von dem, was nicht Liebe ist.

Dein Ego hat gerne Recht, denn unter seiner Rechtschaffenheit bunkert es die Schuld, von der es dich seinem Versprechen zufolge eigentlich befreien wollte. Dein Ego liebt Kontrolle, weil es hier seine Angst, seine alten Herzensbrüche, das Bedürfnis nach Unabhängigkeit und den Wunsch nach Rache verbirgt. Dein Ego liebt seine Besonderheit, Anerkennung und Aufmerksamkeit, aber was ganz ist, fordert nichts von niemandem, sondern will Anerkennung und Liebe geben und die Welt mit seiner Ganzheit und Großzügigkeit segnen.

Die Entscheidung für die Wahrheit ist der einfache Weg, um zu verhindern, dass Karma sich in eine Katastrophe verwandelt. Wähle jeden Abend die Wahrheit für die Nacht und den kommenden Tag. Wähle jeden Morgen die Wahrheit für den kommenden Tag und den Abend. Wahrheit, Liebe, Glück und Freiheit gehen Hand in Hand. Wenn du dich also für die Wahrheit entscheidest, entscheidest du dich für alle guten Dinge. In *Ein Kurs in Wundern* heißt es, dass Gott die Wahrheit ist, und darauf gehst du gemeinsam mit deinem Partner zu. Je mehr du dich der Liebe und der Wahrheit öffnen kannst, umso mehr öffnest du dich für die höchste Liebe und für die höchste Wahrheit, die Gott ist. Das ist dein Ziel – dass du in der liebenden Verbindung mit deinem Partner die göttliche Liebe darum bittest, sich einzufinden. Dies lässt die Liebe schneller wachsen und löst die Bedürfnisse und die Trennung des Egos auf.

Denke heute über deine Beziehung nach. Was brauchst du? Was braucht dein Partner? Alles, was ihr beide braucht, trägst du in Form von Gaben bereits in dir, und selbst wenn du es nicht tätest, würde der Himmel es dir geben, wenn du ihn darum bittest. Fürchte dich heute nicht davor, dein Licht leuchten zu lassen. Öffne die Tür zu deinen Gaben und gib sie hin. Segne die Welt mit ihnen. Segne deinen Partner mit ihnen, und heiße auch die Gaben des Himmels willkommen. Dies ist die Wahrheit.

# 31

# Ein Leben voller Schwierigkeiten

Ein Leben voller Schwierigkeiten bedeutet, dass du ein Leben lebst, das von Rollen und Aufopferung geprägt ist. Du magst die richtigen Dinge tun, lebst aber aus Rollen heraus, sodass du alles, was du tust, aus den falschen Gründen tust. Bei diesen Rollen handelt es sich um einstudierte Handlungsrezepte anstelle von authentischem Geben. Sie erschaffen viele Bürden, lassen dich vor Beziehungen zurückschrecken und künden von einem Leben der Co-Abhängigkeit, Leblosigkeit und Erschöpfung.

Ein Leben voller Schwierigkeiten geht meist mit verborgenen Dynamiken einher, die damit zu tun haben, dass du etwas beweisen und Recht haben willst. Was willst du beweisen und wem? Im Hinblick worauf und wem gegenüber willst du Recht haben? Ist es das, was du willst? Ist es alle deine Schwierigkeiten wert? Ein Leben voller Schwierigkeiten ist meist auch von einem sehr hohen Maß an Konkurrenz geprägt, die fast immer ein Elternteil, ein Geschwister oder deinen Partner betrifft. Ein Leben voller Schwierigkeiten scheint zu beweisen, dass du in den Augen der Welt zwar nicht gewinnen magst, aber offenkundig ein besserer, in spiritueller und moralischer Hinsicht überlegener Mensch bist und deshalb an dieser Front gewinnst.

Ein Leben voller Schwierigkeiten weist auf mehr oder weniger verborgene dissoziierte Unabhängigkeit hin. Je größer deine Verbundenheit ist, umso leichter ist das Leben. Je größer deine Unabhängigkeit ist, umso mehr glaubst du, alles aus eigener Kraft schaffen zu müssen. Dies ist eine große Falle des Egos. Stress und Schwierigkeiten sind der heimliche Versuch, Beachtung und Besonderheit zu erlangen. „Schaut mich an. Schaut, wie groß die Bürde ist, die ich trage. Ich muss wichtig sein, und ich muss wirklich gut sein." Unabhängigkeit ist das Gegenteil von Verbundenheit, Mühelosigkeit und Freiheit. Was wahr ist, schafft Verbundenheit, statt sie zu blockieren. „Viele Hände machen bald ein Ende." Dieser Sinnspruch macht deutlich, dass Verbundenheit und Zusammenarbeit alles leichter machen. Sie sind das Gegenteil von dissoziierter Unabhängigkeit, die eine Rolle ist, dich isoliert und verhindert, dass du empfangen kannst. Über diese Unabhängigkeit hinauszugelangen heißt, zu einem höheren Maß an wechselseitiger Abhängigkeit oder Partnerschaft zu gelangen. Du gibst und empfängst von anderen Menschen und vom Himmel. Was könnte leichter sein? Eine Rolle beginnt immer mit einem Groll. Die Rolle versucht zu beweisen, wie gut alles hätte sein können, wenn es nur so gelaufen wäre, wie du es dir vorgestellt hattest. Ohne Heilung spielen wir diese Rollen mit einer gewissen tugendhaften Rechtschaffenheit, während der Groll, die Schuld und das Versagen, die ein Teil jeder Rolle sind, in uns vergraben liegen, kosmetisch übertüncht werden, uns aber dennoch weiterhin beeinflussen. Die inneren Dinge, die wir kompensieren, sind alles andere als tugendhaft und rechtschaffen.

Dunkle Geschichten wie die Nichts-geht-glatt-Geschichte, die Geschichte des harten Lebens oder die Geschichte des Pechs können dafür sorgen, dass dein Leben von Bürden und Schwierigkeiten geprägt ist. Hinzu kommen Geschichten der Schuld, der Aufopferung und der Unwürdigkeit, die alle die Bürden in deinem Leben vervielfachen. Überprüfe deine Geschichten der Angst, des Herzensbruchs, der Rache, der falschen Geisteshaltung, des Hasses und des Selbsthasses. Denke über andere Geschichten nach, die dir weitere Bürden auferlegen, wie etwa eine Geschichte des Mangels oder der Krankheit.

Frage dich, wie viele von jeder dieser Geschichten du in dir trägst. Frage dich, was du mit ihrer Hilfe bekommen wolltest. Hat es funktioniert? Hast du das bekommen, wonach du gesucht hast? Haben sie dich glücklich gemacht? Wie alt ist das Selbst (oder sind – in seltenen Fällen – die Selbstanteile), das jede dieser Geschichten schreibt? Manchmal sind diese Selbstanteile uralt, weil sie vor vielen Leben entstanden sind, aber meist handelt es sich um Kinder. Bitte die Liebe, die göttliche Liebe und die göttliche Präsenz, dieses Selbst unabhängig von seinem Alter zu lieben, bis es dein jetziges Alter erreicht, wieder mit dir verschmilzt und deinem Herzen, deinem Geist und deinem Körper dadurch neue Zuversicht und Ganzheit schenkt.

Eine weitere verborgene Ebene, die Dinge schwierig macht, ist die Tatsache, dass du über andere Menschen urteilst und sie verwünschst, statt sie zu segnen. Urteile und Verwünschungen vergrößern deine Bürde. Wenn du urteilst, dann scheint die Person oder die Sache, über die du geurteilt hast, dich noch tiefer in die Aufopferung zu zwingen, und wenn du andere Menschen oder eine Situation verwünschst, dann verwünschst du dich selbst. Es ist an der Zeit, dass du lernst, stattdessen zu segnen. Dazu brauchst du nicht mehr zu tun, als beispielsweise zu sagen: „Gott segne dich!"

Es scheint unmöglich, aber deine Schwierigkeiten entstehen aus heimlichen Entscheidungen heraus. Wenn du dich immer wieder fragst: „Was will ich?", bis die Situation und dein Leben leichter werden, dann bist du auf einem guten Weg, deine Macht, deine Verbundenheit und deine Mühelosigkeit zurückzugewinnen. Diese Frage ist eine Urfrage der Heilung, die *Ein Kurs in Wundern* mich gelehrt hat. Sie kann emotionale und mentale Bürden beseitigen und dann die Situation selbst entspannen. Betrachte einfach jeden Tag dein Leben oder eine bestimmte Situation und frage dich: „Was will ich?", bis sich ein Gefühl der Unbeschwertheit und eine positivere Wahrnehmung der Situation einstellen. Dieser Fragestellung kann selbst eine vermeintlich ausweglose Situation nicht lange standhalten. Die Entscheidungen, die dein Ego in der Dunkelheit getroffen hat, um seine eigene Position durch Schwierigkeiten zu stärken, haben ebenso wenig Bestand, sobald sie ans Licht befördert werden, sodass du eine neue Entscheidung treffen und deine Macht zurückgewinnen kannst.

Zu guter Letzt kannst du, um dein Leben einfacher zu machen, den Himmel deine Entscheidungen für dich treffen lassen. Du kannst zulassen, dass der Weg dir gezeigt wird. Du kannst dir helfen lassen. Du kannst werden wie ein kleines Kind und dich tragen lassen.

„Gott ist die Stärke, auf die ich vertraue."
*Ein Kurs in Wundern*, Übungsbuch, Lektion 47

Eine Schwierigkeit zeigt, dass du dich auf dich selbst und nicht auf die Stärke Gottes verlässt.

## 32

# Was dich von deinem Partner fernhält

Was dich von deinem Partner fernhält, ist Trennung, ganz gleich, wonach es aussehen mag. Die Distanz zwischen euch, die deine Trennung ist, birgt sowohl Urteil als auch Verlust. Sie enthält sowohl Angst als auch Schmerz. Die Schuld und die Sünde, die du empfindest, weil du in der Vergangenheit lieblos gehandelt und dich getrennt hast, quälen dich nun in der Gegenwart. Diese Trennung bedeutet, dass du deine Selbstkonzepte und deine vermeintliche Identität höher schätzt als die Liebe zu und die Verbindung mit deinem Partner. Bist du bereit, durch diesen Schmerz und diese Angst hindurchzugehen, um deinen Partner zu erreichen? Ist er dir so wichtig, dass du durch deine alten Verluste hindurchgehen würdest, um ihn zu finden? Würdest du dich in die Schuld hineinwagen und über die Sünde hinausgehen, um dich mit deinem Partner zu verbinden? Schuld und Sünde sind nicht wirklich. Sie sind eine dunkle Wolke, die dafür sorgt, dass du steckenbleibst und Unwissenheit projizierst. Willst du deine Besonderheit und deinen Ruf nach Aufmerksamkeit, oder willst du Zugehörigkeit und Verbundenheit? Willst du die Unabhängigkeit, oder ziehst du die Liebe vor? Willst du deine Selbstkonzepte und die falsche Identität, die du auf deinen Ungerechtigkeiten aufgebaut hast, oder willst du über sie hinausgehen und sie auflösen, während du zu deinem Partner hinausreichst? Auch wenn dein Verstand dir sagt, dass dir Unrecht getan wurde, erzählt dein Unterbewusstsein eine andere Geschichte. Es erzählt, dass du dort, wo du einem anderen Menschen hättest helfen können, hartherzig und kleinlich warst und ihn stattdessen zum Sündenbock und zu der Ausrede gemacht hast, die du brauchtest, um dich nicht zeigen zu müssen.

Nun hast du die Möglichkeit, eine neue Entscheidung zu treffen. Willst du dein Ego, sein Feilschen und seine Verträge, die dich herabsetzen, oder willst du Gemeinschaft und Fülle? Willst du Frieden und Liebe, die Partnerschaft fördern, oder willst du den Stress und die Probleme, die ständig sagen: „He, schaut mich an!" Willst du Selbstsüchtigkeit oder Großzügigkeit? Willst du deinen Partner als Pforte zu deinem höchsten Selbst erkennen, oder willst du den Scheinwerfer auf dein Ego richten, um dich selbst zu überhöhen? Willst du konkurrieren und allein den Sieg davontragen, oder willst du ein größeres Spiel spielen, das zum Ziel hat, dass ihr beide gewinnt? Du gehst entweder auf deinen Partner zu oder entfernst dich von ihm, während die Trennungen der Vergangenheit in Form gegenwärtiger Probleme und gegenwärtigen Schmerzes zwischen euch hochkommen. Baust du deine Beziehung auf, oder baust du dein Ego auf? Es ist immer entweder das eine oder das andere. Liebe, Vergebung und Verbindung stärken deine Beziehung und die Liebe zu deinem Partner. Einzig deine Vergebung und dein Geben lassen die Pforte zum Himmel in ihm in Erscheinung treten.

Liebe einen Menschen rückhaltlos, lasse alle deine Urteile über ihn fallen, und entdecke seine vollkommene Sündenlosigkeit. Dadurch entdeckst du deine eigene Sündenlosigkeit und das Christusbewusstsein der Liebe, und Vergebung wird dir für alles zuteil, was Urteile verhindern. Du steigst von deinem Selbst zu deinem höchsten Selbst auf. Den Himmel betritt man stets zu zweit. Du betrittst ihn gemeinsam mit deinem Geliebten, und gemeinsam entdeckt ihr den höchsten Geliebten und euren grenzenlosen Geist reiner Liebe und reinen Lichts, in dem ihr geschaffen wurdet. Alles ist einbezogen in eurem einen Selbst, dem Christus, der eins ist mit Gott.

Willst du die Macht deines Egos vergrößern, oder willst du die Position der Wahrheit stärken? Willst du den Himmel der Liebe auf Erden und in Gott ruhen, oder willst du die Hölle und das Fegefeuer des Leidens und der Schwierigkeiten, in denen das Ego dich gefangen hält?

Nimm deinen Partner heute auf einer ganz neuen Ebene an. Vergib ihm auf einer ganz neuen Ebene. Lasse alle Anhaftungen und Phantasievorstellungen los, die dich von ihm fernhalten. Verpflichte dich nicht nur ihm, sondern auch deiner Beziehung, dem nächsten Schritt, eurer mystischen Liebe und eurem spirituellen Weg, der an deiner Liebe, deiner Offenheit und deiner Freude gemessen werden kann. Lasse deine Rollen los, und entscheide dich stattdessen für authentisches Geben und Partnerschaft. Öffne die Seelengabe, die du heute für deinen Partner in dir trägst, und teile sie mit ihm. Bitte um und empfange auch die Gabe, die der Himmel heute für ihn bereithält, und teile sie mit ihm. Nimm jede Falle, in der er gefangen ist, als falsch wahr. Bitte um ein Wunder und vertraue darauf, dass der Himmel und die Wahrheit sie auflösen. Schenke deine Liebe und bitte die Liebe des Himmels, sich einzufinden. Bitte beim ersten Anzeichen eines Problems die Liebe und die göttliche Präsenz, sich einzufinden. Segne deinen Partner. Segne dich selbst und dein Glaubenssystem. Tue es unaufhörlich. Es wird dafür sorgen, dass deine Beziehung und dein Leben von einem höheren Maß an Zartheit und Fluss geprägt sind.

## 33

# Zum Geist werden

Wenn ich sage, dass jemand zum Geist geworden ist, dann meine ich damit, dass er nur noch ein Schatten seines früheren Selbst ist. Dies kann im Leben eines Menschen beliebig oft geschehen, bis er sich so weit zurückgezogen hat, dass er nur noch wenig oder gar keinen Kontakt mehr zu sich selbst und zum Leben hat und Ähnlichkeit mit einem Zombie bekommt.

Ein derart hohes Maß an Zurückgezogenheit laugt jedes Vergnügen aus und macht alles zu einer Form von Aufopferung. Es bringt ein durchdringendes Gefühl der Leblosigkeit anstelle der Leuchtkraft, die du in Wirklichkeit ausstrahlen sollst. Ausgeprägte „Macher" können die Tatsache, dass sie allmählich zu einem Geist werden, hervorragend kompensieren. Das macht die Verbindung und mystische Vereinigung mit einem Partner doppelt schwer, da es meist auf unterbewussten Ebenen geschieht. Es kann sogar auf einer Ahnenebene weitergegeben werden oder auf einer Seelenebene mitgebracht worden sein. Das kollektive Unbewusste der Menschheit birgt viele derartige Rückzüge. Du hast dich sogar vom Himmel selbst zurückgezogen, in dem du im Zustand des Einsseins als grenzenloser, reiner Geist existiert hast. Es gilt so vieles wiederzufinden und zu erneuern. Es gilt, dein Licht wieder leuchten zu lassen, das Leben zu genießen und mit deinem inneren Licht verbunden zu sein.

Frage dich zuerst, wie sehr du auf einer Skala von 100% in diesem Leben zu einem Geist geworden bist. Welchen Prozentsatz hast du auf einer Ahnenebene übernommen? Zu wie viel Prozent bist du auf der Seelenebene zu einem Geist geworden? Zu wie viel Prozent bist du durch Einflüsse aus dem kollektiven

Feld zu einem Geist geworden? Sei nicht beunruhigt, wenn die Addition der einzelnen Prozentzahlen deutlich über 100% liegt. Wir wollen einmal annehmen, dass die Tatsache, dass du zu einem Geist geworden bist, zu 20% auf das kollektive Feld und zu 80% auf eine Seelenebene zurückzuführen ist. Du hast somit 20% deiner selbst aufgrund kollektiver Einflüsse verloren. Dann hast du 80% auf einer Seelenebene verloren. Das sind 80% der verbleibenden 80%.

Beginne bei dir selbst in der Gegenwart. Bitte die Liebe darum, sich in den Prozentsatz einzufinden, in dem du zum Geist geworden bist. Erlebe und fühle die Auswirkungen. Rufe dir die schmerzhaftesten Ereignisse in deinem Leben ins Gedächtnis, in deren Verlauf du zu einem Geist deines früheren Selbst geworden bist. Bitte die Liebe, die immer kommt, wenn man sie ruft, darum, sich in diesen Situationen einzufinden. Nimm wahr und fühle, was für alle Menschen geschieht, wenn du die Liebe in diesen bestimmten Zeiten willkommen heißt. Kehre dann zu jedem Monat im Mutterleib zurück, der dem Jahr entspricht, in dem das Trauma geschehen ist. Ein Trauma, das du im Alter von neun Jahren erlitten hast, deutet beispielsweise auf ein schmerzhaftes Ereignis im neunten Monat im Mutterleib hin, in dessen Verlauf du zum Geist geworden bist. Ein Trauma, das du im Alter von zehn Jahren erlitten hast, weist auf ein schmerzhaftes Ereignis zum Zeitpunkt deiner Geburt hin. Frage dich, wer daran beteiligt war und was damals geschehen ist. Bitte dann die Liebe und die göttliche Liebe, sich in jedem dieser Ereignisse einzufinden, bis die gesamte Situation transformiert wurde und du dich selbst in höherem Maße wahrnehmen kannst. Wenn die Ursache auf einer Ahnenebene liegt, bitte erst die Liebe und dann die göttliche Präsenz, sich auf der Seite oder den Seiten deiner Familie einzufinden, die dazu geführt haben, dass du zum Geist geworden bist.

Wenn der Prozess abgeschlossen ist, frage dich, wo die Wurzel der Tatsache, dass du zum Geist geworden bist, auf der Seelenebene zu suchen ist. In welchem Land hast du gelebt? Warst du ein Mann oder eine Frau? Was ist dort geschehen, das dafür gesorgt hat, dass du zu einem Geist wurdest? Bitte die Liebe und die göttliche Liebe, sich in diesem Leben einzufinden, und wenn du das Gefühl hast, dass dieser Prozess abgeschlossen ist, bringe sie durch alle deine Leben hindurch mit in die Gegenwart. Bitte dann die Liebe, die göttliche Liebe und die göttliche Präsenz, sich in deiner Seele einzufinden, um alle Orte mit Ganzheit zu erfüllen, an denen du dich von dir selbst abgespalten hast. Bitte zum Schluss die Liebe, die göttliche Liebe und die göttliche Präsenz, sich im kollektiven Feld einzufinden. Sei ein Kanal für Liebe, Gnade und Wunder. Wie stellt sich das kollektive Feld jetzt für dich dar? Verweile in dieser Liebe und nimm wahr, wie du dein Licht leuchten lässt. Wie viel Prozent deiner selbst hast du zurückgewonnen? Was hindert dich daran, auch den Rest zurückzugewinnen? Was geschieht mit den Gründen, wenn die Liebe, die göttliche Liebe und die göttliche Präsenz darum gebeten werden, sich einzufinden?

# 34

# Was du sehen willst

Die Welt, die du siehst, zeigt dir die Entscheidungen, die du getroffen hast. Die Probleme, vor denen du stehst, sind Lektionen, die du lernen sollst. Willst du Kontrolle und die Ausrede, die Probleme dir liefern, oder bist du bereit, dich den Gaben in deinem Geist zu öffnen, um dich zu befreien? Gerade bei Problemen werden dir an jeder Wegkreuzung auch die Gaben des Himmels angeboten. Lässt du dein Licht leuchten, oder versteckst du dich? Du hast Vergnügen offenkundig mit Schmerz verwechselt. Du hast Angst vor der Freude bekommen und suchst an allen möglichen falschen Orten nach deinem Glück.

Deine müßigen Wünsche nehmen in der Welt konkrete Formen an. Müßige Gedanken, die sehr oft auf tieferen, verborgenen Bewusstseinsebenen ablaufen, funktionieren wie folgt: „Ich frage mich, was passieren würde, wenn … na, schau dir das an … oh, nein, nicht das …. verdammt!"

Gedanken sind Entscheidungen. Sie sind eine Investition, und kein einziger Gedanke, den du denkst, ist neutral. Glaubenssätze sind statische Gedanken oder Entscheidungen, die deine Wirklichkeit dennoch bestimmen. Alle Glaubenssätze sind Selbstkonzepte. Deine alten Glaubensentscheidungen haben in der Welt als Erfahrungen eine konkrete Form angenommen. Deine Selbstkonzepte sind alte Entscheidungen für die Trennung, die Verlust, Angst, Schuld und Schmerz in sich tragen. Trennung erzeugt einen Mangel an Selbstliebe oder sogar Selbsthass. Die Selbstkonzepte erzeugen die Gedanken und damit verbundenen Emotionen, die bestimmen, welche Filme vor deinem inneren Auge ablaufen. Die Filme werden zu dem, was du in der Welt siehst und erlebst.

Heute wollen wir darüber sprechen, wie wir die Welt überschreiten und zur wirklichen Welt oder zum Himmel auf Erden, dem letzten Halt auf dem Weg zum Himmel selbst, gelangen können. Es geschieht dadurch, dass du die Menschen in deiner Umgebung als sündenlos betrachtest, weil du dann dein höchstes Selbst erkennst. Du kannst dich selbst nur dann als Liebe und Licht erkennen, wenn du dich selbst als sündenlos betrachtest, und deine eigene Unschuld kannst du erst dann erkennen, wenn du alle Menschen als sündenlos ansiehst. Wenn du einen anderen Menschen für sündig und bestrafungswürdig hältst, siehst du auch dich selbst mit diesen Augen. Dadurch, dass du die Menschen in deiner Umgebung als sündenlos ansiehst, erkennst du dein höchstes Selbst. Unschuld allein ermöglicht die tiefe Verbindung, die Christus ist, und das Verweilen in Christus ermöglicht es dir, mit einem Fuß auf der Erde und mit dem anderen Fuß im Himmel zu stehen. Das Christusbewusstsein zu erreichen heißt, Gott zu erfahren. Dich mit Christus zu verbinden heißt, dich und deine Mitmenschen als Kinder Gottes zu erkennen. Dies ist die Leiter zum Einssein. An diesen Punkt zu gelangen heißt, nicht nur alle Götzen abzulegen, sondern auch alle Selbstkonzepte, die nach ihnen hungern. Über alte Götzen hinauszugelangen heißt, über das letzte große Privileg des Egos hinauszugelangen, das in dem Bedürfnis liegt, selbst zu entscheiden. Stattdessen richtest du dich auf das Tao und auf den Willen Gottes aus. Das ermöglicht es dir, die letzten Überreste an Kontrolle aufzugeben, die dein Ego ausübt. Du lässt den Himmel entscheiden und dir zeigen, wo dein Glück tatsächlich liegt. Du gibst die letzten Verwirrungen im Hinblick darauf auf, was Vergnügen und was Schmerz ist, was in den Himmel und was in die Hölle führt. Du hast diesbezüglich noch viel zu lernen, wie die schmerzerfüllten Ergebnisse und die Erfahrungen, die zu ihnen geführt haben, zeigen.

Strebe heute die Sündenlosigkeit aller Menschen an, weil sie der Schlüssel zur Freiheit ist. Wo du glaubst, einen Menschen nicht als sündenlos annehmen zu können, dort übe Vergebung, um ihn von dem zu befreien, was du für seine Sünde gehalten hast, und um vor allem dich selbst von der dunkleren Sünde zu befreien, die dich dazu gebracht hat, ihn zu Unrecht zu beschuldigen.

## 35

## Die Gaben Gottes annehmen

„Der Geist, der bereitgemacht wird, die Gaben Gottes anzunehmen, ist dem reinen Geist zurückerstattet und dehnt seine Freiheit und seine Freude aus, wie es der Wille Gottes vereint mit dem seinen ist."

EIN KURS IN WUNDERN, ÜBUNGSBUCH, LEKTION 330, 1.4

Es gibt kein Problem, das du nicht lösen kannst, denn weder das Problem noch der Groll, der Schmerz und die Dunkelheit, die ihm innewohnen, sind gegen das Licht gefeit, das die Gaben Gottes bringen. Die Gaben sind die Liebe Gottes, die er dir in jeder Situation schenkt, und sie heilen die Trennung, die zu falschem Verstehen, Illusion und Angst führt. Du bist aufgerufen, allen an deinem Problem beteiligten Menschen sowohl aus der Vergangenheit als auch aus der Gegenwart Vergebung zu bringen. Das sorgt dafür, dass du dich dem Licht zuwendest und für Vergebung offen wirst. Dies macht dich wiederum bereit, Gottes Gaben zu empfangen, denn wenn du in Urteilen, Groll und Rechthabenwollen gefangen bist, ist dein Geist verschlossen und kann weder die Antwort noch den Weg zur Verwirklichung dieser Antwort erkennen. Vergebung lässt dich die Bereitschaft erlangen, die du brauchst, um von deinem Leiden befreit zu sein. Denke daran, dass jeder Groll, den du gegen einen Menschen hegst, Urteile über und Distanz zu allen anderen Menschen entstehen lässt, auch zu den Menschen, die du am meisten liebst. Er erhält den Konflikt in deinem eigenen Bewusstsein aufrecht und hindert dich daran, dich selbst als Liebe, Licht und reinen Geist zu erkennen, der keine Grenzen kennt. Er erzeugt außerdem Illusionen und den Glauben, dass du allein dastehst und von Gott getrennt bist.

Bitte heute den Himmel um Hilfe und vergib allen Menschen, die an einem Problem beteiligt sind, das dir in den Sinn kommt. Gehe dann zehn Minuten oder länger in die Stille, um Gottes Gaben zu erbitten und zu empfangen. Wiederhole diesen Prozess am Abend. Wenn du die Gaben empfangen hast, teile sie mit den Menschen, die an deinem Problem beteiligt sind, sowie mit dem Problem selbst. Teile sie anschließend mit allen Menschen, die dir in den Sinn kommen und von denen du glaubst, dass sie diese Gaben brauchen.

## 36

# Dornröschen

Dornröschen sitzt in ihrem Schloss und wartet auf ihren Prinzen. Sie glaubt, sie sei offen, bereit und entspannt, aber in Wahrheit wird sie von baumgroßen Dornbüschen und von einer Hexe bewacht, die sich in einen Drachen verwandelt. Eine Frau spiegelt in ihrer Unabhängigkeit alle diese Metaphern wider. Sie verfügt über starke Verteidigungsvorrichtungen und trägt Schattenfiguren der Hexe und der Drachenfrau in sich, sodass es nur den allerfurchtlosesten und von der Liebe geleiteten Helden gelingt, den in ihr schlummernden Archetypen der Prinzessin zu wecken. Damit ist es für den Prinzen oder die Prinzessin allerdings noch nicht vorbei. Um den Archetypen der Königin in einer Frau zu befreien, muss der Mann die Archetypen des Königs und der Königin in sich selbst befreien und annehmen. Danach steht er erneut vor dem Bollwerk aus Dornen, die ihn aufspießen können. Hierbei handelt es sich um den Groll der Unabhängigkeit, den die Prinzessin noch aus der Zeit in sich trägt, in der sie abhängig war. Um König zu werden, muss der Prinz seine Rüstung sowie alle Waffen ablegen und auf seine Partnerin zugehen, die sich in eine dunkle Göttin, ein männermordendes Weib verwandelt zu haben scheint. Nur an der Hand des Himmels und aus seiner Liebe schöpfend kann der Prinz sich transformieren und seine Königin finden. Er muss sich seiner Partnerin in unverhüllter Wahrheit nähern, sie zurückgewinnen und transformieren, damit sie zur Königin wird.

Wenn er schließlich zur Vision und zur Meisterschaft gelangt ist, versteht er auch den Witz über Männer und Frauen. Hierzu und um auch den Witz über Sex zu verstehen, müsste er den großen Krieg zwischen Männern und

Frauen heilen. Dann befreit der weiße Ritter Magus mit Hilfe des Himmels seine Geliebte von allen dämonischen und astralischen Energien, indem er die Liebe darum bittet, sich einzufinden und die Dunkelheit mit ihrem Leuchten zu vertreiben. Wenn der Prozess der Transformation abgeschlossen ist, ist der Mann zum Hohepriester und die Frau ist zur Hohepriesterin geworden.

Auf einer noch tieferen Ebene des Unbewussten ist jeder der andere, und in ihrer tiefgreifenden Verbindung und Verwirklichung des Einsseins haben Yin und Yang sich so umfassend miteinander verbunden, dass das Tao erreicht wird. Jeder ist der andere. Die Pforte wird durchschritten, weil es nur ein Willkommen und den Ruf nach Liebe gibt. Der Himmel auf Erden wird zum Himmel, und wenn das Einssein verwirklicht wird, sind die letzten Reste der Dualität im ekstatischen Liebeslicht Gottes verblasst.

## 37

## Was zu tun ist, wenn du an einem Scheideweg stehst

Wenn du an einem Scheideweg stehst und nicht weißt, welche Entscheidung du treffen oder welche Abzweigung du nehmen sollst, steht dir noch eine andere Möglichkeit offen. Eine phänomenologische Studie hat gezeigt, dass es niemals notwendig ist, eine Entscheidung zu treffen. Die einzige Notwendigkeit besteht darin, nicht stehenzubleiben, denn dann erweist ein Weg sich als wahrer und tritt stärker hervor, während der andere Weg immer mehr verblasst. Ein Scheideweg steht für zwei entgegengesetzte Seiten deines Bewusstseins mit gegensätzlichen Bedürfnissen. Wenn du die beiden Seiten integrierst, tritt der Weg klarer hervor. Dazu brauchst du dich nur dafür zu entscheiden, dass es geschehen möge, oder es dem Himmel zu übergeben, um beide Anteile zu neuer Ganzheit verschmelzen zu lassen. Dies verändert die Situation, sodass sie nicht mehr länger eine Frage von Entweder/Oder ist. Denke daran, dich dafür zu entscheiden oder darum zu bitten, dass alle Schichten des Konflikts, der dich an diesem Scheideweg festhält, integriert werden mögen.

Eine weitere sehr wirksame Möglichkeit, den Konflikt eines Scheideweges zu lösen, besteht darin, dich dem nächsten Schritt zu verpflichten. Dies bringt dich zum nächsten Schritt voran. Das Ego benutzt Konflikte, um zu verhindern, dass du den nächsten Schritt gehst. Mit der Entscheidung, dich dem nächsten Schritt rückhaltlos hinzugeben, gelangst du über den Scheideweg hinaus. Darin besteht deine Verpflichtung zum nächsten Schritt.

Verpflichtung trägt zu deiner Ganzheit bei, weil jeder Akt der Verpflichtung einen alten Konflikt löst und dich, wenn du dich immer wieder neu verpflichtest, über dein gegenwärtiges Dilemma hinausträgt. Ein Dilemma entspringt meist der ödipalen Verschwörung, die von dem Glaubenssatz herrührt, dass du die Liebe deiner Mutter und deines Vaters nicht gleichermaßen haben kannst. Frage dich intuitiv, wie alt du warst, als du diese Entscheidung getroffen hast. Kehre dann in deiner Vorstellung zu dieser Situation zurück und, statt auf den Rat deines Egos zu hören, entscheide dich dafür, auf dein höheres Bewusstsein zu hören, das dir sagt, dass du die ganze Fülle des Lebens haben kannst. Stelle dir vor, wie sich in dieser Situation dein inneres Licht mit dem inneren Licht deiner Eltern verbindet und du ein Licht mit deinen Eltern wirst. Nimm wahr, wie die Situation sich jetzt für dich darstellt und anfühlt. Wiederhole diese Übung mindestens achtmal oder so oft, bis die gesamte Szene sich in Licht verwandelt hat. Nimm nach jedem Mal wahr, was die daran beteiligten Menschen fühlen.

Kehre dann in den Monat im Mutterleib zurück, der dem Jahr entspricht, in dem du entschieden hast, die gesamte Fülle des Lebens nicht haben zu können. Wenn der erste Konflikt beispielsweise im Alter von drei Jahren aufgetreten ist, dann stelle dir vor, dass du in den dritten Monat im Mutterleib zurückkehrst. Im Mutterleib und in der Kindheit werden die Seelenmuster wiederholt, zu deren Heilung du hier bist. Frage dich mit Hilfe deiner Intuition, wer an der Entstehung des Problems beteiligt war. Frage dann, welches Ereignis diese Spaltung deines Bewusstseins verursacht hat. Verbinde dein inneres Licht in dieser Situation nun wiederum mit dem Licht der betreffenden Person. Wenn es mehrere Personen sind, verbinde dein Licht auch mit ihrem inneren Licht. Nimm nach jedem Akt der Verbindung wahr, was alle daran beteiligten Menschen fühlen. Wiederhole diese Übung mindestens achtmal oder so oft, bis die gesamte Szene sich in Licht verwandelt hat.

*Ein Kurs in Wundern* zufolge liegt die größte Macht, die du hier auf der Erde besitzt, in deiner Fähigkeit, Entscheidungen zu treffen. Dort steht auch, dass von den vielen Gaben, die du aufgegeben hast, nur diese eine Gabe übriggeblieben ist. Weiter heißt es, dass diese eine Gabe ausreicht, um alle anderen Gaben und den Himmel zurückzugewinnen. Dein Ego ist rasch dabei, sich diese Macht der Entscheidung widerrechtlich anzueignen, aber die einzig wahre und endgültige Entscheidung, die du treffen kannst, besteht darin, auf welche Stimme du hörst: auf die Stimme deines Egos oder die Stimme deines höheren Bewusstseins. Dies bestimmt letztlich den Ausgang jeder Situation.

Der größte Schritt zur radikalen Abhängigkeit, der letzten großen Stufe auf deinem Weg hin zum Einssein, besteht darin, deine Entscheidungsmacht in die Hände des Himmels zu legen und den Heiligen Geist alle Entscheidungen treffen zu lassen. Das kannst du tun, wenn du an einem Scheideweg stehst: die Entscheidung in die Hände des Himmels legen und dir vom Heiligen Geist den Weg weisen lassen. Bitte um ein Zeichen. Gehe in die Stille. Wolle die Antwort von ganzem Herzen und lausche still, bis die Antwort klar wird.

Jede dieser Methoden kann dir an einem Scheideweg eine große Hilfe sein. Gemeinsam können sie dir dabei helfen, die Illusion des Scheideweges selbst zu erkennen.

# 38

# Angriff auf das goldene Kind

Viele von euch sind nicht nur mit herrlichen Gaben, sondern als „goldenes Kind" in diese Welt gekommen. Ihr wart erfüllt von Liebe und Freude. Ihr wart vom Göttlichen berührt. Ihr seid gekommen, um eure Familien und die Welt zu segnen. Als Kinder habt ihr so viel Liebe in euch getragen, dass ihr alle Menschen geliebt habt. Dennoch hatte ein jeder von euch seine Herausforderungen, die sich innerhalb und außerhalb eurer Familien gezeigt haben. Es galt, eure Seelen- und Ahnenmuster zu heilen, und die Herausforderungen, vor die ihr gestellt wurdet, bargen alles, was ihr lernen musstet, um – bei eurer eigenen Familie beginnend – zum Bewusstseinserwachen der Menschen beizutragen.

Ihr seid in diese Welt gekommen, um euren Weg zurück zu Gott zu finden und dazu beizutragen, den Himmel auf Erden zu verwirklichen. Doch wie viele von euch lassen ihr Licht noch leuchten? In welchem Maße habt ihr das goldene Kind verloren? In welchem Maße habt ihr es zurückgewonnen? Das Maß, in dem ihr euer Wesen als goldenes Kind zurückgewonnen habt, entspricht dem Maß, in dem ihr ein goldenes Leben lebt und die Meisterschaft erlangt habt. Ihr lasst euer Licht wieder leuchten.

Neben den üblichen psychologischen Lektionen, die ihr in der Kindheit alle gelernt habt, muss ein goldenes Kind sich meist auch mit dunklen Angriffen aus dem astralen Feld sowie von Dämonen und dunklen Göttern auseinandersetzen. In Wirklichkeit sind dies nur andere Namen für das uralte Ego aus der Zeit, in der wir alle die Trennung anstelle des Einsseins gewählt haben. Nun begegnet dir diese körperlose dunkle Energie in Form eines Angriffs, der dich daran hindern soll, dein Licht leuchten zu lassen. Als goldenes Kind verfügst du jedoch über eine gewisse angeborene Fähigkeit, diesen dunklen Energien zu widerstehen, sie zu heilen und zu erlösen.

Betrachte deine Kindheit, um herauszufinden, in welchem Ausmaß dieser astrale Angriff durch Lehrer, Eltern und außenstehende Menschen erfolgt ist. Er kann sich in Form von elterlichen Auseinandersetzungen, verbalem, körperlichem oder sexuellem Missbrauch gezeigt haben. Er kann sich in Form von Krankheiten, Unfällen oder großen Problemen gezeigt haben, die den Menschen widerfahren sind, die du liebst. Als goldenes Kind war deine Empfindsamkeit so groß, dass du angesichts eines solchen Angriffs schaudernd zurückgeschreckt bist. Selbst wenn du dich einem tyrannischen Elternteil sehr wehrhaft entgegengestellt hast, bist du innerlich erschaudert, dass du es tun musstest.

Auf der tiefsten Ebene des Bewusstseins widerfährt dir jedoch nichts, ohne dass du dich dafür entschieden hast. Im Unbewussten stehen alle Dinge, die dir in deiner Welt begegnen, für deine Selbstkonzepte. Dunkle Energien sind davon nicht ausgenommen. Wenn du die Menschen, die dir nahestehen, rettest und die dunkle Energie heilst, dann rettest und integrierst du also uralte Aspekte deiner selbst, die du verurteilt und abgespalten hattest. Das Maß, in dem du Wunden davongetragen hast, entspricht dem Maß, in dem du diese Konflikte noch in dir trägst, und wo dunkle Angriffe nicht geheilt wurden, sind die uralten Spaltungen in deinem Bewusstsein noch vorhanden.

Wir wollen zunächst der Frage nachgehen, in welcher Form dieser Angriff in deiner Kindheit stattgefunden hat. Welches Maß an dunklem Angriff kam durch die Auseinandersetzungen deiner Eltern? Unfälle? Krankheiten? Den Tod eines dir nahestehenden Menschen? Körperlichen Missbrauch? Sexuellen Missbrauch? Verbalen Missbrauch? Wie hat dieser Angriff sich auf dein Leben ausgewirkt? Zu wie viel Prozent hast du aufgehört, dein Licht leuchten zu lassen? Betrachte nun deine Jugend und dein Leben als erwachsener Mensch. Wie hoch ist das Maß, in dem du von anderen Menschen verbal oder körperlich angegriffen wurdest? Wie hoch war das Maß an sexuellem Angriff? Welches Maß an Herzensbruch oder an Verrat ist auf dunklen Angriff zurückzuführen? Wie hoch war das Maß an Angriff in deinem Beruf? Deiner finanziellen Situation? Wie haben sich alle diese Dinge auf dein Leben ausgewirkt? Betrachte die Schwere, den Stress und die Rollen, die dein Leben prägen. Sie zeigen dir, wo du einen anderen Menschen nicht gerettet, sondern stattdessen verurteilt hast. Nun stehst du an einem Scheideweg. Sobald du dein unbewusstes Einvernehmen erkennst, fällt es dir leichter, dein Versteck zu verlassen und deine Lebensaufgabe und deine Bestimmung anzunehmen, die darin bestehen, dein Licht leuchten zu lassen, anderen Menschen zu helfen, ihr Licht leuchten zu lassen, und das Licht zurückzubringen.

Nimm dir nun ein wenig Zeit, um über dein stillschweigendes Einverständnis mit den Problemen und traumatischen Ereignissen nachzudenken, die geschehen sind, weil du dich davor gefürchtet hast, dein Licht leuchten zu lassen. Du bist hier, um ein Leben der Liebe und der Meisterschaft zu leben, das Bewusstsein anderer Menschen zu wecken und das Göttliche in die Welt zu tragen. Wie gut du darin bist, deine Lebensaufgabe und deine Bestimmung zu erfüllen, kannst du daran ermessen, wie glücklich du bist. Wie glücklich bist du?

Wie gut bist du darin, nicht nur deine Seelengaben einzubringen, sondern auch deine Lebensaufgabe zu leben und deine Bestimmung anzunehmen? Kehre zu jedem dunklen Ereignis zurück, das dein uraltes Ego benutzt hat, um dafür zu sorgen, dass andere Menschen dich angreifen. Finde mit Hilfe deiner Intuition heraus, welche Seelengabe du als Gegenmittel mitgebracht hast, und öffne die Tür in deinem Geist, hinter der sie dich erwartet. Nimm auch die Gabe an, die der Himmel für die Situation und die daran beteiligten Menschen bereitgehalten hat. Bekenne dich zu deiner Lebensaufgabe und deiner Bestimmung, und befreie alle Menschen, die gemeinsam mit dir an dieser Situation beteiligt waren. Wenn sie befreit sind, benutze das göttliche Licht, um die Dunkelheit aufzulösen. Bitte den Himmel darum, alle Teufel oder dunklen Herren, die sich in diesen Zeiten an dich geheftet haben, ins Licht zurückzuführen. Auch wenn diese Anhaftung nicht von Bestand war, gibt es noch eine Verbindungslinie, die von dir zu ihnen führt. Du kannst sie nutzen und sie gemeinsam mit deinen Engeln, Christus, Buddha, Kuan Yin und dem Erzengel Michael zurückverfolgen, um die Dunkelheit ins Licht der Erlösung zurückzuführen. Aus diesem Grunde bist du hier. Dies sind Themen des tiefsten Unbewussten, bei denen es darum geht, das uralte Ego aufzulösen und deine Liebe auch im Angesicht uralter Dunkelheit leuchten zu lassen.

39

# Deinen Partner bestrafen

Es gibt verschiedene Wege, deinen Partner zu bestrafen. Die beiden Wege, die ich in meinen Workshops entdeckt habe, dienen dazu, die Kontrolle über die Beziehung zu erlangen, auch wenn das bedeutet, dass ein Partner zuerst verletzt werden muss, damit er sich im Recht fühlt, die Kontrolle zu übernehmen. Meist ist es der unsichere Partner, der die Kontrolle übernimmt und bestimmt, wie die Beziehung zu laufen hat.

Der erste, häufigere Weg, deinen Partner zu bestrafen, besteht darin, ihn in Ungnade fallen zu lassen, weil er irgendeinen Fehler gemacht hat. Der Groll, der ihn im Zustand der Ungnade gefangen hält, erhält auch die Verletzung am Leben, sodass ein Teufelskreis aus Verletzung und Ungnade entsteht. Vergebung ist das einzige Mittel, das euch beiden die Möglichkeit gibt, den nächsten Schritt zu gehen und die Lektion zu lernen, die ein höheres Maß an Partnerschaft, Erfolg und Nähe bringt. Frage dich, wie oft dein Partner infolge seiner Fehler in Ungnade gefallen ist. Die erste intuitive Antwort auf eine solche Frage ist nahezu immer richtig. Je häufiger es der Fall ist, umso schlechter ist natürlich der Zustand der Beziehung. Frage dich, welche Auswirkung dieser Zustand der Ungnade auf deine Beziehung hat. Ist es das, was du willst? Was willst du? Wenn du selbst in Ungnade gefallen bist, dann bist du in gleichem Maße verantwortlich dafür, wie die Dinge stehen, weil deine Angst vor Nähe und Partnerschaft dafür sorgt, dass sie so sind, wie sie sind.

Der andere, klassische Weg besteht darin, deinen Partner für die Dinge zu bestrafen, die er getan hat, ehe er sich dir rückhaltlos verpflichtet hat. In seiner Unabhängigkeit hat er möglicherweise Dinge getan, die dich tief verletzt haben.

Es ist auch möglich, dass du der unabhängige Partner warst und deinen jetzigen Partner im Namen von Unabhängigkeit und Freiheit unbekümmert verletzt hast. In diesem Fall hat dein Partner in seiner Unsicherheit nun über dein Verhalten und über alle Kränkungen nachgedacht, die du ihm zugefügt hast, bevor du dich ihm rückhaltlos verpflichtet hast. Wenn du der unsichere Partner warst, hast du nun alles bemessen, was es deinem Partner für sein dissoziiertes, unabhängiges Verhalten zurückzuzahlen gilt. Die Bestrafung deines Partners ist zugleich jedoch deine Selbstbestrafung. Seine Unsicherheit entspricht genau deiner Unsicherheit, die du mehr oder minder gut verborgen hast. Ganz gleich, ob dein Partner bei dir in Ungnade gefallen ist oder ob du wegen deines Verhaltens bei ihm in Ungnade gefallen bist oder zu einer Gefängnisstrafe verurteilt wurdest, zeigt eure Situation deine Angst vor Partnerschaft und Nähe. Du kannst deinen Partner also wegen seines ungenierten Verhaltens beschuldigen oder ihm vorwerfen, dass er dich zu Unrecht dafür verantwortlich macht, wie du dich verhalten hast, ehe du dich der Beziehung rückhaltlos verpflichtet hast. Dein Unterbewusstsein zeigt trotz allem, dass du einfach die Distanz und die Kontrolle brauchtest, um die Unabhängigkeit deines Egos zu wahren. Frage dich, zu wie vielen Jahren du deinen Partner wegen seines „bösen" Verhaltens verurteilt hast und wie viele Jahre seiner Haftstrafe er noch absitzen muss. Oder bist du selbst gerade derjenige, der die Gefängnisstrafe verbüßt? Welche Auswirkungen hat dies auf deine Beziehung? Ist es das, was du willst? Was willst du? Bist du bereit, sein Strafmaß herabzusetzen? Wenn du es tust, wird deine Beziehung zur nächsten Ebene vorangebracht.

Immer wenn du deinen Partner bestrafst, zahlst du einen Preis, weil deine Beziehung darunter leidet. Das Unterbewusstsein funktioniert so, dass du dein heimliches Einverständnis zum Verhalten deines Partners gegeben hast, um die Kontrolle haben zu können oder den nächsten Schritt in Nähe und Intimität nicht gehen zu müssen. Gleichermaßen gilt, dass, wenn du dich zu Unrecht verurteilt fühlst, du die Ungerechtigkeit und Distanz zu deinem Partner herbeigeführt hast. Dies spiegelt deine heimliche Angst und deinen heimlichen Kampf nicht nur mit deinem Partner, sondern auch mit Gott wider. Du tust es, um dein Ego am Leben zu erhalten und unabhängig zu bleiben. Wenn du den Mut hättest, könntest du stattdessen jedoch Liebe und neue Flitterwochen genießen.

# 40

## Die Aufgabe des Mannes

Die Aufgabe des Mannes in einer Beziehung besteht darin, seiner Partnerin beständige, verbindliche Liebe zu schenken. Sie besteht darin, seine Gaben mit ihr zu teilen und ein immer höheres Maß an Liebe in die Beziehung einzubringen. Manche Männer machen die Erfahrung, dass es nahezu unmöglich scheint, ihren Frauen ein Lächeln zu entlocken. Sollte dies bei dir der Fall sein, dann ist es ein untrügliches Zeichen dafür, dass deine Partnerin ein Lamborghini ist: emotional hoch „getunt", überempfindlich und definitiv temperamentvoll. Wie ein solches Auto braucht auch eine solche Frau regelmäßig eine Feinabstimmung, damit sie temperamentvoll bleibt und nicht launisch wird.

Wenn deine Partnerin erkrankt, dann bittet sie darum, auf tieferen Ebenen geliebt zu werden. Es mag den Anschein haben, dass du alle Liebe gegeben hast, die du zu geben hast, aber dies ist einer der größten Fehler, die Männer machen. Sie geben zu rasch auf. Wenn du keine Liebe und keine Energie mehr übrig hast, um deiner Partnerin zu helfen, verpflichte dich von neuem der Liebe, verpflichte dich von neuem deiner Partnerin. Paradoxerweise steht dir dann ein höheres Maß an Liebe zur Verfügung. Wenn dir die Liebe scheinbar ausgeht, kann der Himmel dir Nachschub liefern und dich wieder erfüllen, sofern du darum bittest und es annehmen kannst.

Wenn deine Partnerin sexuell missbraucht wurde, trägst du normalerweise eine Gabe der Sexualität in dir, die gemeinsam mit deiner Liebe deine Partnerin heilen und euch zusammen auf eine neue Ebene der Begabtheit in Bezug auf Sex bringen kann. Wenn deine Partnerin ein Problem hat, besitzt du die Gabe, die das Gegenmittel dazu ist, und wenn die Liebe zu deiner Partnerin größer ist als deine Angst davor, dein Licht leuchten zu lassen, dann bringst du diese Gabe hervor, um sie in einem Akt der Liebe mit ihr zu teilen. Selbst wenn deine Partnerin dich angreift, findest du in dir die Liebe, die Geduld und die Gaben, um ihren Angriff zu heilen. Wenn eine Frau angreift, ist sie in Not, und wenn du dich fragst, was sie braucht, und es während ihres Angriffs in sie einströmen lässt, bewirkst du Heilung und nachdrückliche Veränderung, sodass ihr beide auf eine neue Ebene gelangen könnt. Wenn sie natürlich eine Tigerfrau ist, hast du mehr zu tun, wenn es darum geht, Aggression in Leidenschaft zu verwandeln. Wenn deine Partnerin dich angreift oder irgendeine Form von Missbrauch erlitten hat, kann es ebenso sein, dass astralische oder dämonische Energien sich an ihr festgesaugt haben. Dies bedeutet in der Regel, dass du eine gewisse Immunität gegen diese dunklen Energien besitzt, die sogar so weit reichen kann, dass du fähig bist, sie mit Hilfe deiner Liebe sowie des Lichts und der Liebe des Himmels energetisch davon zu befreien. Wenn sie dich angreift, bist du aufgefordert, an der Hand des Himmels wehrlos auf sie zuzugehen. Wenn du dich mit ihr verbindest, können deine Liebe und die Liebe des Himmels sie von dieser Dunkelheit befreien, die für das uralte Ego steht. Du kannst deinen und ihren Meister darum bitten, sie vor zukünftigen Angriffen zu schützen, und schützt damit auch dich vor dem brennenden Schmerz, der mit jedem Angriff dunkler Energie einhergeht.

Du kannst deiner Partnerin auch durch die Erkenntnis helfen, dass, wenn sie ein Problem hat, ein Selbst oder sogar mehrere Selbstanteile in ihr erstarrt sind. Erspüre intuitiv oder energetisch, wo in ihr sie sich befinden und wie alt sie sind. Liebe dieses Selbst oder diese Selbstanteile, die oft im Kindesalter erstarrt sind. Bitte deinen Engel, dieses Selbst in seine Flügel einzuhüllen und es zu lieben, bis es das gegenwärtige Alter deiner Partnerin erreicht hat und mit ihr verschmilzt. Dadurch werden Drähte in ihrem Herzen, ihrer Seele und ihrem Körper wieder verbunden, die im Moment ihrer emotionalen Erstarrung durchtrennt wurden. Dies bringt deiner Partnerin ein neues Maß an Ganzheit. Beurteile das Ergebnis der Heilung anhand des Problems, um zu erkennen, ob weitere Selbstanteile an dessen Wurzel erstarrt sind.

Ein Mann, der seine Partnerin aufgegeben hat, beginnt zu schwelgen oder entwickelt Süchte, hat Affären, steuert auf den Tod zu oder wird zum Workaholic. Damit ist die Chance vertan, den Himmel gemeinsam zu erreichen. Die Lektion, die ihr in diesem Leben gemeinsam lernen wolltet, wird nicht gelernt, und die Lebensaufgabe, die ihr gemeinsam erfüllen wolltet, wird nicht verwirklicht. Dies wirkt sich mit großer Sicherheit auch negativ auf die Erfüllung eurer persönlichen Lebensaufgabe aus und lenkt euch von ihr ab.

Ihr beide und der Himmel verfügen über alle Mittel, die notwendig sind, um zur mystischen Liebe zu gelangen, ganz gleich, welche Art von Mann und Frau ihr seid. Bei jedem Schritt und in jedem Stadium eurer Entwicklung steht ihr jedoch vor der Herausforderung, die wunderbaren Gaben zu entdecken, die ihr in euch tragt, euch dafür zu entscheiden, euer Licht leuchten zu lassen, anstatt euch zu verstecken, und die Gnade und die Wunder des Himmels in der Herausforderung willkommen zu heißen, vor der ihr gerade steht.

# 41

# Das ewige Festhalten der Verschmelzung

Verschmelzung rührt von Trennung her. Da wir die Gefühle von Verlust und Einsamkeit nicht ertragen können, versuchen wir sie durch Verschmelzung, die eine Form von vorgetäuschter Verbundenheit ist, wettzumachen. Verschmelzung befriedigt jedoch nicht, sondern verwischt lediglich die Grenzen zwischen einem anderen Menschen und uns selbst. Dadurch entstehen Co-Abhängigkeit, Angst vor dem nächsten Schritt, übergroße Nähe und eine Überidentifikation, die dafür sorgt, dass wir die Emotionen eines anderen Menschen auf eine Weise fühlen, die uns hilflos macht, wenn er unsere Hilfe braucht. Verschmelzung lockt sowohl uns als auch ihn in eine Falle. Sie sorgt dafür, dass wir uns aufopfern. Aufopferung ist von Konkurrenz geprägtes Wetteifern um Überlegenheit oder um eine spirituelle Vormachtstellung, das von Gefühlen der Unterlegenheit ausgeht. Verschmelzung ist Angriff, da sie das Urteil der Aufopferung enthält. Deshalb zieht sie sich zurück und bringt sich nicht ein. Das hat zur Folge, dass es weder Verbundenheit noch Erfolg oder Nähe gibt.

Verschmelzung geht oft mit einer Form von Introjektion einher, in der wir versuchen, den emotionalen und körperlichen Schmerz desjenigen zu schlucken, mit dem wir verschmolzen sind. Solange er seinen Konflikt jedoch nicht geheilt hat, produziert er immer neuen emotionalen Schmerz, den wir nur mit unseren medialen Fähigkeiten verbrennen können. Dies hat zur Folge, dass wir sehr rasch überlastet sind und entsprechend leiden. Verschmelzung kompensiert dissoziierte Unabhängigkeit. Sie verbirgt damit unseren Wunsch nach

Trennung und versucht ihn durch Rollen wettzumachen, ist aber eine Abwehrstrategie, die das Problem nicht löst, sondern nur zudeckt. Die Trennung bleibt bestehen.

Das Ego hat uns betrogen, als es uns weisgemacht hat, Unabhängigkeit sei gleichbedeutend mit Freiheit. Sie ist es nicht. Unabhängigkeit ist eine dissoziierte Rolle, die nicht empfangen kann. Es gibt weder Gnade noch Fluss, was zur Folge hat, dass wir jede Bürde ganz allein tragen müssen. Außerdem hinterlässt sie das ursprüngliche Opfermuster, das die Trennung und den Schmerz hervorgerufen hat. Weil alle diese Dinge unterbewusst ablaufen, ist so gut wie gewährleistet, dass kein Bewusstsein vorhanden ist, um damit umzugehen, sie loszulassen und uns weiterzuentwickeln. Unter der Verschmelzung liegt der ursprüngliche Groll, der die Trennung verursacht hat. Darüber liegen die Muster aus Opfer und Verlust sowie Aufopferung und Verschmelzung. Das Ego nutzt sie beide auf hinterhältige Weise, um festzuhalten und damit seine Unversehrtheit zu sichern. Trotz unserer Hilflosigkeit und der Überidentifikation mit einem anderen Menschen, mit dem wir verschmolzen sind, versuchen wir in unserer Verschmelzung immer noch, ihn voranzubringen, und wir erkennen nicht, dass wir es gleichzeitig darauf angelegt haben, dass er sich nicht weiterentwickelt.

Frage dich, gegen wen du den ursprünglichen Groll hegst, der die Trennung verursacht hat. Vergebung erlaubt dir, die verborgene Schuld dafür loszulassen, dass du die Dinge getan hast, deretwegen du ihn beschuldigt hast. Lasse dann die Verschmelzung los, indem du sie gemeinsam mit den Rollen der Unabhängigkeit, der Aufopferung und des Opfers zum Handelsposten des Himmels trägst und das empfängst, was dir anstelle dieser Fallen gegeben wird. Verpflichte dich nun dem nächsten Schritt und dir selbst. Verpflichte dich auch allen anderen Menschen, die an der Verschmelzung beteiligt waren. Dies stellt die Verbundenheit wieder her, die Verschmelzung blockiert. Es ist möglich, dass ein und dieselbe Person an der Entstehung des Grolls und der Verschmelzung beteiligt war. Dies macht ein neues Maß an Verbundenheit möglich. Lasse alles los, um neue Verbundenheit und neue Partnerschaft zu erreichen.

42

# Vernachlässigung in der Kindheit und ihre Auswirkungen in der Gegenwart

Vernachlässigung in der Kindheit kann ein tiefgreifendes Muster in Gang setzen, das uns in Gefühlen von Leblosigkeit oder Depression festhält. Wenn wir sie nicht versteckt haben, hat Vernachlässigung in der Kindheit zur Folge, dass wir unseren Partner, unsere Kinder, unsere Arbeit oder uns selbst vernachlässigen. Sie kann auch zu einer Kompensation führen, die uns ängstlich besorgt sein lässt, in der unser Partner oder unsere Kinder uns jedoch nicht wirklich fühlen können, weil wir an unsere Vergangenheit gefesselt sind und uns nicht wirklich hingeben. Vernachlässigung in der Kindheit zu kompensieren kann sogar bedeuten, dass wir andere Menschen regelrecht erdrücken. Vernachlässigung in der Kindheit kann viele unterschiedliche Auswirkungen haben. Sie kann dazu führen, dass wir als erwachsener Mensch schwelgen oder uns in Bedürftigkeit festhalten, die dafür sorgt, dass das, was andere Menschen uns geben, niemals oder nur dann genug ist, wenn sie übermenschliche Anstrengungen unternehmen. Vernachlässigung kann uns auch in die Rolle des unechten Helfers zwingen, weil wir zeigen wollen, wie unsere Eltern es richtig gemacht hätten. Das bewirkt, dass wir abwechselnd helfen und schwelgen oder die *Rolle* des Helfers übernehmen. Wir helfen, ohne uns selbst jemals wirklich einzubringen. Dies hat seinen Ursprung in Gefühlen der Unwürdigkeit und Wertlosigkeit, die von Vernachlässigung herrühren, obwohl die Vernachlässigung in Wirklichkeit erst durch eine tiefere Schicht der Unwürdigkeit und Wertlosigkeit herbeigeführt wurde. Hinzu kommt die Unabhängigkeit, der die Vernachlässigung gedient hat. Die Tatsache, dass wir vernachlässigt wurden, hat uns die Ausrede geliefert, die wir als Rechtfertigung brauchten, um unabhängig zu sein und unseren eigenen Weg zu gehen. Es stellt eine große Herausforderung für uns dar, den Ausweg aus einer solchen Falle des Egos zu finden und durch die Bedürftigkeit, das Schwelgen, die Opferrolle, die Aufopferung und das Muster der Unabhängigkeit hindurch zu wahrer Verbundenheit zu gelangen und das Gefühl, liebenswürdig und erfolgreich zu sein, zurückzugewinnen. Eine Möglichkeit, wie es uns gelingen kann, besteht darin, um das vernachlässigte Kind in uns selbst zu trauern. Wenn wir uns schließlich durch alle diese Emotionen hindurchgefühlt haben, kommen wir zu einer verblüffenden Erkenntnis. Wir selbst haben genau die Menschen vernachlässigt, von denen wir uns vernachlässigt fühlten. *Hätten wir sie – ungeachtet ihres Verhaltens – nicht vernachlässigt, hätten wir uns nicht vernachlässigt gefühlt.* **Unsere** *Emotionen sind durch unsere Entscheidungen und unser Handeln entstanden.*

Gefühle der Vernachlässigung als Kind können leicht dazu führen, dass du dich auch in deiner Beziehung vernachlässigt fühlst. Es ist ebenso möglich, dass die Tatsache, dass du vernachlässigt wurdest, dich so unabhängig und dissoziiert gemacht hat, dass du selbst nun andere Menschen vernachlässigst. *Wie bei deinen Eltern hängen deine Gefühle jedoch auch hier von* **deinem** *eigenen Handeln ab.* Wenn du versprochen hattest, ein ausreichend hohes Maß an bedingungsloser Liebe in dieses Leben mitzubringen, um die Vernachlässigung zu heilen, die deine Eltern erlitten und ausagiert haben, dann hast du dich wahrscheinlich für einen Partner entschieden, der sehr anspruchsvoll und anstrengend ist. Vermutlich hat er eine sehr außergewöhnliche Lebensaufgabe und Bestimmung, die er aber nur mit Hilfe deiner bedingungslosen Liebe und Unterstützung verwirklichen kann. Du empfängst, indem du gibst. Das Glück und die Hingabe, die du schenkst, werden nicht nur zu deiner eigenen Freude, sondern auch zum Treibstoff, der es deinem Partner ermöglicht, der Mystiker in eurer Beziehung zu sein. Das lässt euch als Paar jede Herausforderung überwinden. Eure Liebe lädt das Göttliche ein, und ihr geht über Konflikte und Leblosigkeit hinaus zur Freude voran.

Die Dinge, über deren Fehlen du dich beklagt hast, sind genau die Dinge, die du selbst nicht gibst. Wenn du über deine Klagen und die Themen, die sich um deine Vernachlässigung drehen, hinausgehst, kannst du nicht nur das ungeheuer große Maß an Liebe finden, das du in dir trägst, sondern auch die Liebe, die der Himmel mit dir teilen möchte, damit du sie mit anderen Menschen und vor allem mit deinem Partner teilen kannst und damit für alle mehrst. Deine Kindheit und deine Beziehung sind die perfekte Herausforderung für dich, um die Lektion zu lernen, dass du das, was du außerhalb deiner selbst gesucht hast, die ganze Zeit in dir getragen hast. Und du bist hier, um das, was du in dir trägst, zu teilen und so deinen Beitrag zur Rettung der Welt zu leisten.

# 43

# Was übertriebene Großzügigkeit verbirgt

Übertriebene Großzügigkeit ist eine Rolle und eine Kompensation. Deshalb ist sie unwahr. Wer übertrieben großzügig ist, weiß um die Unwahrheit seines Handelns, wenn er jemals versucht hat, davon abzuweichen. Es fällt sehr schwer. Er hat das Gefühl, dass er es nicht tun kann und in Wahrheit keine Wahl hat. Das zeigt, dass übertriebene Großzügigkeit eine Rolle und eine Abwehrstrategie ist. Sie kann eine Reihe von Dingen verbergen, zu denen vor allem Schuld zählt. Oft verbirgt sie jedoch auch Besitzgier. Deine Bedürfnisse haben bewirkt, dass diese Besitzgier deine Eltern und auch deine ersten Beziehungen regelrecht verzehren wollte. Nun bist du unabhängiger und versuchst so zu sein, wie derjenige, den du besitzen wolltest, deiner Meinung nach hätte sein sollen: übertrieben großzügig dir gegenüber. Weil übertriebene Großzügigkeit eine Abwehrstrategie ist, ist sie kein wahres Geben und lässt keine Freude am Empfangen zu. Ein Gleichgewicht im Geben lässt Empfangen und Fluss zu, wohingegen übertriebene Großzügigkeit dich regelrecht bedrängen kann. Die Menschen, die du besitzen wolltest, hast du dafür verurteilt, dass sie dir gegenüber nicht großzügig genug waren. Da Rollen und Aufopferung ein fortgesetztes Urteil über sowie ein fortgesetzter Angriff auf die Menschen aus der Vergangenheit sind, ist es nun an der Zeit, dich zu befreien, indem du deinem Urteil und deiner Besitzgier vergibst. Es ist auch an der Zeit, den anderen Menschen dafür zu vergeben, dass sie weder die Rolle gespielt haben, die du ihnen zugedacht hattest, noch die Phantasievorstellung erfüllt, die du von ihnen erwartet hattest. Vergib ihnen auch dafür, dass sie sich nicht aufgeopfert haben, um deine Bedürfnisse zu erfüllen.

Diese heimlichen Speicher der Schuld und der Trennung in deiner Beziehung werden in Form von Distanz, Getrenntheit und einem Ungleichgewicht zwischen partnerschaftlichem Geben und Empfangen ausagiert. Dies zeigt dir, dass du in einer Rolle steckengeblieben bist, die nicht länger wahr ist. Deine Entscheidung, alles zu geben, verändert alles. Ohne Gleichgewicht ist keine echte Partnerschaft möglich. Du bist in Leblosigkeit gefangen. Wenn du nicht weißt, wie du dich von diesem Muster befreien sollst, übernimm die volle Verantwortung und bitte den Himmel rasch, die übertriebene Großzügigkeit mit dem zu integrieren, was sie in dir zu kompensieren scheint.

## 44

## Die große Lüge

Der große Dichter Hafiz hat einmal geschrieben, dass aller Schmerz und alle Entbehrungen, die du erlitten hast, sich eines Tages dafür entschuldigen werden, dass sie eine große Lüge waren.

Wenn du auf eine bestimmte Ebene der Heilung gelangst und die höheren Ebenen des Bewusstseins erreicht hast, dann erkennst du, dass du deine ganze Lebensgeschichte erfunden hast, wenn sie nicht von Liebe und Glück erfüllt war. Wenn dein Leben nicht durch die gleiche Sehnsucht nach Gott geprägt war, mit der sich der leidenschaftliche Liebende nach seinem Partner sehnt, dann hast du deine Geschichte benutzt, um dir eine Identität aufzubauen. Meist bist du selbst der Held deiner Geschichte, der von anderen Menschen und der Welt ausgenutzt wurde, aber allen Widrigkeiten zum Trotz überlebt hat. Nur wenn du die Schleier vor deinem tieferen Bewusstsein beiseite ziehst, kannst du erkennen, was du vor dir selbst und vor anderen Menschen verborgen hast. Du setzt Verschwörungen in Gang, weil du dich vor der Liebe, vor deiner Größe und deiner Lebensaufgabe gefürchtet hast. Du bist vor deiner Bestimmung davongerannt, weil du dich davor gefürchtet hast, sie mit Gott zu teilen, und etwas haben wolltest, das ganz allein dir gehört. Du hast die Welt mit den Selbstkonzepten bevölkert, die du verurteilt hast. Du hast deinen Schmerz und dein Unglücklichsein benutzt, um etwas aus deinen Verlusten zu gewinnen. Damit ist es dir jedoch nicht gelungen, glücklich zu werden, sondern du hast lediglich die Macht deines Egos gestärkt. Nun ist die Zeit gekommen, das Ego auszulöschen. Du bist lange genug sein Sklave gewesen. Du entscheidest, ob du auf dein Ego oder dein höheres Bewusstsein hören willst. Dein

Ego kümmert sich weder um dich noch um dein Glück. Es ist nur auf seine Besonderheit bedacht. Es ist nicht dein Freund. Du regierst dein Bewusstsein, so chaotisch es auch erscheinen mag. Du bist sein Anführer, so sehr es auch außer Kontrolle geraten zu sein scheint. Die einzige echte Entscheidung, die du triffst, liegt darin, auf wen du hörst. Das Ego hat sich der Trennung und seinem eigenen Selbsterhalt verschrieben. Dein höheres Bewusstsein hat sich der Liebe und der Aufgabe verschrieben, dein lange verloren geglaubtes Zuhause zu finden. Blicke auf dein Leben zurück. Schaue den Schmerz und das Unglück an, soweit du dich noch daran erinnerst. Während du diese Situationen betrachtest, sage liebevoll zu dir selbst:

„Lügen haben kurze Beine!"

Nun ist es an der Zeit, dich selbst freudvoll auszulöschen und ein Niemand zu werden, damit du den Himmel in dir – als dich selbst – spüren kannst. Immer wenn du etwas anderes als Freude empfindest, stärkst du dein Ego. Der Rest ist Selbsttäuschung und Selbstbetrug. Verweile meditativ bei jeder Situation aus der Vergangenheit und Gegenwart und wiederhole den Satz:

„Die Wahrheit wird alle Irrtümer in meinem Geist berichtigen."

EIN KURS IN WUNDERN, ÜBUNGSBUCH, LEKTION 107

Beobachte dann, wie deine Wahrnehmung sich allmählich verändert, bis du schließlich auf eine Situation schaust, die von Frieden und Glück erfüllt ist. Höre erst auf, wenn dies der Fall ist. Ich habe herausgefunden, dass dieses Zitat aus *Ein Kurs in Wundern* sehr wirksam ist, wenn es darum geht, vergangene Muster und gegenwärtiges Entsetzen zu transformieren.

# 45

# Deine sichtbaren Probleme sind deine Geschichten der Sünde

Die Geschichten der Sünde, die du schreibst, haben Auswirkungen auf dein Leben. Geschichten der Sünde erzählen Kapitel um Kapitel von den Dingen, die du für unverzeihlich hältst. Weil du dich ihretwegen schuldig fühlst, bestrafst du dich selbst. Wegen der Dinge, die du für unverzeihlich hältst, machst du dir das Leben ständig schwer und versuchst sie durch Mangel oder Probleme zu sühnen. Geschichten der Sünde können dir im Leben große Unannehmlichkeiten bereiten. Auch wenn du einen religiösen Weg oder religiöse Vorstellungen längst hinter dir gelassen hast, besteht die Vorstellung von Sünde im Unterbewusstsein weiter, verborgen in dunklen Kammern der Schuld, die von einem Mangel an Selbstwert künden. Da du das Gefühl so großer Schuld nicht ertragen kannst, bist du darauf aus, sie zu verstecken und zu kompensieren. Geschichten der Sünde können noch verstärkt werden, indem sie auf einer Ahnenebene an dich weitergegeben oder aus früheren Leben übernommen werden, sodass ein natürlicher Hang besteht, in diesem Leben weitere Sünden anzuhäufen.

Frage dich, wie viele Geschichten der Sünde du möglicherweise aus anderen Leben mitgebracht hast. Frage dich dann, wie viele Geschichten der Sünde in der Familie deiner Mutter von einer Generation zur nächsten an dich weitergegeben wurden. Wie viele Geschichten der Sünde waren es in der Familie deines Vaters? Wie viele hast du dir selbst angeeignet? Wozu hast du sie benutzt? Wie haben sie sich auf dein Leben ausgewirkt? Das Ego benutzt diese Geschichten, um sowohl dich selbst als auch alle anderen Menschen anzugreifen. Das Fundament des Egos besteht aus Angriff und Selbstangriff, und sie sind die Mittel, durch die das Ego gedeiht. Das Ego macht sich zum Helden, wenn es angreift, und als Munition für seinen Angriff projiziert es Schuld.

Ist es das, was du willst? Was willst du wirklich? Du könntest es jetzt sofort haben.

Übernimm die Verantwortung für deine Geschichten der Sünde und übergib sie deinem höheren Bewusstsein, damit es sie für dich auflösen kann, denn seine Aufgabe besteht darin, Heilung zu bewirken.

# 46

# Hingabe, Teil 2

Hingabe bedeutet, die Kontrolle aufzugeben, und das Ego tut alles, was in seiner Macht steht, um genau das zu verhindern. Das Ego will dich dazu bringen, die Unabhängigkeit und die Mauern aufrechtzuerhalten, die Kontrolle mit sich bringt. Unabhängig davon, auf welcher Stufe deiner Entwicklung du dich gerade befindest, ist Hingabe eine sehr wirksame Möglichkeit, deine Beziehung auf die nächste Ebene von Liebe und Leidenschaft zu heben. Auf der abhängigen Ebene steht aller Schmerz, den du in der Kindheit angesammelt hast, zwischen dir und deinem Partner. Hingabe ist gleichbedeutend mit der Bereitschaft, dich durch alle diese Emotionen hindurchzufühlen und dich mit deinem Partner, deinen Eltern oder dem Menschen zu verbinden, der dich braucht. Du nimmst dich nur deshalb als getrennt und anders wahr, damit du das Maß an Emotionen leugnen kannst, das du in dir trägst und aus dem die Mauern zwischen dir und anderen Menschen bestehen.

Die Herzensbrüche und anderen Emotionen, unter denen du leidest, rühren daher, dass du entgegen dem, was du versprochen hattest, deine Lebensaufgabe nicht angenommen und dich ihr nicht hingegeben hast. Weil du die Kontrolle nicht aufgegeben und deine Mauern nicht überwunden hast, um dich mit einem anderen Menschen zu verbinden, hast du dich in eine Position gebracht, die dich zum Opfer des Schmerzes gemacht hat, der daher rührt, dass du dich von dem betreffenden Menschen getrennt hast. Hättest du dich hingegeben und dich mit ihm verbunden, wäre der Schmerz zu dieser Zeit aufgelöst worden. Der Schmerz, den du gefühlt hast, entspricht genau dem Schmerz, den er in sich getragen und der ihn dazu gebracht hat, sich so zu verhalten, wie er es getan hat.

Weil du dich von ihm getrennt hast, fortgelaufen bist und dich versteckt hast, hast du gelitten, wie du es getan hast. Wenn du deine Emotionen fühlst und, um dich mit ihm zu verbinden, dich auch durch seine Emotionen hindurchfühlst, rettest du ihn vor sich selbst, und er hat das Gefühl, bedingungslos geliebt zu werden. Im Grunde rettest du ihn vor dem Schmerz, den er in sich trägt, und das hat zur Folge, dass du ihn nicht übernimmst. Du mehrst deine Fähigkeit zu Liebe, Leidenschaft und Freude. Dazu brauchst du den Mut, dich dem Schmerz, den du in dir angehäuft hast und der dich nun von dem anderen Menschen trennt, zu stellen und ihn zu erfahren. Der Himmel stärkt dir den Rücken, aber in deiner Hingabe sind keine Waffen und keine Abwehrstrategien erlaubt.

Einem verletzten, aggressiven oder leidenden Menschen kannst du dich nur im übertragenen Sinne nackt und ohne Rüstung nähern. Du kannst durch seinen Schmerz hindurchgehen und ihn vor seiner Bedürftigkeit oder Dissoziation retten. Es gelingt dir, wenn du die Hand des Himmels hältst, während du dich verbindest und hingibst, und es bringt dich auf einer neuen Ebene zur Partnerschaft voran. Im Stadium der Unabhängigkeit wird durch deine feste Absicht und die Bitte um Gnade und den Mut, durch den Schmerz hindurchzugehen, ein Sprung voran zu einem höheren Maß an Partnerschaft möglich. Im Stadium der wechselseitigen Abhängigkeit gehst du durch Schmerz aus deinem Erwachsenenleben und deiner Kindheit sowie unbewussten Schmerz hindurch, bis du deinen Partner erreichst und ihn rettest. Im Stadium der radikalen Abhängigkeit gehst du durch Zustände der tiefsten Verzweiflung, Rebellion, großen Angst und sogar astralen Dunkelheit hindurch, um deinen Partner zu erreichen. Manchmal scheint es so, als müsstest du die Hölle selbst betreten und dämonische Angriffe überwinden, um durch die Differenzen hindurchzugehen und eine tiefe Verbindung mit deinem Partner zu erreichen. Dies lässt eine neue Offenheit für Gnade, Wunder und das Mystische entstehen und bewirkt, dass du andere Menschen ebenso liebst und ihnen die gleichen Gefühle entgegenbringst wie deinem geliebten Partner. Vor allem aber öffnet es Gott, dem höchsten Geliebten, die Tür. Unabhängig davon, in welchem Stadium deines Entwicklungsprozesses du dich gerade befindest, bewirkt es eine Neugeburt in deiner Beziehung und ein höheres Maß an Frieden. Darüber hinaus gibt es dir die Möglichkeit, auf einer vollkommen neuen Ebene zu empfangen. Der Himmel hilft dir, alle diese Dinge zu verwirklichen, wenn du ihn nur darum bittest.

# 47

# Die Verletzungen, die nicht heilen wollen

Emotionale Verletzungen und Traumata, die nicht heilen wollen, werden zu chronischen Problemen. Die grundlegende Dynamik dieser chronischen Probleme ist ein Wutanfall. Wenn es dir nicht gelingt, den Wutanfall zu heilen, ist eine so genannte „Masche" am Werk. Du geißelst dich selbst und alle Menschen in deiner Umgebung. Wenn du immer noch feststeckst, nachdem du die „Masche" geklärt hast, sind Starrsinn, Unerbittlichkeit, eine falsche Einstellung und Widerborstigkeit am Werk. Wenn du immer noch feststeckst, nachdem du diese Dinge geklärt hast, fürchtest du dich vor Veränderung. Besteht das Problem immer noch, nachdem du deine Angst vor Veränderung geklärt hast, sorgt ein Autoritätskonflikt dafür, dass du steckenbleibst. Wenn du deinen Autoritätskonflikt geklärt hast, stehst du vor den Teufelskreisen aus Götzen, Schmerz, Groll und Selbstkonzepten. Hier sind es Bedürfnisse und Anhaftung, die dir erlauben, in der Welt zu bleiben. Das letzte Stadium eines chronischen Problems ist der Kampf mit Gott, und du empfindest es nicht als unter deiner Würde, astrale oder dunkle Energien in diesem Kampf einzusetzen. Dies kann sich in Form von Pakten mit dem Teufel, Dämonen oder dunklen Göttern zeigen, bei denen es sich jedoch stets nur um uralte Fragmente des Egos handelt, die mit Hilfe von Licht und Liebe geklärt werden können. Es ist immer leichter, dich der Mittel von Gnade und Wunder zu bedienen und deine Freunde an höherer Stelle anzurufen, um diese uralte Investition in die Trennung zu beseitigen.

Wenn eine emotionale, psychische oder körperliche Verletzung nicht heilen will, dann wurde sie oftmals durch einen dunklen Angriff und die dunkle

Energie verursacht, die in der Wunde zurückbleibt. Bitte um die Hilfe des Himmels, um dich selbst, deinen Partner und andere Menschen von diesem dunklen Einfluss zu befreien. Dann können dein chronisches Problem und dein Kampf mit Gott in göttlicher Liebe und mit göttlicher Hilfe gelöst werden. Auf diese Weise gelangst du auf dem Weg zu einem glücklichen, sorgenfreien Leben einen großen Schritt voran.

# 48

# Dich mit deinem Partner verbinden

Es ist wichtig, dich mit deinem Partner zu verbinden. Die Verbindung mit deinem Partner ist der Zweck der Beziehung. Sie ist Liebe und wird dich letztlich zum Einssein und zum Verweilen in göttlicher Liebe führen. Es ist immer gut, von Zeit zu Zeit zu überprüfen, wie weit du dich von deinem Partner entfernt fühlst. Dabei stellst du möglicherweise fest, dass die Entfernung zu deinem Partner oft gleich bleibt. Je größer die Entfernung, umso geringer ist das Maß an Liebe und Nähe, und das hat zur Folge, dass die Beziehung an Sinn verliert. Der Sinn einer Beziehung besteht in Liebe und in ihrer Aufgabe. Ihre Aufgabe besteht in Glück, Ganzheit und einem Beitrag zur Rettung der Welt. Die Welt wird gerettet, indem du dich so tiefgreifend mit deinem Partner verbindest, dass jedes Urteil fortfällt und nur Licht bleibt. Um das Licht auf diese Weise zu erreichen, ist Verbindung erforderlich. Sie bedeutet, über alle Emotionen, über jeden Groll und sogar über den Körper hinauszugehen, bis du dich selbst als Licht erkennst und siehst, dass du mit dem inneren Licht deines Partners eins bist. Dies ist eine tiefe Erfahrung des Erwachens. Über Emotionen und Differenzen hinauszugehen hat Heilung zur Folge. Das Licht in deinem Partner zu erreichen bedeutet, von Liebe und Freude zur Ekstase zu gelangen. Selbst wenn es dir nicht gelingt, den ganzen Weg bis hin zu diesem Licht zu gehen, ist jeder Schritt hilfreich. Es bedeutet, dass du in die richtige Richtung gehst. Es heilt dich und erneuert die Verbundenheit. Es erzeugt Spuren, sodass es dir beim nächsten Mal, wenn du die Distanz zwischen dir und deinem Partner intuitiv überprüfst, leichter fällt, sie zu finden und zu heilen. Zu Beginn kannst du dir Ganzheit zum Ziel setzen und deine Beziehung in die

Hände des Heiligen Geistes legen. Es ist hilfreich, dies im Laufe eurer Beziehung immer wieder zu tun und dich außerdem an das Ziel zu erinnern, damit du notwendige Kurskorrekturen vornehmen kannst.

Dein wirkliches Ziel besteht darin, deinem Partner möglichst nahe zu sein. Letzten Endes besteht dein wirkliches Ziel darin, mit deinem Partner eins zu sein, weil dies die höchste Liebe ist. Es ist die Liebe, die das Göttliche hereinbittet. Es ist die Liebe, die das Göttliche ist. Sie kommt zu dir durch deinen Partner, deine Zwillingsseele, der in die Welt gekommen ist, dich zu erlösen, wie du in die Welt gekommen bist, ihn zu erlösen.

Der Weg, auf dem du diesen Ort erreichst, beginnt jetzt. Bringe alle Distanz zwischen dir und deinem Partner zum Schmelzen, und tue es unaufhörlich, denn jedes Mal, wenn du auf eine neue Ebene gelangst, steigt neue Trennung empor, um geheilt zu werden. Wenn du zudem die Themen nicht heilst, die diese Distanz erzeugen, dann sammelt sich Trennung an, bis es sich so anfühlt, als müsstest du mit einer schweren Last einen sehr steilen Berg hinaufsteigen, um die Distanz zu überbrücken. Verbindung vermag all das zu ändern. Gehe stets auf das Licht zu. Das Licht ist in dir und in deinem Partner. Es ist in allen Menschen. Es wartet auf dich. Es ruft dich nach Hause, nicht zum Tod, sondern zum Leben. Du trägst es in dir.

Du hast dich für deinen Partner entschieden. Es war schön, und es liegt an dir, ob es immer wieder schön wird oder nicht. Du hast dich von deinem Partner distanziert, weil du über ihn geurteilt hast, und dabei war dir dein Ego wichtiger als dein Partner. Bis zu einem gewissen Grad tun wir das alle, aber du kannst die Ausnahme sein. Du kannst die Pforte sein, denn jeder, der das Licht erreicht, wird zu einer Pforte und hinterlässt einen Weg für die, die nach ihm kommen. Du wirst zum Erlöser, wie es dir zugedacht war. Zuerst musst du jedoch zu dem Liebenden werden, der du in Wirklichkeit sein sollst. Dazu musst du dich immer wieder mit deinem Partner verbinden, bis du das Licht erreichst. Und vielleicht erreichst du das Licht mehrere Male, bis du dich der Wahrheit noch tiefer verschreibst als der illusorischen Welt, der fast alle Menschen verschrieben sind. Die Befreiung aus einer Welt von Schmerz und Trennung beginnt damit, dass du das Urteil loslässt, das dich trennt, und auch die Illusionen, die den Platz einnehmen, der dem Licht zugedacht ist. Der müheloseste Weg, das Licht zu erreichen, führt über deinen Partner.

Der erste Schritt besteht darin, den Weg freizuräumen. Denke an die Zeit zurück, in der du dich in deinen Partner verliebt hast. Sieh sie vor dir. Fühle sie. Erinnere dich an sie. Atme sie ein. Lasse zu, dass sie alle Trennung des Egos zum Schmelzen bringt, die zwischen euch entstanden ist. Entscheide dich jetzt, ob du dem Ego oder der Liebe und der Wahrheit und damit deinem Partner die Treue geloben willst.

Verbinde dich jetzt mit deinem Partner. Akzeptiere, wie die Dinge stehen. Vergib dir selbst für alles, was du getan oder nicht getan hast. Vergib auch deinem Glaubenssystem, das dafür gesorgt hat, dass die Dinge so sind, wie sie sind. Lasse alles los, was zwischen euch steht, und erkenne, dass dein Partner die Kehrseite des Puzzles ist, die es dir ermöglicht, dich dem Licht zu öffnen. Er ist du. Was er vor deinen Augen ausagiert, ist das, was du in dir trägst und was der Vergebung bedarf. Es liegt unter Leugnung und Kompensationen versteckt. Wenn du ehrlich zu dir selbst bist, erkennst du vermutlich, dass es einige Projektionen gibt, die du direkt zurückziehen kannst.

Vergib deinem Partner. Vergebung befreit euch beide. Sie räumt den Weg frei, aber es gibt so viel, was der Vergebung bedarf. Du willst das Licht erreichen. Du hast deinen Partner zum Prügelknaben für alles gemacht, was du an dir selbst hasst. Dabei ist es dir nur besser gelungen, diese Dinge zu verbergen. Verbinde dich jeden Tag mit deinem Partner, bis du das Licht erreichst. Es rettet ihn, und es rettet dich. Wenn ihr gemeinsam daran arbeitet, könnt ihr euch miteinander verbinden, indem ihr Augenkontakt herstellt. Setze dich deinem Partner bequem gegenüber und schaue mit dem rechten Auge in sein rechtes Auge oder mit dem linken Auge in sein linkes Auge. Schaue über seinen Körper, seine Persönlichkeit und seine Fehler hinaus und halte Ausschau nach seinem inneren Licht. Dieses Licht können die Augen des Körpers nicht sehen, denn es ist nur für die Augen des Geistes sichtbar, die über die Konflikte und die verlockenden Dinge dieser Welt hinausschauen. Blicke über das hinaus, was du auf deinen Partner projiziert hast. Bitte um die Wahrheit, die den Angriff und Selbstangriff korrigiert, der dafür sorgt, dass du die Welt durch die Augen deiner Bedürfnisse und nicht durch die Augen der Liebe siehst, die deinen Blick auf das Licht richtet. Die Welt ist erfüllt von der Illusion, die von Angriff und Selbstangriff herrührt. Wenn du bei einem Menschen über den Angriff hinausgelangen kannst, hast du es geschafft. Dieser Mensch ist dein Partner.

Stelle dir vor, dass du und dein Partner ein Wesen in zwei Körpern seid. Ihr seid nicht getrennt. Nicht wirklich. Wenn du deine Unschuld findest, entdeckst du die Unschuld aller Menschen und gelangst zu neuer Ganzheit. Du wirst zu einer offenen Pforte, durch die der Himmel in die Welt zurückreicht, um Wunder und Segen zu bringen. Wenn du keine Möglichkeit hast, deinem Partner in die Augen zu schauen, dann stelle dir vor deinem inneren Auge vor, wie diese Verbindung geschieht.

Das Licht zu finden heißt, Wunder und die Grenzenlosigkeit deines wahren geistigen Wesens zu entdecken. Es heißt, die Sicherheit und Schönheit des Lichts zu genießen. Lasse keinen einzigen Tag aus. Lasse keine Gelegenheit aus, deinem Partner näherzukommen und eins mit ihm zu werden. Beginne heute. Beginne jetzt. Verbinde dich bei jeder Gelegenheit mit deinem Partner und vereine mit ihm gemeinsam deinen Geist wieder mit dem Licht.

# 49

# Das größte Problem deines Partners, Teil 1

Dieses Thema hat viele Ebenen. Beginnen wollen wir mit dem Prinzip, dass das größte Problem deines Partners zugleich deine größte Lektion ist. Es ist nicht nur seine größte Lektion. Ihr teilt es miteinander, und wenn du das Problem mit ihm teilst, hast du auch die Lösung. Dein Partner spiegelt etwas wider, das du in dir trägst, etwas, das fast deine gesamte Aufmerksamkeit hat, aber dennoch auf ihn projiziert wird.

Der einfachste Weg hindurch besteht darin, um ein Wunder zu bitten. Ein Wunder ist die Gabe des Himmels und Gottes Wille für dich. Wenn der Himmel also jederzeit Wunder für dich bereithält, weil du Gottes geliebtes Kind bist, was kann dann im Weg stehen? Um ein Wunder empfangen zu können, ist Reinigung gefordert. Das bedeutet, dass du zuerst deine Urteile und deinen Groll loslassen musst. Worin bestehen sie? Was legst du deinem Partner im Hinblick auf eure Beziehung und in allgemeiner Hinsicht zur Last? Lasse auch allen anderen Groll los, an dem du bisher festgehalten hast und den du gegen frühere Partner, deine Eltern oder jemand anderen hegst, der sich so verhalten hat, wie dein Partner es gerade tut. Stelle dir vor, wie viele Schritte du von deinem Partner entfernt bist, damit dieses Problem zwischen euch stehen kann. Frage dich, welche Emotionen und welcher Groll zwischen euch stehen. Frage dich: „Will ich den Groll, oder will ich ein Wunder?" Wenn du dich für ein Wunder entscheidest, gehe einen Schritt auf deinen Partner zu. Frage dich erneut, was zwischen dir und ihm steht. Wenn du die Antwort weißt, frage wieder: „Will ich den Groll oder das Wunder?" Gehe auf deinen Partner zu, bis du dich mit ihm verbinden kannst, indem du ihn nicht nur umarmst, sondern dich von Licht zu Licht mit ihm verbindest und dir für euch beide nur noch Wunder wünschst.

# 50

# Das größte Problem deines Partners, Teil 2

Die ganze Welt ist dein Spiegel, und dein Partner ist der Spiegel, der dir in der Welt und ihrem Spiegelpalast am allernächsten ist. Dies ermöglicht dir einen Zugang, um den Spiegel zu reinigen, denn wenn du den „Mann im Spiegel", den Michael Jackson einmal besungen hat, änderst, kannst du das ändern, was in der Welt geschieht. Ich möchte dir an einem Beispiel zeigen, wie du deinem Partner helfen kannst, indem du deine Einstellung änderst. Deine gesamte Wahrnehmung rührt von Projektion her. Projiziert werden deine Gedanken, deine Wünsche und deine Glaubenssätze, bei denen es sich in Wirklichkeit um Selbstkonzepte oder um Bilder handelt, die sich aus diesen Selbstkonzepten ergeben. Was du siehst, ist somit das, was du zu sein glaubst. Dein Partner ist dein Zauberspiegel, der dir dich selbst und vor allem die Anteile deiner selbst zeigt, die du unter den Teppich gekehrt hast. Sie haben sich nun angehäuft, sodass du jedes Mal, wenn du an der Stelle vorbeigehst, über den Teppich stolperst.

Die folgende Übung gibt dir die Möglichkeit, unter dem Teppich zu putzen, und zwar nicht nur für dich, sondern auch für deinen Partner. Natürlich passiert es auch in den besten Beziehungen, dass du die Dinge, die du an dir selbst nicht magst, deinem Partner anlastest, nur um dann wütend zu werden und über ihn zu urteilen, als trügest du keine Verantwortung für deine eigene Wahrnehmung oder Erfahrung. Sobald du erkennst, dass die Welt und insbesondere dein Partner ein Spiegel deines eigenen Bewusstseins sind, hast du die Macht, ihm und deiner Beziehung zu helfen.

Der erste Schritt besteht darin, eine Liste mit den größten Problemen deines Partners zu erstellen. Vielleicht ist er krank, schwach, hilflos, will, dass sich alles um ihn dreht, oder nimmt viel Raum in der Beziehung ein. Liste nun mindestens fünf Problembereiche deines Partners auf.

1. _____
2. _____
3. _____
4. _____
5. _____

Nimm nun den ersten Problembereich und ziehe deine Projektion zurück. Zum Beispiel: 1. Er ist krank. Ziehe die Projektion zurück und gehe der Frage nach, in welcher Form du sie in dir trägst. Sagst du: „Ja, ich bin auch ein wenig krank." Oder sagst du: „Auf gar keinen Fall! Ich bin vollkommen gesund, ich bin niemals krank." Es ist auch möglich, dass du eine Mischung beider Formen in dir trägst: „Ja, ich bin auch krank, aber nein, ich bin vollkommen gesund." Die zweite Form ist eine Kompensation. Deine Gesundheit ist eine Rolle, und als Rolle ist sie eine Abwehrstrategie, um das Gegenteil zu verbergen und zu schützen – den Glauben an Krankheit und die Erfahrung, krank zu sein. Nachdem du herausgefunden hast, in welcher Form du projizierst, gelangst du an einen wichtigen Punkt. Erkenne, dass es bei diesem Glaubenssatz um dich geht, und zwar unabhängig davon, ob du die Eigenschaft, deretwegen du dich quälst, kompensiert oder ausagiert hast. Dann kommt die große Frage: Willst du dich weiter quälen, oder willst du deinem Partner helfen? Überlege es dir gut. Dich quälen oder ihm helfen? Wenn du dich dafür entscheidest, ihm zu helfen, stelle dir vor, dass du zu ihm hingehst, ihn in die Arme nimmst und deine Hilfe von Herz zu Herz und von Geist zu Geist in ihn einströmen lässt.

Wenn du das Gefühl hast, dass der Prozess abgeschlossen ist, kehre zurück und beginne, die zweite Wahrnehmung in Bezug auf deinen Partner zu heilen, die in diesem Beispiel in Schwäche besteht. Ziehe deine Projektion zurück und gehe der Frage nach, in welcher Form du sie in dir trägst. Sagst du: „Oh, ja. Ich fühle mich auch schwach." Oder sagst du: „Ich würde mir niemals Schwäche erlauben." Nun kommt die Erkenntnis, dass du dich gequält hast, weil du glaubtest, schwach zu sein. Die wichtige Frage der Heilung lautet: Willst du dich weiterhin quälen, oder willst du deinem Partner helfen? Wenn du dich dafür entscheidest, ihm zu helfen, dann stelle dir vor, dass du zu ihm hingehst und deine Liebe und Hilfe von Herz zu Herz und von Geist zu Geist in ihn einströmen lässt. Wenn der Prozess abgeschlossen ist, gehe weiter zur dritten Eigenschaft, die du auf deinen Partner projiziert hast, und wiederhole die Übung.

Wenn du diese Übung mit allen negativen Eigenschaften durchgeführt hast, wiederhole sie mit einigen Gaben, die dein Partner besitzt. Dies gibt auch dir die Möglichkeit, dich zu Gaben zu bekennen, vor denen du dich fürchtest. Wenn du deine Projektion zurückziehst, könnt ihr beide neue Gaben empfangen. Nachdem der Prozess vollständig abgeschlossen ist, gehe mit Hilfe dieser Übung der Frage nach, wie sich dein Partner nun für dich darstellt. Wenn du die Übung mit einem Mindestmaß an positiver Absicht durchgeführt hast, sollte sich dein Bild von ihm grundlegend verändert haben, und die Beziehung sollte in einen unbeschwerten Fluss zurückgelangen.

# 51

# Das größte Problem deines Partners, Teil 3

In diesem Kapitel wollen wir uns mit einem sehr tiefgreifenden Aspekt des Bewusstseins befassen: Nichts geschieht ohne deine Entscheidung. Dein Partner ist einer der Hauptdarsteller in deinem Lebensfilm.

Die erste Frage lautet also, warum du das Drehbuch zu dem Film schreibst, in dem dein Partner dieses Problem hat.
  Welche entscheidende Lektion sollst du hier lernen?
  Steht das Problem für bestimmte Lebensgeschichten?
  Wie viele dieser Lebensgeschichten sind negativ, wie viele positiv?
  Entspricht das prozentuale Verhältnis zwischen den negativen und positiven Geschichten dem, was du willst?
  Was willst du?
  Wie kommt es, dass du das Drehbuch zu einem Film schreibst, in dem dein Partner leiden muss?
  Ist es das, was du wirklich willst?
  Wird es dich glücklich machen?
  Wofür lässt du ihn bezahlen?
  Ist es das, was du willst?
  Was willst du?
  Bei welchem Aspekt des Problems willst du nicht anerkennen, dass es sich um einen Aspekt deiner selbst handelt?
  Gibt es Geschichten des Herzensbruchs?

Geschichten der Hilflosigkeit?
Geschichten des Leidens oder des Hasses?
Gibt es Geschichten des Glücks und der Heilung, um diese Geschichten in irgendeiner Form auszugleichen?
Welche Seite gewinnt?

Letztendlich entscheidest du, mit welcher Geschichte du das Drehbuch für dein Leben schreibst.

Was willst du?
Lässt du deinen Partner eine Verschwörung ausagieren, bei der es sich um eine Falle des Egos handelt, die so gut aufgestellt ist, dass es so aussieht, als ob es kein Entrinnen gäbe?
Wenn ja, um welche Verschwörung handelt es sich?
Sind Rache und Groll im Spiel?
Machst du deinen Partner zu deinen Eltern oder zu einem Elternteil?
Bestrafst du deinen Partner für das, was in anderen Beziehungen geschehen ist?
Benutzt du das Problem deines Partners, um Gott anzugreifen, und wenn ja, in welcher Form?
Warum hast du Angst davor, dich mit deinem Partner zu verbinden, wenn du ihn damit heilen könntest?
Vor welchen Gefühlen fürchtest du dich?
Welche vermeintlichen Eigenschaften deines Partners fürchtest du dir von ihm einzuhandeln oder am eigenen Leib zu erfahren?
An wem – außer deinem Partner – rächst du dich?

Auf einer bestimmten Ebene stehen alle Verschwörungen dafür, dass du deine Lebensaufgabe ablehnst und dich vor ihr versteckst.

Worin bestehen die Lebensaufgabe und die mit ihr einhergehenden Gaben, vor denen du dich fürchtest?
Was bist du aufgefordert, durch Gnade zu vollbringen, ziehst es jedoch vor, dich davor zu verstecken?
Welcher Angst, der deine Verschwörungen und dunklen Geschichten dienen, fürchtest du dich zu stellen?
Für welche Schuld bestrafst du dich?
Welches Bedürfnis willst du mit Hilfe der Situation erfüllen, und an welcher Form des Schwelgens willst du mit ihrer Hilfe festhalten?

Inwieweit zeigt das Problem deines Partners einen Wutanfall, den du in dir trägst?
Worum geht es bei diesem Wutanfall?
In welcher Weise spiegelt das Problem deines Partners deinen heimlichen Widerstand und deine falsche Einstellung wider?
Wozu benutzt du dieses Problem?
Was brauchst du seinetwegen nicht zu tun?
Was erlaubt es dir zu tun?
In welcher Weise kontrollierst du dich selbst durch die Tatsache, dass dein Partner dieses Problem hat?
In welcher Weise bedienst du dich des Problems deines Partners, um ihn zu kontrollieren?
Wie unabhängig kannst du sein, weil dein Partner dieses Problem hat?
Wenn du dich wegen dieses Problems aufopferst, wen greifst du mit deiner Aufopferung an?
Mit wem konkurrierst du durch deine Aufopferung und durch das Problem, das dein Partner hat?

In diesem Bereich besteht zwischen euch keine Ebenbürtigkeit.
Stehst du über oder unter deinem Partner?
Wovor fürchtest du dich, wenn es um Ebenbürtigkeit geht?

Das Problem deines Partners ist Teil eines Opfermusters.
In welcher Weise dient es dir, deinem Partner bei der Lösung des Problems nicht zu helfen?
Welches Opfermuster spiegelt es für dich wider?
Welchen Aspekt des Problems weigerst du dich zu akzeptieren?
Was macht dir Angst davor, dein Licht leuchten zu lassen für den Fall, dass du die Antwort auf dieses Problem findest?
Gegen welchen Aspekt deiner Bestimmung kämpfst du dadurch, dass dein Partner dieses Problem hat?
Worin besteht der Götze (eine äußere Sache, die du zu einem Gott erhoben hast, von dem du glaubst, er könne dich glücklich machen), dessen du dich zu bedienen oder den du festzuhalten versuchst?
Wie viele Götzen hast du?
Sind sie das, was du willst?
Was willst du?

Was willst du beweisen, indem du dafür sorgst, dass dein Partner dieses Problem hat?

Woran hältst du fest?

An welchem Menschen hältst du fest, für den das Problem deines Partners steht?

In Bezug worauf kannst du Recht haben, indem du dafür sorgst, dass dein Partner dieses Problem hat?

Wie hoch ist das Maß – in Prozent –, in dem du dich deinem Partner nicht gibst?

Welche Glaubenssätze deines Partners spiegeln deine Glaubenssätze und Selbstkonzepte wider, die dich zurückhalten?

Was beweist du, indem du dafür sorgst, dass dein Partner dieses Problem hat?

Wie oft im Laufe eines Tages reichst du zu deinem Partner hinaus, um seine Lage zu verbessern?

Welche Ausrede liefert dir die Lage, in der dein Partner sich befindet?

Alle diese Fragen zeigen grundlegende Dynamiken, und wenn du sie loslässt, seid ihr beide frei, den nächsten Schritt zu gehen. Du kannst neue Entscheidungen treffen und infolgedessen tiefgreifende Veränderungen sowohl in deinem Leben als auch in deiner Beziehung bewirken. Das erlaubt euch beiden, gemeinsam auf eine neue Stufe eurer Entwicklung zu gelangen.

# 52

# Das größte Problem deines Partners, Teil 4

Dies ist eine wirksame Übung, um den Spiegel zu reinigen, den dein Partner für dich darstellt. Dein Partner ist der Anteil deiner Seele, der dir am nächsten ist. Du bist hier, um diesen Anteil deiner Seele zu integrieren, aber das kann dir nicht gelingen, wenn du einen Groll gegen deinen Partner hegst, der auf den Urteilen beruht, die du über ihn gefällt hast. Urteile sind das Werk des Egos. Es benutzt sie, um Trennung zu erzeugen und auf diese Weise seine Macht auf deine Kosten zu vergrößern. Vielleicht bekommst du Recht, aber dadurch schießt du der Liebe ein Eigentor und sabotierst deine Freude. Du schließt die Pforte zum Einssein, die dein Partner für dich darstellt, und das Ego tut sich nicht nur an deinem Unglück gütlich, sondern auch an deinem Glauben darüber, wie „schlecht" dein Partner ist. Das gibt dir die Möglichkeit, deine Schuld unter deinen Urteilen und deinem Groll zu verstecken. Dein Urteil ist Heuchelei. Es hat die Situation hervorgerufen, damit du dich trennen und so tun kannst, als trüge dein Partner allein die Schuld an dem, was geschehen ist. Dein Unterbewusstsein offenbart jedoch, dass du es immer wieder tust, um Unabhängigkeit, Trennung und eine Unzahl anderer Dinge zu erreichen. Nichts davon macht dich glücklich oder ist den Preis wert, den du in Form von verlorener Liebe und Freude bezahlst. Nun kannst du die Liebe und die Frische zurückgewinnen. Es ist wichtig, die folgende Übung in regelmäßigen Abständen durchzuführen, denn Reinigung ebnet Wundern den Weg und rettet nicht nur dich und deinen Partner, sondern bringt auch die Erde in ihrer Evolution voran.

Erstelle also eine Liste der Beschwerden, deretwegen du einen Groll gegen deinen Partner hegst. Du urteilst ständig sogar über den Menschen, der dir am nächsten steht, und grollst ihm wegen aller möglichen Dinge. Erstelle eine Liste all dieser Dinge, einschließlich der Probleme, die er hat und bei deren Lösung du ihm helfen möchtest. Vergib den Urteilen, die du an den Orten über ihn gefällt hast, an denen er Hilfe brauchte. Vergib deinem Groll. Vergib deinem Partner im Laufe des Tages immer wieder bei allen Themen, die dir in den Sinn kommen, und sei nicht überrascht, wenn einige deiner alten Themen nun Schicht um Schicht in ihm hochkommen, damit du sie vergeben kannst. Dies wird durch unbewusste Muster genährt. Sei nicht überrascht, wenn sich Dinge zeigen, die du dir selbst, ehemaligen Partnern, deinen Eltern oder anderen Menschen zur Last gelegt hast. Vergib auch ihnen, denn es wird dir und deinem Partner helfen, ein höheres Maß an Nähe zu erschaffen. Erkenne, was du deinem Partner und anderen Menschen zur Last gelegt hast. Vergib ihnen. Vergib auch dir selbst als dem Verursacher der Situation. Vergib deinem Glaubenssystem dafür, dass es die Situation erschaffen hat, und vergib dem Thema selbst. Segne dann deinen Partner, dich selbst, dein Glaubenssystem und das Thema. Wiederhole die Übung mit allen Menschen, die dir heute negativ in den Sinn kommen, während du auf deinen Partner zugehst. Lege nach jedem Akt der Vergebung deine Beziehung in die Hände des Himmels, um ihm die Zuständigkeit für die Beziehung selbst, ihre Ziele und die Mittel zum Erreichen dieser Ziele zu überlassen. Wenn du diese Übung der Vergebung eine Woche lang regelmäßig durchführst, kann sie viele Probleme auflösen, mit denen dein Partner, du selbst und eure Beziehung zu kämpfen haben. Wenn du sie zehn Tage lang mit einem Minimum an Aufrichtigkeit durchführst, erneuert sie deine Beziehung grundlegend. Ich schlage vor, dass du dir ein Büchlein zulegst, in dem du jeden Akt der Vergebung mit einem Stichwort notierst, das dir sagt, worum es dabei geht. Selbst wenn du pro Tag nur wenige Male vergibst, bist du auf einem guten Weg, deine Beziehung zu verbessern.

# 53

# Der Grund, aus dem du nicht glücklich sein kannst

Wie glücklich bist du auf einer Skala von 100%? Selbst wenn du eine hohe Prozentzahl erreichst, ist immer noch eine Steigerung möglich und du kannst auf höhere Ebenen gelangen. Glückliche Menschen lächeln fast immer. Tust du es auch? Glückliche Menschen sind innerlich erfüllt und haben es nicht nötig, von ihrer Umwelt zu nehmen oder zu bekommen. Sie öffnen anderen Menschen ihr Herz. Tust du es auch? Gibt es Ausnahmen? Ruhst du in deinem inneren Frieden, oder reagierst du emotional? Gehst du den Weg der Heilung, und nutzt du jede Reaktion und jedes Missgeschick, um Heilung zu bewirken und weitere Gaben zu erlangen?

Wir wollen einmal hinterfragen, warum du dir nicht gestattest, glücklicher zu sein. Wenn ich Menschen auf einer tieferen Ebene zu diesem Thema befrage, dann erwidern sie, dass sie nicht glücklich sein wollen, weil sie einem bestimmten Menschen nicht die Befriedigung geben wollen zu glauben, er habe seine Sache gut gemacht. Unser Unglücklichsein ist also eine Klage, und wenn wir uns elend und erbärmlich fühlen, ist es ein Wutanfall. Wenn es extrem schmerzhaft ist, ist es eine „Masche", die wir benutzen, um uns und andere Menschen zu geißeln, aber wir sind zu blind und zu sehr in unserem Schmerz gefangen, um zu sehen, was wir anderen Menschen antun.

Unser Unglücklichsein bedeutet, dass wir einen Groll gegen einen anderen Menschen hegen. Er bringt den Fluss in unserem Leben zum Stillstand, blockiert Inspiration und schottet unser inneres Licht ab. Er erzeugt Illusion, verbirgt unser höchstes Selbst und macht uns glauben, wir seien ein Körper und die illusionäre Welt, in der wir leben, sei real. Unser Groll verbirgt jedoch eine noch dunklere Wahrheit. Wir glauben, dass ein anderer Mensch uns missbraucht hat, aber das Unterbewusstsein zeigt, *dass wir ihn missbraucht haben*, weil er uns die perfekte Ausrede geliefert hat, die wir brauchten, um uns zu verstecken und vor uns selbst und unserer Lebensaufgabe davonzulaufen. Wir waren herzlos. Wir hätten ihn, uns selbst und alle anderen an der Situation beteiligten Menschen retten können, wenn wir nur vorgetreten wären und uns zu der Seelengabe bekannt hätten, die wir mitgebracht hatten, um genau diesen Menschen in dieser Situation zu retten. Stattdessen haben wir genau das geleugnet und zugedeckt und ihm die Schuld an einer Situation gegeben, in der wir alle Menschen hätten transformieren und auf eine neue Ebene heben sollen. Unser Groll war Teil einer dunklen Geschichte, die wir benutzt haben, um unsere Schuld zu verbergen, weil wir unser Versprechen, ihm zu helfen, nicht erfüllt und stattdessen als „Opfer" schmerzhafte Emotionen durchlebt haben. Wir haben andere Menschen und uns selbst belogen und alles geleugnet. Zu diesem Zweck benutzen wir unser Unterbewusstsein, das uns aber ein gespaltenes Bewusstsein einbringt.

In Wirklichkeit lehnen wir es also ab, glücklich zu sein, weil wir Angst vor dem Glücklichsein und davor haben, den nächsten Schritt zu gehen. Wir wollen uns verstecken und so tun, als seien wir ein Ego und ein Körper, statt Heilung zu bewirken, indem wir um Liebe, göttliche Liebe und die wundersamen Gaben des Himmels bitten. Wir wollen getrennt bleiben und unabhängig sein, denn wenn wir den Groll losließen, würden Liebe und Verbundenheit an seine Stelle treten. Alle wären unschuldig, und alle wären glücklich!

54

# Frauen, Beziehungen und Kommunikation

Frauen sind wunderbare Kommunikatorinnen. Sie kommunizieren aus dem Herzen heraus, und von diesem Ort aus kann Kommunikation für alle Beteiligten funktionieren. Frauen führen von einem Ort des Herzens aus, von einem Ort der Transformation. Wenn eine Frau nicht nur ihre Besonderheit überwindet, sondern auch über das Bedürfnis hinausgelangt, dass alles sich um sie drehen muss, dann kann sie ihre Aufgabe als Regisseurin in der Beziehung annehmen. Sie gibt ihre Kontrolle zugunsten von Vertrauen und Zuversicht auf. In welchem Maße eine Frau diese Zuversicht besitzt, lässt sich leicht daran ermessen, in welchem Maße ihr Partner seinen Starrsinn aufgegeben hat. Wenn eine Frau sich nicht zu ihrer Aufgabe bekennt und ihren Platz als Regisseurin nicht einnimmt, sind Konkurrenz und Auseinandersetzungen die Folge. Wenn ihr Partner, die Beziehung und die Wahrheit ihr jedoch am Herzen liegen, ist die Beziehung von großer Leichtigkeit geprägt.

Einer Frau kommt in der Beziehung die natürliche Rolle der Erzieherin zu. Es ist ihre Aufgabe, ihren Partner etwas über Emotionen, Sex, Kommunikation und Nähe zu lehren. In dem Maße, in dem sie sich partnerschaftlich verbindet, lernt und lehrt sie, auch mit dem Himmel eine Partnerschaft einzugehen. Wenn sie es dem Himmel erlaubt, ihre Aufgabe mit Gnade durch sie zu erfüllen, bringt sie ein höheres Maß an Fluss in die Beziehung hinein. Die meisten Frauen haben jedoch einen großen Schwachpunkt, wenn es um Kommunikation geht. Sie haben kein Problem damit, selbst Rückmeldungen zu geben und Korrekturen einzufordern, wo es erforderlich ist, aber sie müssen auch lernen,

Rückmeldungen anstandslos anzunehmen und sie zu integrieren, damit nur das bleibt, was wahr ist, statt sich in Drama oder einer Abwehrhaltung zu verstricken oder den „Redestab" erneut an sich zu reißen und dafür zu sorgen, dass sich alles wiederum nur um sie dreht. Diese Wehrlosigkeit hilft einer Frau, an den großen Fallen vorbeizugelangen, die das Ego im Einheitsstadium des Bewusstseins aufgestellt hat. Wenn sie nicht auf ihren Partner hört, hört sie auch nicht auf den Himmel, und ihre Abwehrhaltung zeigt, dass es in Wahrheit der Plan des Himmels ist, den sie nicht hören will, weil sie sich davor fürchtet.

Liebe Männer, bevor ihr nun allzu selbstgefällig werdet, solltet ihr wissen, dass eine Frau, die in dieser Weise gefangen ist, die Angst widerspiegelt, die der Mann davor hat, den Plan des Himmels sowohl für sich selbst als auch für beide zu hören. Als Mann bist du aufgerufen, deine eigene Angst zu überwinden, damit du deine Partnerin so sehr lieben kannst, dass sie ihre Angst vor dem Plan des Himmels überwindet. Ein Partner ist immer ein Spiegel. Ausgeprägter Starrsinn bei ihrem Partner weist bei einer Frau beispielsweise immer auf einen Anteil hin, der kontrollieren will, statt zu vertrauen und zu lieben. Sie will ihren eigenen Weg durchsetzen, statt sich für den wahren Weg – nämlich den Weg des Himmels – zu entscheiden. Dies spiegelt die Angst des Paares vor Verlust und davor wider, den nächsten Schritt zu gehen oder zu einem höheren Maß an Nähe zu gelangen. *Eine Beziehung ist stets ausgeglichen*, und das Maß, in dem du den Plan des Himmels nicht hören willst, entspricht dem Maß, in dem du Groll und Aufopferung benutzt, um die Stimme der Führung nicht hören zu müssen. Der Himmel würde niemals von dir verlangen, dich aufzuopfern, sondern möchte vielmehr, dass du deinen Groll aufgibst, damit du deine Unschuld und deine Freude finden kannst. Wenn du deinen Weg aufgeben und darum bitten kannst, den Weg des Himmels gehen zu können, kann sich ein neuer, besserer und leichterer Weg ohne eigennützige Interessen oder heimliche Pläne des Egos auftun. Er setzt die Liebe wieder als Priorität und oberstes Ziel der Beziehung ein.

Wenn du als Frau oder als Mann deinen Platz in der Beziehung einnimmst, verläuft sie in ruhigem Fahrwasser. Wenn du es nicht tust, treten alle möglichen Probleme und Themen in Erscheinung, die verhindern, dass du Erfolg, Nähe und den Weg nach Hause findest.

# 55

# Vergeben, bis du darüber hinausgelangst

Die Welt besteht aus unseren Wünschen und projizierten Selbstkonzepten, die alle mit Angst und Schuld verbunden sind. Wir haben uns von dem getrennt, was unser eigenes Bewusstsein in sich birgt, sodass es vermeintlich eine eigene Wirklichkeit besitzt, die wenig oder gar nichts mit uns selbst zu tun hat. Nun sind wir jedoch aufgerufen, uns der Tatsache bewusst zu werden, dass es eine Lösung gibt und dass diese Lösung auf alles anwendbar ist, wenn wir uns verpflichten, nicht nur die Antwort wissen zu wollen, sondern auch über unsere gegenwärtige Situation hinauszugehen.

Vergebung ändert deine Wahrnehmung. Vergebung ändert deine Erfahrung. Vergebung ändert deine Wirklichkeit, wie du sie kennst. Vergebung führt dich und andere Menschen zunehmend über diese Welt hinaus und in eine vollkommene Welt jenseits dieser Welt hinein, die nur dann geschaut werden kann, wenn du sündenlos bist und deshalb nicht versuchst, etwas von einer Welt zu bekommen, die du selbst erschaffen hast. Der Himmel auf Erden kann nur geschaut werden, wenn alle Menschen sündenlos sind. Das Licht kommt nur dann, wenn du deinen Partner als vollkommen sündenlos sehen kannst. Wenn du einen Menschen als vollkommen sündenlos ansehen kannst, kannst du alle Menschen als sündenlos betrachten.

Ich schlage vor, dass du dir ein kleines Notizbuch zulegst, in dem du 1.001 Zeilen markierst und von 1 bis 1.001 nummerierst. Dies ist eine wichtige Aufgabe. Du gehst heute auf eine vollkommene Welt zu, die durch das Licht geordnet und gelenkt wird. Bevor du beginnst, erkenne die Bedeutung dieser

Aufgabe für dich selbst, deinen Partner und alle Menschen, die du liebst. Diese Übung verändert die Welt und unterstützt die himmlische Beschleunigung der Entwicklung hin zur Partnerschaft, die eine von wechselseitiger Abhängigkeit geprägte Welt bringt. Fasse den festen Entschluss, über die Welt, die du siehst, und alle ihre Probleme und Versuchungen hinauszugehen. Denke in der ersten Zeile deines Notizbuchs darüber nach, worin dein Urteil, dein Groll oder das besteht, was dich von deinem Partner trennt. Willst du das Problem und den damit verbundenen Schmerz, oder willst du die Lösung? Wenn du über das Problem oder zumindest eine Schicht des Problems hinausgelangen willst, entscheide dich dafür, deinem Partner, dir selbst und den Selbstkonzepten zu vergeben, die das Problem haben entstehen lassen. Schreibe das, was du vergibst, in der ersten Zeile deines Notizbuchs nieder, und wenn du dich dafür entschieden hast, es zu vergeben, streiche es durch. Schaue deinen Partner an. Was treibt den nächsten Keil zwischen ihn und dich? Schreibe es in die zweite Zeile. Vergib der Sache, vergib deinem Partner, vergib dir selbst und vergib deinen Glaubenssätzen. Dann streiche es durch. Schaue deinen Partner an. Hat er sich in eine positive oder in eine negative Richtung verändert? Haben deine Gefühle sich in eine positive oder in eine negative Richtung verändert? Im zweiten Fall ist das, was unter deiner Leugnung verborgen lag, an die Oberfläche emporgestiegen. Diese Übung fördert üblicherweise nicht nur Geschichten aus der gemeinsamen Zeit mit deinem Partner und aus deinem Leben vor dieser Zeit zutage. Deine Kindheit und Jugend, Muster aus dem Mutterleib, Ahnenprobleme, unbewusste Geschichten beziehungsweise Geschichten aus vergangenen Leben, kollektive Themen, astrale Themen und schließlich der Fall aus dem Zustand der Gnade gehören zu den Dingen, die in dieser Übung zutage treten. Jeder Akt der Vergebung vergrößert deine Verbundenheit. Jeder Akt der Vergebung lässt dich ein wenig mehr über den Körper, deinen Groll und deine Schuld hinausgelangen. Du überwindest deine Grenzen, die Mauern des Egos, die alle anderen Menschen ausschließen, und dein höheres Bewusstsein, Verbundenheit und der Himmel auf Erden nehmen ihren Platz ein.

Gehe weiter zur dritten Zeile. Wofür verurteilst du deinen Partner? Schreibe es auf. Vergib ihm. Vergib dir selbst, und vergib deinen Glaubenssätzen. Du siehst nur das, was du sehen willst, nämlich die Verkörperung deiner Entscheidungen und die Ausreden, die dich an deine Getrenntheit glauben lassen. Es gibt einen besseren Weg, der in eine bessere Welt führt, und er beginnt bei deinem Partner, dem Menschen, der dir vorgeblich am nächsten steht. Vergib dem Problem, und streiche es durch. Wie stellt sich dein Partner jetzt für dich dar? Gehe weiter zu Zeile vier. Worin besteht das Problem? Was steht im Weg? Alles, was du in dir siehst, fühlst oder hörst, ist hilfreich.

Wenn du heute etwas zu tun hast, dann bleibe darauf konzentriert, habe aber trotzdem dein Notizbuch zur Hand und setze diese Übung im Hintergrund deines Bewusstseins fort. Sei nicht überrascht, wenn sich immer wieder ähnliche Themen zeigen. Es bedeutet, dass du nicht nur das Problem auf der Ebene des Mutterleibs heilst, sondern auch Ahnenthemen, Themen, die mit früheren Leben zu tun haben, kollektive Themen, astrale Themen und sogar das ursprünglichste Thema von allen – den Fall aus dem Zustand der Gnade mit seinem Glauben an Trennung. Vergib daher immer weiter sowohl diesen Themen als auch dir selbst und deinem Glaubenssystem.

Hundert Akte der Vergebung bringen dich auf eine vollkommen neue tonale Ebene in deiner Beziehung. Probleme und Groll bauen sich ebenso auf wie die Emotionen, die sie verursachen, und diese Übung schafft sie aus dem Weg. Nach zweihundert Akten der Vergebung erlebst du möglicherweise Veränderungen in deiner Beziehung, die dich dauerhaft auf neue Ebenen voranbringen. Wenn im Laufe des Tages ein Problem auftaucht, dann vertraue darauf, dass es Teil deines Prozesses ist. Vergib den Menschen, die daran beteiligt sind, ebenso wie dir selbst, deinen Glaubenssätzen und dem Thema, nachdem du es niedergeschrieben hast. Vergib dann wiederum dir selbst, deinem Partner und deinen Glaubenssätzen, weil die Vergangenheit sich in der Gegenwart gezeigt und sie verzerrt hat. Wenn du anfängst, deinen früheren Partnern zu vergeben, dann erkennst du vielleicht, dass du zuerst dir selbst vergeben solltest. All dies ist Teil des Prozesses. Vergib deinem Partner immer und immer wieder für die Urteile, die du über ihn gefällt hast. Es kann sein, dass du zehn Tage dafür brauchst, es kann aber auch sein, dass du es in einem einzigen Tag schaffst. Möglicherweise wirst du feststellen, dass die größten Dinge, die du ihm zu vergeben hast, deine eigenen großen Themen sind, die du gut verborgen hast. Es ist auch durchaus möglich, dass diese Themen gar nicht so tief verborgen lagen, sondern dass du das Gefühl hattest, hilflos zu sein, als es darum ging, bei dir selbst etwas daran zu ändern. Vertraue einfach dem sich entfaltenden Prozess und vergib. Vergib so lange immer wieder, bis der Schleier dieser illusionären Wirklichkeit allmählich zerreißt. Wisse, dass, sobald du den Prozess beginnst, alles, was bei dir oder deinem Partner als Problem zutage tritt, Vergebung verdient, bis es verschwunden ist. Ein so hohes Maß an Vergebung verändert dein Leben radikal. Wo du dich bisher versteckt hast, dort trittst du nun vor und lässt dein Licht leuchten.

# 56

# Deiner selbst müde werden, Teil 1

Wenn du müde, erschöpft oder ausgelaugt bist oder wenn du etwas tust, das von Eintönigkeit geprägt ist, dann kann es rasch geschehen, dass du deiner selbst müde wirst. Wenn du deiner selbst müde bist, kannst du dich selbst nicht wirklich leiden. Das lässt eine Mauer zwischen dir und deinem Partner entstehen, kann richtig eingesetzt jedoch auch eine große Chance bieten. Dein Ego schlägt den Tod als beste Lösung vor, sobald sich ein höheres Maß an Selbstablehnung, Sinnlosigkeit oder Wertlosigkeit zeigt. Dein Ego will dich an einen Ort bringen, an dem du ausbrennst, denn dann überanstrengst du dich und verbrauchst deine gesamte verfügbare Energie. Die Gründe sind meist Aufopferung und das Streben nach Besonderheit. Wenn du ausbrennst, wirst du zumeist in sehr hohem Maße unabhängig, und wenn dies geschieht, hat das Ego sein Ziel erreicht. Es mag dich nicht besonders gut leiden, weil du einfach nicht gut genug für es bist. Wenn du deiner selbst müde wirst, bist du in Wahrheit jedoch nur einer Kernpersönlichkeit müde geworden, die ein wichtiger Baustein des Egos ist. Wenn das Ego in einer solchen Zeit dafür sorgen kann, dass deine Unabhängigkeit größer wird, dann hat es sein Ziel erreicht.

Wenn du dich dabei ertappst, dass du deiner selbst müde wirst, dann wird dir klar, dass du dich zu sehr auf dich selbst verlassen hast. Du hast vergessen, wer neben dir geht. Du hast vergessen, wer die Dinge in Wirklichkeit vollbringt. Du hast vergessen, wer *alles durch dich* vollbringen möchte und dass es um ihn und nicht um dich geht.

Vergib dir selbst, und vergib Gott. Vergib deinem Partner. Vergib dem Leben. Vergib deinen Eltern. Vergib deinen Umständen. Vergib allen Menschen, die dir in den Sinn kommen, denn durch Vergebung werden Müdigkeit, Erschöpfung und Überanstrengung geheilt.

Stelle dir vor, dass du ein Gebäude betrittst, vor dem ein Schild steht, das den Schriftzug „Das Museum deiner selbst" sowie deinen Namen trägt. Wenn du durch die Vordertür trittst, siehst du eine lebensgroße Statue deiner selbst. Wenn du genauer hinschaust, bemerkst du jedoch, dass die äußere Hülle dieser Statue leicht transparent ist und dass sich darin ein neues Du befindet, das versucht, sich aus ihr zu befreien. Betrachte den Sockel, auf dem die Statue steht. Wann wurde sie errichtet? Zu diesem Zeitpunkt wurde die Kernpersönlichkeit erschaffen. Frage dich, in welchem Land du gelebt hast. Warst du ein Mann oder eine Frau? Was ist geschehen, als du dieses Selbst erschaffen hast? Welche wichtige Lektion wollte deine Seele damals lernen? Du kannst nun dorthin zurückkehren, und statt ein Ereignis zu benutzen, um die Verbundenheit zu zerstören, kannst du die Liebe und die göttliche Liebe bitten, sich in der Situation einzufinden. Öffne die Seelengabe, die du mitgebracht hast, um dich und alle an der Situation beteiligten Menschen zu retten. Worin bestand diese Gabe? Wie stellt sich die Situation nun für dich dar, nachdem sie mit deiner Seelengabe, der Liebe und der göttlichen Liebe erfüllt ist? Wie fühlt sie sich an? Wie sieht die Statue in deinem Museum aus, nachdem du dorthin zurückbefördert wurdest? Wenn dort noch eine weitere Statue steht, kannst du die Übung ganz einfach wiederholen.

Nutze diesen Neubeginn, um deine Seelengabe, die Liebe und die göttliche Liebe mit deinem Partner zu teilen.

# 57

# Deiner selbst müde werden, Teil 2

Es gibt eine Dynamik, die unserem Leben und unserer Liebe im Weg steht. Das Ego verlässt sich darauf, dass sie uns angreift und dafür sorgt, dass wir uns vom Leben abwenden. Sie wird in Gang gesetzt, wenn wir unserer selbst müde werden. Wir werden unserer Persönlichkeit müde, und wir werden der Art und Weise müde, in der wir mit anderen Menschen und uns selbst umgehen. Wenn wir unserer selbst müde sind, dann werden wir des Lebens müde. Wir haben das Gefühl, einer Beziehung nicht würdig zu sein. Wir haben das Gefühl, zu sehr „wir selbst" gewesen zu sein. Wir haben unsere Persönlichkeit an der Grenze zwischen uns selbst und anderen Menschen in zu hohem Maße aufgebraucht. Wir zweifeln an uns selbst und daran, wie wir gewesen sind, und das führt dazu, dass wir uns selbst verurteilen. Unsere Selbstverurteilung greift uns an und hat zur Folge, dass wir unserer selbst müde werden. Wenn wir unserer selbst müde sind, wollen wir uns zurückziehen, und dieser Rückzug kann sogar so weit gehen, dass wir uns das Leben nehmen wollen. Wir haben das Gefühl dafür verloren, dass wir der Liebe würdig sind.

Dies ist eine wichtige Zeit, und große Sprünge voran sind möglich, wenn du deinen Selbstangriff aufgibst. Du hast die Wahl, ob deine Persönlichkeit dich von diesem Ort aus voranbringen soll oder ob du dich selbst verurteilen und damit entscheiden willst, dass du an diesem Ort steckenbleibst.

Du hast in dieser Zeit das Gefühl, dass du mit den Forderungen, die du an dich selbst stellst, nicht Schritt halten kannst. Einige Menschen geben an diesem Punkt auf oder sterben sogar, weil sie den Ausweg nicht kennen. Wenn du den Ausweg kennst, kann es jedoch eine Zeit großer spiritueller Fortschritte sein, die dir ein höheres Maß an Glück, Liebe und Selbstliebe bringt. Dies ist auf zweierlei Weise möglich. Eine Möglichkeit besteht darin, allen Menschen zu vergeben, die dir in den Sinn kommen, beginnend bei dir selbst und endend bei Gott. Fahre so lange fort, bis du glücklich und ausgelassen bist. Vergebung heilt Erschöpfung und bringt dir Erfrischung. Die zweite Möglichkeit besteht darin, die alte, verbrauchte Persönlichkeit in die Hände des Himmels zu legen und darum zu bitten, dass sie durch etwas Wahres ersetzt werden möge. Wenn du dich mit dir selbst erschöpft hast, bist du aufgerufen, „dir selbst zu sterben", wie Jesus einmal gesagt hat. Du kannst darum bitten, dass diese verbrauchte Persönlichkeit mit dem reinen Geist deiner wahren Wesensnatur oder deinem höheren Bewusstsein integriert werden möge.

# 58

# Der Fall aus dem Zustand des Einsseins und der Weg der Spiritualität

Wir sind aus dem Zustand des Einsseins herausgefallen und haben uns für das Ego und sein Bedürfnis nach Besonderheit entschieden. Wir haben dem Ego geglaubt, als es uns erklärt hat, dass es uns zu einem Gott unserer eigenen Welt erheben würde. Wir haben die Freude und die Liebe des Himmels verlassen, um unser eigenes Glück zu suchen. Da Trennung mit Schmerz verbunden ist, hat das Ego uns versprochen, dass es den Schmerz, den wir bei unserer Trennung erlitten haben, in größtmöglichem Maße dissoziieren würde. Es hat sowohl den Weg zum Himmel als auch den Himmel selbst dissoziiert, sodass es nur diese Welt zu geben schien. Mit unserem Schmerz hat es auch unser Glück dissoziiert. Jeder weitere Fall hat in einen tieferen Alptraum, eine tiefere dunkle Nacht der Seele geführt, die wir zwar dissoziiert, von der wir uns aber nicht befreit haben. Den Schmerz, das Entsetzen, die Dunkelheit, die Konkurrenz und die Schuld tragen wir immer noch in uns. Wir haben die Schau Gottes zugunsten von Illusionen aufgegeben. Wir leben in einer Welt, in der wir nur unsere Selbstkonzepte befriedigen wollen, und diese Wünsche werden in die Welt projiziert und sind zutiefst enttäuschend. Erst wenn wir erkennen, dass es im Leben noch mehr geben muss, fangen wir an, nach anderen Möglichkeiten zu suchen. Erst wenn wir erkennen, dass wir einige große Fehler gemacht haben, beginnen wir uns nach alternativen Möglichkeiten umzuschauen.

Auf unserer Suche nach der richtigen Richtung schauen wir allmählich über die materielle Welt hinaus, um das zu finden, was uns wirklich glücklich machen kann. Wir haben viele Fehler gemacht, und nun, auf dem spirituellen

Weg, ist es an der Zeit, sie zu berichtigen. Für gewöhnlich arbeiten wir an unserer Heilung, vergeben und verbinden uns, während wir den spirituellen Weg gehen. Schmerz ist auf diesem Weg unser Anhaltspunkt dafür, dass wir einen Fehler machen. Wir hören auf, andere Menschen und uns selbst zu beschuldigen. Wir erkennen, dass der Weg nach Hause darin besteht, Sündenlosigkeit sowohl in uns selbst als auch in anderen Menschen zu sehen. Wir vergeben und lassen jeden Groll los, sodass die aus unzähligen Trennungen resultierende Schuld sich auflöst und sowohl den Schmerz als auch die Notwendigkeit von Bestrafung mitnimmt. Die Erkenntnis, dass Schmerz eine Illusion ist, lässt uns begreifen, dass unsere Lebensgeschichte zu einem großen Teil falsch sein muss und dass wir die bösen Buben als Ausrede für uns selbst erfunden haben. Wir haben die betreffenden Menschen in genau den Situationen benutzt, in denen wir glaubten, von ihnen missbraucht zu werden. In dem Maße, in dem wir die Wahrheit erbitten, gelangen wir zu einem höheren Maß an Ganzheit und Integrität. Wir erkennen, dass Frieden das Ziel ist, denn er ist der Weg, der zu Liebe, Glück, Fülle und Gesundheit führt. Frieden ist der Weg zur Ewigkeit, der uns in die Lage versetzt, die Stimme Gottes zu hören, damit er uns den Weg weisen kann. Wir erkennen, dass der Weg, unsere Entwicklung zu beschleunigen, in dem Wunsch besteht, die vollkommene Welt zu finden, die sich hinter dieser illusionären Welt verbirgt. Dies ist jedoch nur dann möglich, wenn wir die illusionäre Welt völlig loslassen und stattdessen nach spiritueller Schau streben.

Wir streben nach der Schau Gottes und nach der Sündenlosigkeit, die mit ihr einhergeht. Diese Unschuld lässt uns unsere Heiligkeit und auch die Heiligkeit aller anderen Menschen erkennen. Unsere Entwicklung bringt uns allmählich aus dem Opferstadium ins Stadium der Unabhängigkeit mit seinen Erwartungen und Forderungen voran. Im Stadium der Unabhängigkeit ist uns Kontrolle wichtiger als Frieden. Der nächste Schritt unserer Entwicklung bringt uns zur Leblosigkeit, die daher rührt, dass wir aus Rollen heraus leben, in der ödipalen Verschwörung gefangen sind, in Konkurrenz treten und uns davor fürchten, den nächsten Schritt zu gehen.

Wenn wir dieses Stadium gemeistert haben, gelangen wir zum Gleichgewicht und zu wahrer Partnerschaft voran. Dann lassen wir unsere Selbstkonzepte und unsere Selbstzentriertheit hinter uns. Wir sind bereit, über das Bewusstsein und das Unterbewusstsein hinauszugehen und die Erforschung des Unbewussten zu beginnen. Wir erkennen, dass unser ungeteiltes Bewusstsein um des Egos willen unzählige Male gespalten wurde. Zu diesen Spaltungen zählen die großen Kriege, bei denen es sich um Spaltungen im Unbewussten handelt, die zur Entstehung der Dualität geführt haben und somit dafür sorgen, dass wir nun eine Welt der Trennung wahrnehmen. Im Stadium der Meisterschaft geben wir die verborgene Wertlosigkeit, das Versagen und die Schuld auf, die wir durch unser geschäftiges Tun kompensiert haben. Wir geben das Streben nach belanglosen Dingen auf und bitten darum, dass unser Leben von Gnade erfüllt sein möge. Wir leben unsere Lebensaufgabe, die mit dem Wunsch verbunden ist, vielen Menschen zu helfen. Wir bekennen uns zu unserer Bestimmung und zu dem, der wir ursprünglich sein wollten, sodass wir schließlich unsere Wesensnatur als reiner Geist annehmen können in dem Wissen, dass Sicherheit, Glück und Ganzheit uns geschenkt und wir ein Kind Gottes sind. Wir verbinden uns partnerschaftlich mit Gott und leben ein von Gnade erfülltes Leben, in dem wir zulassen, dass der Himmel alles durch uns vollbringt.

Je weiter unsere Entwicklung voranschreitet, umso stärker ist unser Leben von Liebe und Freude geprägt. Unser Bewusstsein erweitert sich in dem Maße, in dem wir uns von unseren Selbstkonzepten befreien, die auf Urteilen beruhen. Unser Geist ist klarer und stiller, offen sowohl für ein höheres Maß an Inspiration als auch an kreativer und spiritueller Schau. Wir überlassen Gott zunehmend das Ruder unseres Lebens und gelangen über die wechselseitige Abhängigkeit hinaus zur radikalen Abhängigkeit voran. Wir erkennen, dass unser Ego die unbegrenzte Macht und Liebe unserer wahren geistigen Wesensnatur blockiert hat, sodass wir den tieferen Wunsch spüren, das Licht zu finden, das unser geistiges Wesen ist. Wir wollen Gott in uns selbst und somit in allen anderen Menschen entdecken. Wir geben unseren Kampf mit dem Himmel ebenso auf wie unsere Wutanfälle, unseren Widerspruchsgeist und unsere falschen Einstellungen, die unter unseren chronischen Problemen verborgen liegen. Wir suchen die Gaben, die in Schmerz und Problemen verborgen liegen, um sie mühelos auflösen zu können. Wir bitten den Himmel ständig um Hilfe und lassen zu, dass er uns in jeder Situation hilft. Wir gehen über den Autoritätskonflikt und den Teufelskreis aus Götzen, Schmerz und Egoidentität hinaus, sodass das Ego zurücktritt und der Himmel in stärkerem Maße in uns präsent ist. Wir stellen uns der Dunkelheit des uralten Egos in uns, das aus der Zeit herrührt, in der wir uns vom Licht fortgewandt haben, und wir entdecken nun die vielen Verträge, die wir mit unserem Ego eingegangen sind. Wir fangen an, die Dunkelheit der astralen Welt mit ihren Dämonen, Teufeln und dunklen Herren zu befreien, die allesamt Aspekte des uralten Egos sind. Zuletzt stellen wir uns der dunklen Nacht der unzähligen Male, die wir gefallen sind, und verwandeln sie in Geburten, bis wir uns schließlich dem ursprünglichen Fall aus dem Zustand des Einsseins und der dunklen Nacht der Seele stellen können und zu Gott, zum Einssein und in den Himmel zurückgelangen.

Unsere Fähigkeit, zu unserem Partner und auch zu allen anderen Menschen eine Beziehung zu finden, wird von Beginn an größer. Wir bewegen uns aus dem Stadium von Herzensbruch, Opfer und Rache, das mit großen Beziehungskriegen und kultureller Konformität einhergeht, hinaus und gelangen zum Stadium des Machtkampfs voran. Es beruht auf der Konkurrenz und der Kontrolle, denen wir uns im Stadium der Unabhängigkeit stellen müssen. Dieses Stadium setzt sich bis zum Stadium der Leblosigkeit fort, das von Rollen und ödipalen Verschwörungen beziehungsweise Dreiecksbeziehungen herrührt. Wir überwinden unsere Angst vor Hingabe und gelangen zu Verbindung, Nähe und Partnerschaft. Wir steigen – zuerst bei uns selbst und dann bei unserem Partner – zu Führerschaft, visionärer Führerschaft und Meisterschaft auf. Wir heilen Problem um Problem und Thema um Thema, um unserem Partner näherzukommen. Bei einem dieser Themen auf der Stelle zu treten heißt, auf dem spirituellen Weg auf der Stelle zu treten, weil Trennung, Angst, Schuld, Groll und Urteile sowie alter oder uralter Schmerz zwischen uns und unserem Partner stehen und uns zeigen, wie weit wir von Gott entfernt sind. Zuletzt gelangen wir zur radikalen Hingabe und zur Abhängigkeit von Gott und von unserem Partner. Wir öffnen uns ihm in immer höherem Maße, lieben ihn in immer höherem Maße und lassen seine Liebe in immer höherem Maße zu. Wir erkennen das der Beziehung innewohnende Potenzial, das sich im Stadium der Flitterwochen gezeigt hat.

Wir bitten die Liebe, die göttliche Liebe und die göttliche Präsenz unablässig darum, sich in unserem Leben einzufinden. Wir tragen unsere Liebe zu unserem Partner, unsere Liebe zu anderen Menschen und unsere Liebe zu Gott in unserem Herzen, und unser einziger Wunsch ist es, diese Liebe zu fühlen oder alles, was der Erfahrung dieser Liebe im Weg steht, zu beseitigen, bis nur die höchste Liebe bleibt.

# 59

# Unzulänglichkeit ist notwendig

Wenn wir nicht das Gefühl haben, unzulänglich zu sein, dann versuchen wir, alles aus eigener Kraft zu schaffen. Wenn wir das Gefühl haben, unzulänglich zu sein, dann fühlen wir uns gleichzeitig auch hilflos und haben Angst, den nächsten Schritt zu gehen, denn Angst und Unzulänglichkeit setzen einen Teufelskreis in Gang, der spiralförmig abwärts führt. Unzulänglichkeit kann man allerdings auch aus einem anderen Blickwinkel betrachten. Sie ist das Tor zum spirituellen Leben. Angst und Unzulänglichkeit zeigen, dass wir uns auf unsere eigenen Ressourcen verlassen haben, um unsere Probleme zu bewältigen. Sie zeigen, dass wir vom Kurs abgekommen sind. Angst zeigt, dass wir versucht haben, etwas aus eigener Kraft zu schaffen. Manchmal gelingt es uns und manchmal nicht, aber dem Ego gelingt es in solchen Situationen stets, seine eigene Macht zu vergrößern. Wenn wir uns jedoch unzulänglich fühlen und erkennen, dass wir nicht wissen, was vor sich geht oder in welche Richtung wir gehen sollen, dann erkennen wir auch, dass wir Hilfe brauchen. Wenn wir uns unzulänglich fühlen, können wir auf den Führer bauen, den Gott uns zur Seite gestellt hat. Wir können uns auf die Stärke unseres liebenden Vaters verlassen. Wir können sorgenfrei sein in dem Wissen, dass der Erfolg der Dinge nicht von unserer eigenen Stärke, sondern von der Stärke Gottes abhängt, und dass Erfolg nicht unbedingt gleichbedeutend mit weltlichem Erfolg ist. Er birgt in jedem Fall jedoch nicht nur ein höheres Maß an Liebe zu unserem Partner, sondern für alle Menschen auch ein immer höheres Maß an Freude in sich.

# 60

# Von Gott gehalten

Es gibt eine wunderbare Meditation, die süßen Trost bringt. Sie schenkt dir ein so hohes Maß an Frieden, dass du dich sogar dann entspannen kannst, wenn du sehr gestresst bist. Wenn du von Gott gehalten wirst, dann weißt du, dass du geliebt und liebenswert bist und dass das, was du zu tun aufgerufen bist, durch Gott mühelos vollbracht werden kann. In dieser Übung stellst du dir einfach vor, dass Gott dich in seinen Armen hält. Wenn du es willst, kannst du die Übung hier enden lassen. Du kannst den tiefen Frieden in dich einströmen lassen, der daher rührt, dass du von Gott gehalten wirst. Spüre den Trost und die Sicherheit. Lasse dich segnen.

Später kannst du auch deinen Partner in die Übung einbeziehen, sodass ihr beide von Gott gehalten werdet. Wenn du willst, kannst du deine ganze Familie einbeziehen, damit Gott sie in seinen Armen halten kann.

Eine weitere Übung, die sich in meiner Erfahrung als hilfreich erwiesen hat, besteht darin, dir vorzustellen, dass Gott dich und einen Menschen, mit dem du ein Problem hast, in seinen Armen hält.

Du kannst dir auch vorstellen, dass Gott dich selbst und den Menschen, den du als deinen größten Feind betrachtest, in den Armen hält wie zwei Säuglinge, die gehalten, geliebt und umsorgt werden und denen restlos alles gegeben wird, was sie brauchen.

Wenn es jemanden gibt, den du aus dem Himmel ausschließen würdest, dann gibt es einen Anteil in dir selbst, dem du den Himmel ebenfalls verwehren würdest. Lasse dich halten. Lasse dich und ihn halten vom Schöpfer aller Dinge und in der Liebe, die heilt, segnet und nährt.

## 61

# Was verdient Verpflichtung?

Verpflichtung ist die Entscheidung, dich einer Sache rückhaltlos hinzugeben. Durch dieses Geben gelangst du in großen Sprüngen voran. Neue Kapitel können beginnen. Türen, die bislang verschlossen waren, können sich öffnen. Bewegung und Wachstum finden statt. Ein höheres Maß an Ganzheit entsteht, denn du hast gelernt, dass dein Erfolg und dein Glück von dem herrühren, was du gibst, und nicht von dem, was du bekommst. Das Leben ist umso glücklicher und leichter, je größer deine Verbundenheit ist. Auf der anderen Seite bist du überall dort, wo du nehmen wolltest, verletzt worden und hast einen Herzensbruch erlitten. Überall dort, wo du zu bekommen versucht hast, hast du Enttäuschung und Ernüchterung erfahren. Beide haben geplatzte Träume zur Folge oder sorgen dafür, dass du dich an die bestehende Situation anpasst, statt dich für ein Leben voller Leidenschaft zu entscheiden.

Die einzige Möglichkeit, die Dinge in deiner Beziehung zum Besseren zu wenden, besteht darin, dich selbst zu geben. Anderenfalls lässt das Ego mit seinen Mauern, seiner Dissoziation, seiner Unabhängigkeit und seinem Wunsch, Dinge zu nehmen, Distanz entstehen, und Leblosigkeit und Erschöpfung greifen um sich und beherrschen deine Beziehung.

Verpflichtung kehrt dieses Muster um. Was ist es also wert, dass du dich ihm verpflichtest? Dein Partner steht hier natürlich an erster Stelle, denn wie soll er sich ohne Verpflichtung weiterentwickeln? Auch deine Beziehung verdient es, dass du dich ihr verpflichtest, denn wie könnte sie anderenfalls gedeihen? Eure Ebenbürtigkeit als Paar hat Verpflichtung verdient, denn sie lässt Fluss, Frieden und Mühelosigkeit entstehen. Sie lässt Zärtlichkeit zu. Verpflichte dich eurer Nähe und eurem Erfolg als Paar, denn hier ist Glück zu finden. Verpflichte dich deiner Sexualität, damit sie zu einem Werkzeug der Liebe und des Glücks werden kann, statt nur Mittel zum Zweck zu sein, um deine Bedürfnisse zu erfüllen. Verpflichte dich eurer gemeinsamen Lebensaufgabe als Paar, denn darin liegt eure Erfüllung. Verpflichte dich deiner Spiritualität, denn in dem Maße, in dem sich die Trennung zwischen dir und deinem Partner auflöst, findest du zuerst den Himmel auf Erden und dann den Himmel selbst. Je mehr du deinen Partner und die Welt mit deinen Gaben beschenkst, umso mehr Gaben offenbaren sich dir. Das Leben und deine Beziehung entfalten sich sowohl außen als auch innen. Verpflichte dich deinem spirituellen Leben, denn dann trittst du zurück und die Verbindung, die ihr beide seid, ist in stärkerem Maße präsent. Was ihr beide seid, ist eins, und diese Liebe führt zur Freude. Verpflichte dich diesen Bereichen deines Lebens jeden Tag und immer dann, wenn du daran denkst, denn sie lassen Verbundenheit entstehen und geben Sinn. Es ist die Liebe, die dich und deinen Partner in das Reich Gottes zurückführt.

# 62

# Ich bin du

Dies ist die Erkenntnis, dass die Welt unser Spiegel ist und dass jeder darin einen Teil unserer selbst darstellt, einen Aspekt unserer Seele, den wir verurteilt, abgelehnt, abgespalten, verdrängt und projiziert haben. Plötzlich sehen wir eine völlig neue Welt, die uns zeigt, was wir über uns selbst glauben. Diese Tatsache verbergen wir natürlich vor uns selbst, weil das Wesen des Urteils darin besteht, uns von anderen Menschen zu trennen und zu dissoziieren, indem wir erklären: „So bin ich nicht. Das würde ich niemals tun. Ich bin besser."

Ein Urteil rührt jedoch von Schuld her. Es greift an, weil das Ego uns davon überzeugt hat, dass wir nicht angegriffen werden können, wenn wir vorbeugend angreifen. Dies ist natürlich nur eine weitere Lüge des Egos. Wir können andere Menschen verurteilen, verurteilen aber dennoch uns selbst, schwächen uns durch Trennung und stärken das Ego.

Du kannst diese Entwicklung umkehren, indem du ein Leben führst, das von Vergebung geprägt ist. Das gilt insbesondere dann, wenn eine dunkle Geschichte oder ein negatives Ereignis am Werk ist. Vergebung ist ein Weg, den Himmel auf Erden zu erreichen, in dem du das Licht und die Liebe Gottes erfährst. Wenn du an diesen Ort gelangt bist, wünschst du dir nur noch den Frieden und die Freude des Himmels. Laut *Ein Kurs in Wundern* ist das alles, was Menschen tun, die den Himmel auf Erden oder die wirkliche Welt, wie es dort heißt, erreicht haben. Sie steht im Gegensatz zu einer Welt des Leidens und der Illusion, die das Ego sieht. Vergebung hilft allen Menschen, eine Welt der Schönheit, der Vollkommenheit und der Liebe zu erreichen. Dies geschieht nicht im Augenblick, sondern ist eine Lebensweise und ein Weg zur Ganzheit.

Beginne den Prozess der Vergebung mit dem Menschen, der dir am nächsten steht. Vergib ihm. Vergib jedem Problem, das er hat, und jedem Konflikt, den du mit ihm hast. Vergib ihm auch für jeden Ort, an dem er Hilfe braucht. Vergebung stärkt die Verbundenheit mit deinem Partner und transformiert deine Probleme. Vergib daher dem Problem, vergib deinem Partner und seinem Glaubenssystem. Vergib anschließend jedem ähnlichen Problem, das du selbst hast. Vergib dir und vergib deinem Glaubenssystem. Mache Vergebung zu einem festen Bestandteil deines Tages.

Wähle in der zweiten Woche einen Menschen, mit dem du ein Problem hast. Vergib dem Problem, ihm und seinem Glaubenssystem. Vergib dort, wo du so bist wie er. Vergib dir selbst und deinem Glaubenssystem.

Wähle in der dritten Woche einen Menschen, der Hilfe braucht, und führe die Übungen der Vergebung mit ihm durch.

Wähle in der vierten Woche eine öffentliche Person, zu der du positiv oder negativ stehen kannst. Vergebung ermächtigt, bringt Wahrheit, transformiert und heilt. Je mehr du einem Menschen vergeben kannst, umso mehr kannst du allen Menschen vergeben.

Heute hat nahezu jedes Thema mit Ahnen- und Seelenmustern, kollektiven und astralen Mustern sowie unserem Fall aus dem Zustand des Einsseins – der Urerfahrung der Trennung – zu tun. Vergebung bringt uns Ganzheit, Frieden und Glück. Wenn du nicht glücklich bist, ist weitere Vergebung gefordert. Du könntest dich sogar dafür entscheiden, in jeder Woche die Übung der tausendundein Akte der Vergebung durchzuführen, um tatsächlich alle Hindernisse aus dem Weg zu räumen.

Beginne die fünfte Woche entweder wieder mit deinem Partner oder, wenn die erste Woche sehr erfolgreich verlaufen ist, mit einem anderen Menschen, der dir nahesteht. Die Übungen der Vergebung können andere Ereignisse aus deinem Leben zutage fördern, die der Vergebung bedürfen. Vergib dem Ereignis selbst, den daran beteiligten Menschen, ihren Glaubenssystemen sowie deinem heimlichen Einverständnis mit dem Ereignis, das du benutzt hast, um eine versteckte Absicht des Egos zu verfolgen. Vergib dir selbst und deinem Glaubenssystem dafür, dass du es herbeigeführt hast. Vergiss nicht, dass du mit einer Situation beginnst, deren Wurzeln vielleicht durch das Unterbewusstsein und das Unbewusste hindurch bis zum Fall aus dem Zustand der Gnade zurückreichen können. Es kann deshalb eine Weile dauern, bis du die Transformation sehen, fühlen und hören kannst. Lasse dennoch nicht locker. Die Ergebnisse werden dir Recht geben. Wenn du dein Ziel an einem Tag einmal nicht erreichst, dann vergib dir selbst, deiner Geschäftigkeit, deiner Unachtsamkeit oder deinem Mangel an Verpflichtung. Setze dein Ziel ganz einfach neu. Verpflichte dich ihm. Vergib dir selbst und setze deinen Weg fort. Selbstangriff ist lediglich ein Zeichen für Unwilligkeit. Angriff motiviert dich nicht, Vergebung dagegen schon.

Alle Bürden, Probleme oder Konflikte, die sich im Laufe des Tages zeigen, sind Teil deiner Vergebung an dem betreffenden Tag und im Zusammenhang mit dem Menschen, um den es in der betreffenden Woche geht. Füge sie deiner Liste hinzu.

Bitte die Liebe, die Gnade und die göttliche Präsenz darum, die Übung durch dich durchzuführen. Gefühle der Schwere, die sich im Laufe der Übung einstellen, sind ein Zeichen dafür, dass dein Ego sich der Übung bemächtigt hat. Vergib ihm, vergib dir selbst, und vergib deinem Glaubenssystem.

Diese Übung kann dir helfen, den Himmel auf Erden zu erreichen. Erfreue dich daran und an den Früchten, die diese Übung hervorbringt. Du kannst diese Übung immer wieder von vorne beginnen. Vergebung bringt Licht und Liebe. Sie heilt Illusion. Vergebung ist eine Entscheidung. Du entscheidest dich ganz einfach für sie, weil du weißt, dass dadurch alles für alle besser wird. Es gibt verschiedene Möglichkeiten, anderen Menschen zu vergeben. Wenn du an das Verhalten oder ein Problem eines anderen Menschen denkst, kannst du zum Beispiel sagen: „Ich will dieses weder dir noch mir zum Vorwurf machen." Für euch beide kannst du auch sagen: „Ich bin du, und daher segne ich uns beide."

Weitere Möglichkeiten sind:

„Gott ist die Liebe, in der ich dir, [Name], vergebe."
EIN KURS IN WUNDERN, ÜBUNGSBUCH, LEKTION 46, 4.3

„Ich will vergeben, und dieses wird verschwinden."
EIN KURS IN WUNDERN, ÜBUNGSBUCH, LEKTION 193, 13.3

„Du, [Name], stehst mit mir im Licht."
EIN KURS IN WUNDERN, ÜBUNGSBUCH, LEKTION 87, 2.3

Auf geht's! Der Himmel auf Erden erwartet dich durch Vergebung.

# 63

## Der Teufelskreis aus Schmollen und Häme

Es gibt einen Teufelskreis aus Schmollen und Häme, den du vor dir selbst verbirgst. Eine Form des Schmollens kann ganz einfach darin bestehen, dass du dich schlecht fühlst, wenn ein negatives oder schmerzhaftes Ereignis eintritt. Du kannst intuitiv jedoch erspüren, ob daran auch Häme darüber beteiligt ist, dass du den Konkurrenzkampf gewonnen hast. Chronische Probleme, Elend und tiefe Verzweiflung verbergen stets einen Wutanfall, und Schmollen ist nichts anderes als ein Wutanfall in abgeschwächter Form. Die Häme kann sogar auf einer noch tiefer verborgenen Ebene am Werk sein.

Ich habe einmal mit einem schwerkranken Mann gearbeitet, der an einem bestimmten Punkt der Behandlung anfing, sich hämisch darüber zu freuen, dass es ihm gelungen war, die transformative Wirkung einer bestimmten Übung der Heilung zu unterbinden. Als ich ihn auf sein Verhalten hinwies, reagierte er recht selbstgefällig auf die ganze Sache. Ich führte ihm vor Augen, dass er in unseren Sitzungen bewusst böswillig handelte, denn ich versuchte, sein Leben zu retten, während er versuchte, Punkte zu erzielen und ein Spiel zu gewinnen, das nur er allein spielte.

Wenn ein Mensch sich fast sein ganzes Leben lang wertlos fühlt, kommt er mitunter auf den Gedanken, ein Sieg nach Punkten sei gleichbedeutend mit dem Nirwana, auch wenn es ihn sein Leben kostet. Achte einmal darauf, ob du, wenn du dich schlecht fühlst, womöglich auch schmollst. In diesem Fall sind zumindest zeitweilig nahezu immer auch Gefühle der Häme am Werk. Häme ist das Gefühl, gewonnen zu haben, und sich vor den Augen eines anderen

Menschen darüber zu freuen. Deshalb verbirgst du die Häme, die sich jedoch auch in einem Gefühl unerschütterlichen Selbstbewusstseins zeigen kann, das deine Geschwister, dein Partner oder andere Menschen anscheinend einfach nicht haben. Du kannst nicht verstehen, warum sie es einfach nicht „kapieren", nicht zuversichtlicher sind, sich nicht besser leiden können oder sich nicht als ebenbürtig ansehen, während ein verborgener Teil deines Bewusstseins sich hämisch darüber freut, dass du besser gelitten bist, mehr geliebt wirst, erfolgreicher bist oder mehr Geld hast. Dies ist auch die heimliche Motivation für einige der Leute, die Teil deiner „Clique" sind. Sie sind nicht ganz so schön, haben nicht ganz so viel Glück, haben keine Eltern, die nicht geschieden sind …, alles Dinge, die deiner Meinung nach zeigen, dass du der bessere Mensch bist.

Der Teufelskreis aus Schmollen und Häme setzt seinerseits den Teufelskreis aus Überlegenheit und Unterlegenheit in Gang. Du kannst deine Häme leugnen, aber den Teufelskreis aus Überlegenheit und Unterlegenheit kannst du schwerlich verbergen. Wenn bei dir sowohl das Muster aus Schmollen und Häme als auch der Teufelskreis aus Überlegenheit und Unterlegenheit am Werk sind, kann es passieren, dass du dich zum Handlanger oder zum Stellvertreter eines Anführers machst, um deine Schuld zu kompensieren, die du aufgrund deines überlegenen Auftretens empfindest.

Wenn du überprüfen willst, in welchem Maße du ein mystisches Leben mit deinem Partner führst, dann überlege, in welcher Form du gegenüber anderen Menschen insgeheim hämisch warst, weil du aufgrund deiner gesellschaftlichen oder beruflichen Stellung, Geld, Besitz, Intelligenz, Schönheit, der Tatsache, dass du einen Partner oder sogar einen äußerst begehrten Partner hast oder Teil der Schickeria bist, erfolgreicher warst als sie. Wenn du gewinnst und die überlegene Rolle innehast, hältst du es für völlig natürlich, dass du das strahlende Licht bist. Wenn dein Partner diesen Erfolg aber nicht hat, dann teilst du ihn nicht mit ihm, und alle diese Themen sind mehr oder weniger unterschwellig zwischen ihm und dir am Werk. Ohne Ebenbürtigkeit auch auf diesen subtileren Ebenen stehst du zu deinem Partner nach wie vor in einem Konkurrenzkampf, durch den das Ego gedeiht und seine Macht vergrößert. Dies führt zu Machtkampf und Leblosigkeit, wenn du dich zurückziehst, um nicht zu verlieren. Der Kampf um Kontrolle und Aufmerksamkeit kann sich in Form von Krankheit oder Besonderheit zeigen, die deinen Partner zur Geisel deiner Bedürfnisse oder deiner durch Probleme oder Zwischenfälle hervorgerufenen Verletzungen macht. Auf diese Weise zwingst du ihn, seine vergnügte, überlegene Art und Weise aufzugeben und sich um dich zu kümmern. Wenn du der überlegene Partner bist, kannst du darauf wetten, dass du auch die unterlegene Seite in dir trägst. Dann gibt es etwas, das verhindert, dass du dich im Beruf, in Beziehungen oder im Leben erfolgreich fühlst, um den Glauben an deine Unterlegenheit zu stärken.

Der Teufelskreis aus Überlegenheit und Unterlegenheit setzt den subtileren Teufelskreis aus Selbstüberhöhung und Selbstentwertung in Gang. Meist erweist ein Partner sich als der selbstbewusste Teil, der sich selbst überhöht, während der andere Partner sich selbst entwertet, weil es ihm an Zuversicht fehlt. Dies kann sich mitunter auch umkehren, sehr zum Leidwesen des Partners, der bisher die selbstbewusste Rolle innehatte. Dieser von Konkurrenzdenken geprägte Prozess beginnt oft bereits in der Kindheit bei unseren Geschwistern, und wenn du nicht in der legendären verbundenen Familie aufgewachsen bist, ist diese Dynamik immer am Werk. Wenn ein Elternteil sich dir gegenüber herrisch verhalten hat, als du ein Kind warst, dann triffst du, wenn er alt ist, Entscheidungen, mit denen er alles andere als glücklich ist. Es heißt nicht umsonst, dass man nett zu seinen Kindern sein sollte, weil sie das Heim aussuchen, in dem man den Lebensabend verbringt. Wenn diese Teufelskreise bei dir am Werk sind, kannst du mit großer Sicherheit davon ausgehen, dass auch der Teufelskreis aus Sieger und Verlierer bei dir aktiv ist. Du setzt natürlich alles daran, der Sieger zu sein, und auch wenn du vermeintlich kein Verlierertyp bist, handelt es sich um einen Teufelskreis, der sich irgendwann im Leben ausgleicht. Hinzu kommt, dass, wenn du gewinnst und dein Partner verliert, du ihn stützen und die Rechnung dafür zahlen musst. Wenn du verlierst, versuchst du unterbewusst, den Sieger vom Sockel zu stoßen und seinen Platz einzunehmen. Viele Beziehungen werden so lange fortgesetzt, bis es dem Verlierer zu guter Letzt gelingt, sich die gesamte ursprüngliche Macht des Siegers anzueignen, um ihn dann als uninteressant oder unter ihm stehend zu verlassen.

Alle diese Teufelskreise beruhen auf Urteilen, die deine Schuld verbergen. Sie sorgen dafür, dass du deine Aufmerksamkeit auf die falschen Dinge statt auf das große Glück mit deinem Partner lenkst. Dein Ego sorgt dafür, dass alle diese Dinge im Unterbewusstsein verborgen bleiben, sodass du nicht einmal erkennst, was du tust. Sobald dir klar wird, dass diese Teufelskreise bei dir am Werk sind, kannst du aufhören, in sie zu investieren. Du kannst alle Teufelskreise, die du hast, einfach loslassen oder integrieren. Du kannst den Himmel bitten, es für dich zu tun, und dann die verbundene, nun positive Energie empfangen. Das neuerliche Bekenntnis zu deinem Partner und die Ebenbürtigkeit in eurer Beziehung sind ebenfalls eine große Hilfe, wenn es darum geht, diese Mechanismen aufzulösen. Nur durch den tiefen Willen zur Klärung aller Dinge, die zwischen euch stehen, kannst du gemeinsam mit deinem Partner das mystische Leben erreichen, denn diese Dinge lenken dich von den wunderbaren Gaben ab, die das Einheitsstadium des Bewusstseins für dich bereithält. Sie halten dich in einer Welt ohne Glück gefangen, und das lässt dich nicht erkennen, dass dein wahres Ziel darin besteht, über diese Welt hinaus zum Licht zu gelangen, damit du der Erde den Himmel und deinem Partner die mystische Liebe bringen kannst. Wenn du das Licht mit seiner mystischen Liebe und Freude erreichst, kannst du den Himmel nicht nur deinem Partner, sondern allen Menschen bringen und so eine Pforte zur Liebe und Freude des Himmels erschaffen.

# 64

## Die Augen Christi

Die Augen Christi lösen Illusionen und die Projektionen der Schuld auf. Das Ego benutzt diese Dinge, um zu urteilen und zu beschuldigen, schreibt die Schuld aber dennoch in dir fest, weil es von ihr abhängig ist. Stelle dir vor, dass du deinen Partner durch die Augen Christi betrachtest, damit du sowohl seine als auch deine eigene Unschuld erkennen kannst. Betrachte deinen Partner anschließend durch die Augen Buddhas, der mit einem so großen Maß an Mitgefühl und Verstehen auf alle Menschen schaut, dass alle Illusionen aufgelöst werden. Wie stellt dein Partner sich jetzt für dich dar? Betrachte deinen Partner nun durch die Augen von Kuan Yin, der Göttin der Barmherzigkeit. Wie stellt dein Partner sich für dich dar, wenn Barmherzigkeit die einzig wahre Gerechtigkeit ist? Wie stellt er sich für dich dar, wenn du ihn durch die Augen der Barmherzigkeit betrachtest? Genieße die innige Nähe, die entstehen kann.

Kehre danach in die schwerste Zeit deiner Beziehung zurück. Bitte darum, durch die Augen Christi schauen zu dürfen, und erfahre die Situation durch seine Augen der Vergebung und der Liebe. Wie stellt dein Partner sich nun für dich dar? Bitte jetzt darum, durch die Augen Buddhas schauen zu dürfen. Betrachte deinen Partner und die Situation durch diese zutiefst mitfühlenden und verstehenden Augen. Wie stellen dein Partner und die Situation sich nun für dich dar? Bitte als nächstes Kuan Yin, dir ihre Augen zu leihen. Wie stellt dein Partner sich für dich dar, wenn du ihn durch die Augen der Barmherzigkeit betrachtest? Wie stellt die Situation sich für dich dar? Wenn sie gelöst und von Frieden erfüllt ist, bringe die daraus resultierende Heilung mit in die Gegenwart.

Kehre nun zur schmerzhaftesten Szene zurück, die zwischen deinen Eltern stattgefunden hat. Schaue durch die Augen Christi, damit du sie und die Szene durch die Augen der Vergebung sehen kannst. Das mystische Leben wird durch Vergebung erreicht, weil der Himmel auf Erden eine vollkommene Welt ist und Vergebung der Unschuld und deiner Liebe zu anderen Menschen somit oberste Priorität eingeräumt hat. Die schlimmste Szene zwischen deinen Eltern hat viele dunkle Muster in deinem Leben in Gang gesetzt und Fehlschöpfungen verstärkt, die andere negative Glaubenssysteme mit sich gebracht haben. Blicke also durch die Augen der Vergebung und der Liebe, damit die Situation dir zeigt, wo du die Möglichkeit hast, die Lektionen des Himmels anstelle der Lektionen des Egos zu lernen. Bitte anschließend Buddha und Kuan Yin darum, zusätzlich zu den Augen Christi auch durch ihre Augen schauen zu dürfen. Wie entfaltet die Situation sich jetzt angesichts dieses hohen Maßes an göttlicher Liebe und göttlicher Präsenz? Wenn die Szene zwischen deinen Eltern von Glück erfüllt ist, bringe die daraus resultierende Heilung in die Gegenwart und in die Beziehung zu deinem Partner hinein.

# 65

# Ein Wiedersehen mit der Vergebung

Dies ist eine wichtige Übung, wenn es darum geht, deinem Partner näherzukommen und eure chronischen Differenzen zu heilen. Im mystischen Leben bist du aufgefordert, alle Differenzen zwischen dir und deinem Partner zu beseitigen, damit ein noch höheres Maß an Ganzheit entstehen kann. Dein Ego und das Ego deines Partners sind genau das, was euch trennt. Diese Trennung ist die Illusion, die dafür sorgt, dass ihr auf immer subtileren Ebenen in Konkurrenz zueinander tretet. Dein Körper, mit dem du dich für gewöhnlich identifizierst und den du für dein Ego und damit für dich selbst hältst, hält dich in dem Glauben fest, dass du ein Körper *bist*. Dein Ego nutzt diese Tatsache, um die Trennung zwischen dir und anderen Menschen zu verstärken und um dich in der Überzeugung festzuhalten, dass dein Tod unvermeidlich ist. Wenn du dich befreist, weißt du jedoch, dass du einen Körper *hast*, der dir als Werkzeug für deine persönliche Entwicklung dient, und je mehr du dich mit deinem Partner verbindest, umso mehr könnt ihr eure Körper überschreiten. Diese Verbindung und die Erkenntnis, dass du kein Körper bist, sind gemeinsam mit der daraus erwachsenden Liebe der Wesenskern des mystischen Lebens. Auf der anderen Seite erhalten Konkurrenz und Differenzen die Dualität der Welt am Leben. Wenn du das mystische Leben und den Himmel auf Erden erreichen willst, ist Vergebung der Weg, weil sie zur Rückverwandlung des Himmels auf Erden in den Himmel beiträgt.

Die folgende Übung der Vergebung ist eine meiner Lieblingsübungen. Frage dich, wer der Mensch ist, der, wenn du ihm vergäbest, dein Leben auf eine völlig neue Ebene heben würde. Stelle dir vor, dass der betreffende Mensch anwesend ist. Bitte Christus, an deiner Seite zu stehen. Verbinde deinen Geist mit dem Geist Christi, sodass ihr ein Geist werdet. Stelle dir dann vor, dass dein Herz sich mit dem Herzen Christi verbindet und eins wird, sodass nur das heilige Herz der Liebe bleibt. Verbinde dein inneres Licht mit dem Licht Christi und werde eins mit ihm. Wende dich nun dem betreffenden Menschen zu, der vor dir steht. Schaue über seinen Körper, seine Persönlichkeit und seine Fehler hinaus. Lasse zu, dass dein mit Christus vereinter Geist sich mit seinem Geist verbindet und eins wird. Lasse zu, dass dein mit Christus vereintes Herz sich mit seinem Herzen verbindet und eins wird. Erkenne zum Schluss sein inneres Licht und verbinde dein mit Christus vereintes Licht mit ihm und seinem Licht.

Frage dich nun, worin der schlimmste Zwischenfall besteht, den du jemals mit deinen Eltern erlebt hast. Verbinde dein Herz, deinen Geist und dein Licht erneut mit dem Geist, dem Herzen und dem Licht Christi. Verbinde dich nun aus deinem mit Christus vereinten Herzen, Geist und Licht heraus mit dem Herzen, dem Geist und dem Licht deiner Mutter. Verbinde dich danach aus deinem mit Christus und deiner Mutter vereinten Herzen, Geist und Licht heraus auch mit dem Herzen, dem Geist und dem Licht deines Vaters.

Kehre in die schlimmste Zeit zurück, die du mit deinem Partner jemals erlebt hast. Bitte um die Gegenwart Christi. Verbinde dich mit seinem Herzen, seinem Geist und seinem Licht. Verbinde dich dann aus deinem mit Christus vereinten Herzen, Geist und Licht heraus mit dem Herzen, dem Geist und dem Licht deines Partners. Wie stellt die Situation sich für dich dar? Bringe die Heilung aus dieser Situation mit in die Gegenwart und lasse sie dann bis zu deiner Empfängnis und weiter durch deine Ahnenreihe und deine früheren Leben strömen. Ströme die gewonnene Ganzheit anschließend in das kollektive und schließlich in das astrale Feld ein. Bringe das Licht dorthin, wo kein Licht leuchtet. Wenn du willst, kehre täglich zu den schlimmsten Szenen zwischen dir und deinem Partner zurück und verbinde dich an diesem Ort mit Christus und mit ihm.

# 66

# Dein Beziehungsmuster

Deine Beziehung und ihre Muster rühren von deinem Kindheitsmuster her. Wenn deine Heilung voranschreitet, geschieht etwas Bemerkenswertes insofern, als dass deine Lebensgeschichte und deine Wahrnehmung der Vergangenheit sich ändern. Dein Leben wird positiver. Deine Zuversicht und deine Unschuld werden größer, weil du die Unschuld aller Menschen erkennst. Denke daran zurück, wie du in deiner Familie aufgewachsen bist. Negative Dinge, an die du dich erinnern kannst und die noch der Heilung bedürfen, zeigen dir, was du noch zu verlernen hast. Deine dunklen Erinnerungen sind die Orte, an denen du gelernt hast, dein Ego aufzubauen. Um ein mystisches Leben zu erreichen, in dem du nur noch die Liebe Gottes wahrnimmst und von der Liebe zu deinem Partner erhoben wirst, bist du aufgefordert, diese alten Erinnerungen zu heilen und sie durch Glück zu ersetzen.

Verhaltensweisen, die eine Reaktion auf deine unglücklichen Erinnerungen sind, können in Kompensation, Rückzug oder der Fortsetzung des schmerzhaften Musters in einem bestimmten Bereich bestehen.

Wenn du kompensierst, nimmt dein Verhalten sich zwar gut aus, ist jedoch eine Rolle und eine Abwehrstrategie, und als Kompensation erlaubt es dir nicht, eine Belohnung für das, was du tust, zu empfangen. Du bist rasch erschöpft, weil es weder Erfrischung noch Fluss gibt. Die Verschmelzung, die du in der Kindheit übernommen hast, um die aus dem Verlust deiner Verbundenheit herrührende Einsamkeit zu maskieren, setzt sowohl Leblosigkeit als auch Co-Abhängigkeit in Gang. Alle diese Dinge blockieren deine Fähigkeit, den nächsten Schritt zu gehen und eine authentische Beziehung jenseits aller

Rollen und verbunden mit dem Erfolg, der Mühelosigkeit und der Nähe zu führen, die wahre Partnerschaft mit sich bringt.

Rückzug macht alles zur Aufopferung, sodass Aspekte dieser Aufopferung in Verschmelzung, Unabhängigkeit und auch in dem Rückzug zu finden sind, der stattgefunden hat, als du ein Opfer warst. Das Leben wird zum Kampf und ist von Schwierigkeiten geprägt.

Der dritte Aspekt besteht darin, dass du das Opfer-Täter-Muster fortsetzt. Wenn du das Opfermuster fortsetzt, erlebst du Herzensbruch auf Herzensbruch, verbunden mit dem Hass und dem Selbsthass, die stets Teil eines solchen Musters sind. Wenn du zum Täter wirst, bist du hingegen in so hohem Maße dissoziiert, dass du dich an die erste und alle anderen Menschen an die zweite Stelle setzt. Du machst andere Menschen zu Geiseln deines Willens und zwingst sie damit in Opferrollen hinein. Du bist blind für den Schmerz oder die Bedürfnisse anderer Menschen oder weist ihnen einen zweiten Platz zu, der sehr weit hinter deiner eigenen Besonderheit liegt. Diese Unabhängigkeit wird zum Schwelgen, weil du nicht empfangen kannst und deshalb versuchst, zu nehmen und zu bekommen. Das bringt dich aber nicht voran, und dein Schwelgen setzt einen Teufelskreis aus Schwelgen und Aufopferung in Gang, um die aus dem Schwelgen resultierende Schuld zu tilgen.

Bitte heute darum, dass jedes Muster, das du aus der Kindheit mitgebracht hast, mit den verbleibenden dunklen Erinnerungen aus deiner Kindheit integriert werden möge, sodass nur Frieden und Zuversicht bleiben, verbunden mit einer neuen Fähigkeit, Liebe, Fülle und Erfolg zu geben und zu empfangen. So entsteht ein neues Du, bei dem es nicht mehr länger notwendig ist, dich vor dem Schmerz deiner Kindheit zu schützen.

# 67

# Du sagst „überfordert", als sei es eine schlimme Sache

Überforderung kann zur Folge haben, dass du ausbrennst, dich vom Leben zurückziehst oder dein bisheriges Leben sogar aufgibst. Es kann sein, dass du eine Persönlichkeitsveränderung durchmachst, wenn das führende Selbst stirbt oder bewusstlos wird. Das klingt gar nicht gut!

Wenn du überfordert bist, ist in Wirklichkeit dein Ego überfordert, und es war dein Ego, das alles gemanagt hat. Wenn die Krise der Überforderung vorbei ist, bist du bei einer weiteren Abwehrstrategie deines Egos angekommen, die in Burnout, Rückzug, größerer Unabhängigkeit oder größerer Kontrolle bestehen kann. Alle diese Dinge funktionieren jedoch nicht. Deine Überforderung hat dich in der Überzeugung bestärkt, dass du hilflos und unzulänglich bist. Du kannst vor Erfolg zurückschrecken in dem Glauben, großer Erfolg bedeute Überforderung, oder du kannst vor Nähe oder größerem Erfolg zurückschrecken, weil du glaubst, sie seien mit einem größeren Maß an Aufopferung verbunden, als du bewältigen kannst.

Überforderung entsteht, weil du aus einer Einstellung des „Sollens" heraus lebst, die von deinen Rollen, Regeln oder Pflichten herrührt. Sie ist oft mit einer Einstellung des „Müssens" vermischt, bei der es sich um Erwartungen handelt, die ein noch höheres Maß an Stress bringen und noch weniger Erfolg bedeuten. „Müssen" und „Sollen" bewirken, dass du dich noch stärker antreibst, ohne dich erfrischen oder empfangen zu können.

Überforderung kann zur Folge haben, dass du krank wirst, dich zurückziehst, einen Nervenzusammenbruch hast, exzessiv ausagierst, depressiv wirst, starken Todesversuchungen ausgesetzt bist oder dein Leben zerstörst, um von vorne zu beginnen. Diese Reaktionen und Abwehrstrategien machen alles noch schlimmer. Es ist, als ob die Abwehrstrategie aus Erwartungen und Rollen von einer weiteren Abwehrstrategie zugedeckt würde. Sie verbirgt die ursprüngliche Trennung und hält dich in noch stärkerem Maße gefangen.

Überforderung ist stets mit einer Belohnung verbunden, die darin bestehen kann, dass du den schweren Weg gewählt hast, um deine Aufopferung aufgeben zu können, dass du deinen Willen durchsetzen kannst, dass sie dir die Erlaubnis zur Entschleunigung gibt oder dass du eine Belohnung von anderen Menschen bekommst. Du benutzt deine Überforderung, um Dinge zu beweisen, zu denen unter anderem gehört, wie wichtig und wie gut du bist. Überforderung ist aber auch mit negativen Glaubenssätzen verbunden. Dazu gehören Unzulänglichkeit, der Glaube, mit etwas nicht umgehen zu können, sowie die Überzeugung, der Preis für den Erfolg sei zu hoch. Es gibt Glaubenssätze, die aus früh erworbenen emotionalen Überforderungen resultieren, wie etwa, dass die Welt schlecht ist, Männer fortgehen oder Frauen gefühllos sind. Alle diese Glaubenssätze sind auch Selbstkonzepte oder Glaubenssätze über dich selbst. Wenn du glaubst, dass die Welt schlecht ist, dann glaubst du auch, dass du schlecht bist. Du benutzt diese Situationen, die dich überfordern, um dich zu trennen und dadurch die Position deines Egos zu stärken. Du investierst in dein Ego und nicht in Nähe und Erfolg. Wenn du negative Glaubenssätze über dich selbst und andere Menschen für wahr hältst, dann tust du es unter anderem deshalb, weil sie dir eine Ausrede liefern – den *Freibrief*, tun zu können, was du willst.

Es ist an der Zeit, eine Liste der Situationen in deinem Leben zu erstellen, in denen du überfordert warst. Beginne mit der letzten Überforderung, gefolgt von der schlimmsten und zweitschlimmsten Überforderung in deinem Leben. Du kannst alle Situationen auflisten, in denen du überfordert warst, denn es handelt sich um Muster, die Nähe und Erfolg blockieren und die ursprüngliche Trennung zudecken, sodass es viel schwieriger ist, sie zu entdecken und zu heilen. Gehe bei jeder Situation, in der du überfordert warst, der Frage nach, welche Belohnung sie dir gebracht hat. Wozu hast du sie benutzt? Welche Glaubenssätze sind infolge dieser Ereignisse entstanden? Diese Glaubenssätze sind Orte, an denen du in das Ego und nicht in dich selbst investiert hast. Was hast du über dich selbst, die Welt, das Leben, Männer, Frauen, Beziehungen, Arbeit,

Geld, Erfolg, Nähe, Sexualität oder Gesundheit zu glauben begonnen? Ist es das, was du glauben willst? Deine Glaubenssätze erschaffen deine Wahrnehmung. Selbst positive Glaubenssätze errichten eine Mauer zwischen anderen Menschen und dir selbst. Liebe könnte ihren Platz einnehmen.

Frage dich, was du in jeder Situation, in der du überfordert warst, beweisen wolltest. Dies ist eine wichtige Erkenntnis, denn sie zeigt zwei widersprüchliche Glaubenssysteme. Ein Konflikt, den du in dir trägst, erzeugt Angst, und die Angst hindert dich daran, den nächsten Schritt zu gehen. Alles, was du mit Hilfe deiner Überforderung beweisen wolltest, erzeugt ein eigenes Glaubenssystem, das eine Kompensation oder eine Rolle ist. Etwas, das du bereits glaubst, würdest du nicht beweisen wollen. Was du zu beweisen versuchst, verbirgt das, was du auf einer tieferen Ebene wirklich über dich glaubst.

Überforderung kann durchaus positiv sein, wenn du dich auf einem Weg der Heilung befindest, der dir ein höheres Maß an Liebe und Erfolg bringen soll. Sie zeigt, wo du dich auf das Ego verlassen hast, als ob es du wäre. Dies führt früher oder später zu Schmerz und dann zum Tod. Das Ego nimmt dich so weit mit, wie es ihm genehm ist, sperrt dich dann in den Todestrakt und schaut dabei um sich, als hätte es mit der ganzen Sache nichts zu tun. Du kannst dich dafür entscheiden, jedes Glaubenssystem loszulassen, das durch Situationen der Überforderung ins Leben gerufen wurde. Du kannst alles loslassen, was du beweisen wolltest und was sich unter dem, was es kompensieren sollte, verborgen hat. Du kannst alle diese Situationen loslassen, in denen du dunkle Lektionen gelernt hast, die dein Ego und seine Mauern der Trennung gestärkt und selbstschädigende Muster in Gang gesetzt haben. Du kannst es tun, indem du diese dunklen Lektionen und Glaubenssysteme loslässt und stattdessen die Wahrheit – die himmlische Lektion im Lehrplan deiner Seele – willkommen heißt. Wenn du das Gefühl hast, dass der Prozess abgeschlossen ist, lasse von Beginn an Liebe in die Situation einströmen. Eine Situation der Überforderung zeigt an, wo du dich auf dein Ego verlassen und versucht hast, alles aus eigener Kraft zu schaffen, von deinen Ängsten und deinem Glauben an Unzulänglichkeit aber zurückgehalten wirst. Unzulänglichkeit ist die Voraussetzung für ein spirituelles Leben. Wenn du dich unzulänglich oder hilflos fühlst, erinnere dich daran, wer an deiner Seite geht. Wenn du alles durch Gnade geschehen lässt, wirst du wie ein Meister leben. Erbitte die Lektion des Himmels. Wenn du die Liebe einbringst, kommt alles andere von ihm.

Überforderung ist keineswegs negativ. Sie gibt dir die Chance, eine große Falle zu entdecken, sie berichtigen zu lassen und im Leben einen großen Sprung voranzutun, der verbunden ist mit einem höheren Maß an Freiheit und mit der Fähigkeit, zu geben und zu empfangen.

# 68

# Die widerborstige Persönlichkeit

Die widerborstige Persönlichkeit ist kratzbürstig. Das ist mir zum ersten Mal aufgefallen, als ich in Kalifornien gelebt habe. Ich war zum Essen eingeladen, und als ich mit der Familie am Tisch saß, war ich überrascht, was sich zwischen dem Vater, einem entspannten, ungezwungenen Mann, der beruflich eine recht hohe Position bekleidete, und seiner erwachsenen zweitältesten Tochter abspielte, die ich an diesem Abend kennengelernt hatte. Sie fing an, sich in großem Stil über ihn lustig zu machen. Während des gesamten Essens schoss sie kleine Giftpfeile auf ihn ab, und ihr Vater nahm es gutmütig hin. Später erfuhr ich, dass sie dieses Verhalten von ihm gelernt hatte, weil er sich seinen Freunden gegenüber ständig so benahm. Sich über einen Menschen lustig zu machen bedeutet, ihn mit seinen Schwächen aufzuziehen. Diese Erfahrung und die Freundschaft mit der gesamten Familie halfen mir Jahre später bei meiner Arbeit mit einer Frau, die der gleiche Persönlichkeitstyp war.

Sie war extrem befangen, als sie im Workshop als Fokusperson aufgerufen wurde, und brachte kaum ein Wort heraus. Als ich mich in sie einspürte, stellte ich jedoch fest, dass sie so frech war, wie man nur sein kann. Während ich mit ihr sprach, musste ich urplötzlich intensiv an meinen Freund aus Kalifornien denken. Dies und einige Prozesskarten halfen mir dabei, sie besser zu verstehen und mit ihr zu sprechen. Ihr extrem befangenes Verhalten half mir zu erkennen, was ihre Befangenheit kompensierte. Eine rasche Übung der Integration setzte ein hohes Maß an Energie und Befangenheit frei und bewirkte, dass sie nicht mehr ganz so stark zurückgezogen war. Als ich anfing, ihr mit großer Behutsamkeit ihr eigenes Wesen zu beschreiben, hatte sie das Gefühl, wirklich wahrgenommen und geliebt zu werden. Eine Geschichte der Widerborstigkeit hatte ihre Frechheit verstärkt, was zur Folge hatte, dass sie fast allen Menschen, denen sie sich ebenbürtig oder überlegen fühlte, das Leben schwermachte, während sie bei den Menschen, die vermeintlich über ihr standen, befangen und starrsinnig war. Ich entwaffnete sie mit meiner offenkundigen Wertschätzung ihrer selbst und ihrer Persönlichkeit. Ich erklärte ihr, wo ihr Ego sich ihrer bemächtigt und sie daraufhin begonnen hatte, Geschichten der Widerborstigkeit zu schreiben. Als ich sie fragte, wie viele dieser Geschichten sie in sich trug, sagte sie: „Fünfundzwanzig."

Sie sagte, der Zweck ihrer Geschichten der Widerborstigkeit bestünde darin, dass sie ihr Macht verliehen, und sie benutzte sie, um ihre Beziehungen und vor allem ihren Mann zu kontrollieren, den sie als extrem aufrichtig und emotional beschrieb. Ich sagte ihr, dass ihr dominantes Verhalten gegenüber ihrem Mann, dessen Persönlichkeit das Gegenteil von ihr selbst war, gegen sie arbeitete. Es war eine Form des Schwelgens, die durch Kontrolle verhinderte, dass die Beziehung sich weiterentwickelte. Ich schilderte ihr behutsam, wie sie durch Kontrolle ihrer Lebensaufgabe aus dem Weg gegangen war und wie das Ego eine ihrer Gaben in die falsche Richtung gelenkt und in ein Werkzeug der Beherrschung verwandelt hatte. Ich ging äußerst geschickt, mit größter Behutsamkeit und sogar mit Humor vor, weil ihr Verhalten sehr starke Schuldgefühle in ihr hervorrief. Ich half ihr zu erkennen, dass das Ego ihren Spaß und ihre Frechheit mit Rebellion und Kontrolle verwechselt hatte. Sobald sie anfing, sich und ihr eigenes Wesen zu ergründen, hatte sie das Gefühl, unendlich große Schuld auf sich geladen zu haben und eine Sünderin zu sein, die nichts anderes als den Tod verdient hatte. Und das kam von einer Frau, die jede Vorstellung von Sünde weit von sich gewiesen hatte. Auf den tieferen Ebenen ihres Bewusstseins trug sie jedoch gefühlte Tonnen an Schuld in sich. Tief in sich glaubte sie, schlecht und böse zu sein. Ich zeigte ihr, wie das Ego ihre schelmische Persönlichkeit an sich gerissen und dafür gesorgt hatte, dass sie widerborstig und starrsinnig wurde. Sie hatte Abwehrmechanismen gegen Kritik und Angriff errichtet, besaß jedoch keine Abwehrstrategie dagegen, erkannt und wertgeschätzt zu werden. Ich machte ihr klar, dass ihr Ego sie umbringen wollte und deshalb nicht ihr Freund sein konnte und dass die Schuld, die sie angehäuft hatte, erst ihr widerborstiges Verhalten und dann ihren Todeswunsch verstärkt hatte, indem sie angriff und behauptete, der Tod sei der einzig mögliche Ausweg aus ihrem Dilemma.

Als wir auf ihren Beruf zu sprechen kamen, erfuhr ich, dass diese Frau die Inhaberin einer Firma war und dass ihr Arbeitspensum ihr ein sehr hohes Maß an Stress verursachte. Innerlich empfand sie jedoch große Schuldgefühle darüber, wie sie andere Menschen beherrschte, ausschimpfte und angriff. Dies war eine weitere große Bürde der Schuld, aber sie rechtfertigte ihr Verhalten durch den Druck, unter dem sie stand. Ich erklärte ihr daraufhin, dass es zwei verschiedene Führungsstile gibt, die beide entscheidend sind, wenn es darum geht, erfolgreich zu sein. Der erste Führungsstil inspiriert Menschen, sich von ihrer besten Seite zu zeigen und ihr Bestes zu geben. Der zweite Führungsstil fordert Spitzenleistungen und erlaubt keinen Leistungsknick. Ihre Forderung nach Spitzenleistungen und ihr konfrontativer Führungsstil hinderten ihre Mitarbeiter offensichtlich daran, eine Situation auszunutzen und nachlässig zu werden.

Ich zeigte ihr, dass sie eine Seelengabe besaß, die das Ego für seine eigenen Zwecke an sich gerissen hatte. Was sie für ihre Negativität, ihren Angriff und ihre Destruktivität hielt, war tatsächlich eine Gabe, die eine „dynamisch destruktive Wirkung auf Begrenzungen" hatte. Ich erklärte ihr, dass dies eine wichtige Gabe nicht nur für sie persönlich, sondern auch für die Welt war. Wenn sie sich zu ihr bekannte, half sie sowohl ihrer Familie und ihrer Firma als auch allen Menschen, mit denen sie in Kontakt kam. Es war eine Gabe, die die Welt dringend brauchte und die zeigte, warum ihr Ego so versessen darauf war, sie aus dem Rennen zu werfen. Das Ego hatte sich ihres großen Organisationstalents bemächtigt und es in Kontrolle verwandelt. Ich machte ihr klar, dass Männer es mochten, gelenkt zu werden, dass sie es aber hassten, kontrolliert zu werden, und alles tun würden, um dem zu entkommen. Diese Frau besaß die große Gabe, andere Menschen zu lenken, die ihr Ego aber in einen Teufelskreis aus Kontrolle, Angst, Kontrolle und Selbstangriff verwandelt hatte. Sie hatte Angst gehabt, ich würde ihr genau das antun, als sie zur Fokusperson gewählt wurde und nach vorne kommen musste. Ich wies sie darauf hin, dass sie die fünfzehnte Fokusperson war und dass diese Zahl die Rückhaltlosigkeit symbolisiert, die das Leben anderer Menschen rettet. Ihr Ego hatte sie jedoch daran gehindert, sich rückhaltlos einzubringen, weil es sie davon überzeugt hatte, dass sie ein böser Mensch war.

Dann sprach ich mit ihr über den Stress, unter dem sie stand. Sobald Stress entsteht, kommt jede Freundlichkeit abhanden. Wo er sich aufbaut, sind Kritik und Angriff die wahrscheinlichen Folgen. Ich zeigte ihr, dass ihre Persönlichkeit im Göttlichen ihre Fortsetzung fand, und erzählte ihr, dass einige sehr spirituelle Menschen, die ich kannte, Forderungen an ihre Führer, Engel und sogar an Gott stellten und tatsächlich erhört wurden. Diese Fähigkeit besaß nicht jeder. Sie war bestimmten Persönlichkeitstypen vorbehalten, aber sehr effektiv. Wenn sie Gott als reine Liebe, als den hingebungsvollen Vater erkannte, der immer für das Gute arbeitete, konnte sie das Göttliche lenken und bewirken, dass es sich so zeigte, wie es allein dem Göttlichen möglich ist. Sie besaß eine Gabe, die das perfekte Gegenmittel gegen ihren Stress war und die darin bestand, „an den Himmel zu delegieren".

Lasse den Himmel für dich arbeiten. Lasse zu, dass der Himmel alles, was du tun musst, durch dich vollbringt. Dies nimmt dir allen Druck und erlaubt dir, das Leben zu genießen und dich darüber zu freuen, dass du auf der Welt und mit Gott verbunden bist.

Als sie schließlich zu ihrem Platz zurückkehrte, war meine Fokusperson viel glücklicher als vor unserem Gespräch.

# 69

# Die Welt hassen, die Welt lieben

Im Bewusstseinsstadium der Einheit, einem Stadium von großer spiritueller Tiefe, das einige der größten Abwehrstrategien des Egos in sich birgt, ist unsere Beziehung zur Welt von Hassliebe geprägt. Wir wollen, dass weltliche Dinge uns glücklich machen. Wir wollen Liebe, Glück, Geld, Sex, Ruhm oder eine gute Zeit, aber wir erleiden Niederlagen, Herzensbruch, Schwierigkeiten, Krankheiten oder chronische Probleme. Wir wollen weitergehen, wollen zugleich aber auch unsere Sicherheit nicht aufgeben. Sicherheit steht jedoch nicht zur Wahl, wenn wir nicht bereit sind, trotz allem, was das Ego sagt, den nächsten Schritt zu gehen. Alles, was wir von der Welt bekommen wollen, steht als Hindernis zwischen uns und unserem Partner und damit zwischen uns und Gott. Wenn wir äußere Dinge von der Welt bekommen wollen, sind Herzensbruch, Enttäuschung, Ernüchterung und geplatzte Träume irgendwann die Folge. Wir können unsere Beziehung sogar zu einem Götzen machen, wodurch ihre Fähigkeit, eine mystische Verbindung mit Gott entstehen zu lassen und uns ALLES, WAS IST, zugänglich zu machen, zerstört wird. Ob wir unsere Beziehung als Götzen benutzt haben, erkennen wir daran, dass sich Schmerz und Gefühle der Frustration einstellen. Sie zeigen uns, wo wir versucht haben, etwas von unserem Partner zu bekommen, statt uns mit ihm zu verbinden oder ihm in vollkommener Liebe zu geben.

Dies ist ein sehr wichtiger Punkt. Nutze alles, was nicht Liebe ist, wie etwa Schmerz, Enttäuschung, Ungeduld oder Versuchung, als einen Hinweis auf das, was dich daran hindert, höhere und tiefere Liebe zu erfahren. Folge dem Schmerz oder den anderen Dingen, um das zu entdecken, was dich daran hindert, das Ziel eines erfüllteren mystischen Lebens zu erreichen, und lege es in die Hände des Heiligen Geistes, um es für dich ungeschehen zu machen, sodass nichts Falsches zwischen dir und deinem Partner und somit zwischen dir und Gott steht. Wenn ein Thema ans Licht kommt, ist es hilfreich, dir ins Gedächtnis zu rufen, was dich zurückgehalten hat, indem du die Verantwortung für das Problem als äußeren Aspekt deines Egos übernimmst. Es ist das, was dich trennt, und es ist notwendig, dass du die Verantwortung übernimmst, ehe du es dem Heiligen Geist übergibst. Das mystische Leben ist gleichbedeutend damit, deine vollkommene Abhängigkeit von Gott zu erkennen. Es bedeutet, dich für dein Glück nicht auf äußere Dinge zu verlassen.

# 70

# Erfolg oder Besonderheit

Erfolg, der nicht vom Ego für seine Zwecke beansprucht wird, gibt dir alle Aufmerksamkeit und Bekanntheit, die du jemals brauchst oder dir wünschst. Das gilt auch für Erfolg in Beziehungen. Nähe gibt dir alle Liebe und Aufmerksamkeit, die du dir wünschen kannst. Besonderheit ist dagegen nie zufrieden. Sie fordert. Sie verursacht Schmerz und Probleme, um Aufmerksamkeit zu bekommen. Wenn sie sich nicht durch Selbstüberhöhung befriedigen kann, dann tut sie es, indem sie dafür sorgt, dass dunkle Ereignisse eintreten, weil sie in Aufmerksamkeit und Besonderheit investiert. Erfolg geht mit Mühelosigkeit und Fluss einher, während Besonderheit alle möglichen Schwierigkeiten verursacht. Besonderheit gibt sich nie rückhaltlos und ist deshalb nie zufrieden. Besonderheit glaubt, Nehmen und Bekommen seien die beste Möglichkeit, wenn es darum geht, Zufriedenheit zu erlangen, aber sie haben Schmerz zur Folge.

Das mystische Leben wird niemals durch Besonderheit erreicht. Es wird nur durch Erfolg und Nähe erreicht. Wenn du zu niemand Besonderem – oder sogar zu einer absoluten Null – wirst, hast du ein Stadium erreicht, in dem du dich für deinen Partner und für den Himmel geöffnet hast. Du versuchst nicht, andere Menschen, deine Beziehung oder deinen Partner zu benutzen, um zu beweisen, dass du besonders bist. Besonderheit vergleicht sich mit anderen Menschen, was zur Folge hat, dass du entweder hämisch bist oder leidest. Sie tritt in Konkurrenz zu anderen Menschen, was zu Machtkampf und Leblosigkeit in Beziehungen führt. Besonderheit trennt. Sie hat die gegensätzliche Wirkung von Liebe, die verbindet und Freude bringt. In dem Maße, in dem du die Geisel deines Egos bist, machst du andere Menschen zu Geiseln deiner selbst und deiner Bedürfnisse. Besonderheit ist vorgetäuschte Liebe. Sie hat eine äußerst zerstörerische Wirkung auf deine Beziehungen und das nur, um deinem Ego ein Denkmal zu setzen. Besonderheit verschwendet ein hohes Maß an Zeit und Anstrengung. Sie verbraucht Energie, die für Liebe, Glück und Heilung eingesetzt werden könnte. Besonderheit kann weder deine Gefühle der Schwäche und Unzulänglichkeit noch deine Einsamkeit und Angst kompensieren. Das Bedürfnis nach Besonderheit rührt von zerstörter Verbundenheit her. Denke heute darüber nach, wie du gelitten hast und welche Rolle die Besonderheit in deinem Leiden gespielt hat. Verpflichte dich heute, dir jeder Besonderheit, die in deinem Leben noch existiert, bewusst zu werden und sie loszulassen. Denke daran, dass Schmerz und Probleme ein sicheres Zeichen für Besonderheit sind.

# 71

# Besonderheit zum Zweiten

Das Ego ersetzt Liebe durch Besonderheit. Wenn du deine Verbundenheit zerstörst und behauptest, du hättest sie aufgrund der Dinge verloren, die andere Menschen dir angetan oder nicht für dich getan haben, dann setzt du Besonderheit und das Bedürfnis nach Besonderheit an ihre Stelle. Besonderheit ist eine Form des Nehmens, was dazu führt, dass andere Menschen dich bekämpfen, weil sie eigene Bedürfnisse nach Besonderheit haben und weil du versuchst, von ihnen zu nehmen. Dies führt zu Machtkämpfen und Rückzug, der verhindern soll, dass genommen wird. Der durch den Rückzug hervorgerufene Mangel an Kontakt lässt wiederum Leblosigkeit entstehen.

Besonderheit zerstört Beziehungen durch ihre Konkurrenz und ihre Gier. Sie nährt sich von Aufmerksamkeit und Unterwürfigkeit. Sie ist bereit zu leiden, um von anderen Menschen als besonders angesehen zu werden. Sie ist bereit, ihnen eine Niederlage zuzufügen, um auf ihre Kosten nach oben zu gelangen, und wir glauben, dieses Verhalten sei vollkommen normal. Besonderheit sorgt dafür, dass es immer „um mich" geht. Das Universum dreht sich um mich.

Besonderheit hat zur Folge, dass du auf jede noch so geringfügige Kränkung achtest, die deines Weges kommt, und jede wahrgenommene Beleidigung oder Verletzung mit schweren Vergeltungsmaßnahmen zurückzahlst. Das Maß deiner Trennung entspricht dem Maß, in dem du nicht für die Liebe, sondern für deine Besonderheit lebst. Das hat zur Folge, dass du deinem Ego hörig bist und viele Chancen vertust, Liebe zu erfahren. Trennung und Besonderheit sind sogar in weit fortgeschrittenen Beziehungen ein Thema. Die Distanz zwischen dir und deinem Partner verhindert mystische Liebe und gehört zu den Wurzeln aller Probleme. Dich mit deinem Partner zu verbinden, sodass es keine Distanz zwischen euch gibt, ist die Grundlage des mystischen Lebens. Verbindung schenkt ein so hohes Maß an Liebe und Glück, dass die Beziehung selbst zu dem wird, worauf Erfolg und deine Lebensaufgabe aufbauen.

Selbstsucht ist ebenfalls ein Aspekt von Besonderheit. Du hast das Gefühl, dich in allen Dingen an die oberste Stelle setzen zu müssen. Du hast Angst und Glaubenssätze, die mit Mangel zu tun haben, was zur Folge hat, dass du deinen Anteil zuerst einforderst, meist aber nicht glaubst, dass anderen Menschen auch Rechnung getragen werden kann. Sie werden also einfach überfahren, wenn du es auf das abgesehen hast, was du zu brauchen glaubst. Lösungen, die teilen oder beide Seiten gewinnen lassen, kommen dir aufgrund deiner Besonderheit nicht in den Sinn. Du tyrannisierst andere Menschen, und deine Besonderheit und dein Ego tyrannisieren dich. In den allerschlimmsten Fällen leugnet Besonderheit jede Gegenseitigkeit, und du benutzt deinen Partner, um zu beweisen, wie besonders du bist. Aller Schmerz, den du im Leben erlitten hast, ist mit deiner Besonderheit und mit deinem Bedürfnis nach Verständnis, Aufmerksamkeit und dunklem Glanz verknüpft.

Wenn du dir deiner Besonderheit und der Launen bewusst wirst, die du dir und anderen Menschen ihretwegen aufgezwungen hast, dann erkennst du, dass sie eine Falle ist, die nichts von dem enthält, was du wirklich willst. Du gibst die Forderungen auf, die du an dich selbst und andere Menschen stellst, und strebst stattdessen danach, deine Verbundenheit wiederherzustellen, damit Erfolg und Liebe sich mühelos einstellen können. Es wird Zeit, dir die Kontrolle über dein Bewusstsein vom Ego zurückgeben zu lassen, das sie an Besonderheit vergeudet. Es verschwendet Energie, die für Freude und eine helfende Hand genutzt werden könnte. Wenn du dir der Tatsache bewusst wirst, dass dein Ego ein Dieb ist, dann kann es dich nicht so unbekümmert deines Vermächtnisses und deines Glücks berauben.

# 72

# Es ist alles ein Traum

„Die Welt ist ein Traum, und ich bin der Träumer." Diese Worte hat Buddha gesagt, als er erwachte, und seine Erkenntnis ist in allen nichtdualen spirituellen Schriften zu finden. Ich habe bei meiner Arbeit schon sehr früh festgestellt, dass der Wachtraum, den wir die Welt nennen, gut auf Traumtherapien anspricht und dass sie eine Möglichkeit sind, die Welt zu transformieren, obwohl sie scheinbar außerhalb unserer selbst liegt. Wir wollen uns einmal vorstellen, unser Leben sei unser Traum. Wie im Traum steht jeder Anteil unseres Lebens symbolhaft für das, was unser Bewusstsein in sich birgt. Er spiegelt unsere Glaubenssätze wider, und alle Glaubenssätze sind – wie bereits gesagt – Glaubenssätze über uns selbst. Sie sind unsere Selbstkonzepte und sind entstanden, weil wir uns dafür entschieden haben, auch wenn sie sich an diesem Punkt unseres Lebens aus sich selbst heraus fortzupflanzen scheinen.

Träume sind Wunscherfüllung. Sie stehen für heimliche Gedanken, Wünsche und Begierden. Betrachte nun zwei wichtige Lebensbereiche. Der erste Bereich ist dein Leben aus allgemeiner Sicht, und der zweite Bereich ist deine Beziehung aus allgemeiner Sicht. Sind sie auf Gott ausgerichtet? Bringen sie dich der höchsten Liebe selbst näher? Geschieht ein immer höheres Maß an Heilung? Verlernst du in immer höherem Maße die dunklen Lektionen, und wird deine Weisheit ständig größer? Trittst du zurück, sodass der Himmel in immer stärkerem Maße präsent sein kann?

Wirf einen genauen Blick auf die Probleme, vor denen du im Leben stehst. Weshalb solltest du die Probleme träumen, die du träumst? Wie scheinen sie dir zu dienen? Welche heimlichen Wünsche bringen sie zum Ausdruck? Was glaubst du mit Hilfe deiner Probleme bekommen zu können? Dient es deinem Ego oder deinem höheren Bewusstsein? Was willst du wirklich? Stelle diese Frage immer wieder, da sie die Macht des Bewusstseins nutzt, während sie widersprüchliche, verborgene innere Wünsche integriert. Was willst du wirklich? Wirf einen Blick auf deine spirituelle Reise. Was verzerrt deinen Weg zum Glück, lenkt dich von ihm ab und hält dich auf? Was willst du? Stelle dir diese Frage immer wieder. Wirf nun einen Blick auf deinen Partner und auf deine Beziehung. Warum solltest du sie so haben wollen, wie sie ist? Warum solltest du wollen, dass dein Partner so ist, wie er ist, oder dass er die Probleme hat, die er hat? Was beweist du? Findet ein unterschwelliger Konkurrenzkampf statt, in dem es darum geht, wer der oder die Bessere ist? Alle diese Dinge erhalten die Trennung aufrecht, und Trennung ist das Problem, das an der Wurzel aller Probleme liegt. Ist es das, was du willst? Jedes Mal, wenn du diese Frage stellst, trifft dein Bewusstsein eine Entscheidung, und Entscheidungen sind gesund, weil sie dich zu einem glücklicheren Traum und dann zum Erwachen führen. Du kannst unaufhörlich entscheiden, was du willst, und dadurch den Traum beeinflussen. In deinem Partner siehst du einen Anteil deines Bewusstseins, den du in deinem Traum als getrennt wahrgenommen hast. Wenn du die Trennung zwischen ihm und dir zu neuer Ganzheit überbrückst, tritt eine andere Spaltung zwischen dir und deinem Partner zutage. Vom Stadium der Verliebtheit an erlebst du, dass du, wenn du ein bestimmtes Stadium absolviert und die damit verbundene Lektion gelernt hast, zu einem neuen Stadium gelangst und am Anfang dieses Lehrplans neu beginnst. Wenn du den Himmel suchst, ist dein Partner die Pforte. Den Himmel betritt man immer nur zu zweit. Wenn du alle Urteile loslassen könntest, die du über deinen Partner gefällt hast, würde die Trennung fortfallen. Du würdest dich selbst in ihm erkennen, und die Pforte zum Himmel würde sich öffnen. Wenn du dich ihm verpflichtest, verpflichtest du dich also dem nächsten Stadium und umgekehrt.

Zwei Zeilen aus *Ein Kurs in Wundern* sind meiner Erfahrung nach hilfreich, wenn es um die Hindernisse geht, die dein gespaltenes Bewusstsein aufgestellt hat. Deine Probleme sind dein Verlangen danach, von der Welt eine Belohnung zu bekommen, von der du glaubst, dass sie dich glücklich machen und anders als die vorherigen Male in deinem Traum diesmal nicht zu Ernüchterung führen wird. Kein Götze vermag Gott und seine Liebe zu ersetzen.

Die erste Zeile aus *Ein Kurs in Wundern* (Übungsbuch, Lektion 34) lautet: „Ich könnte stattdessen Frieden sehen." Diese Worte besitzen große Kraft, und daher lohnt es sich, sie bei jedem Problem zu wiederholen, das dir deinen heimlichen Widerstand zeigt. Die zweite Zeile aus *Ein Kurs in Wundern* (Textbuch, 11.VIII.4:6) lautet: „Will ich das Problem, oder will ich die Antwort?" Diese Worte helfen dir, dich Schicht um Schicht und Schritt um Schritt von Illusionen zu befreien.

Wenn du das Stadium erreichst, in dem du dich mit dem mystischen Leben – einem Leben in der höchsten Liebe– befasst, dann gilt es häufig nur noch die wirklich großen Probleme zu heilen. Es ist hilfreich, ein Arsenal an Heilverfahren für diese Zeit an der Hand zu haben, damit dein stetig wachsendes Glück nicht unterbrochen wird, während du eine bestimmte Lektion verlernst und sie durch eine Lektion des Himmels ersetzt.

# 73

# Die Ungerechtigkeit von allem

Deine Identität beruht auf Ungerechtigkeit. Dein Ego wird durch Trennung erschaffen, und du benutzt Situationen, in denen du dich von anderen Menschen ungerecht behandelt fühlst, um dich zurückzuziehen. Diese Form von Rückzug ist Unabhängigkeit und bringt dich in eine Position der Aufopferung. Du kannst nur dann empfangen, wenn du mit anderen Menschen in Kontakt bist. Natürlich war Schmerz oder eine Opfersituation dein Werkzeug, um dich zu trennen, sodass du nun drei zentrale Rollen hast, die zu deiner Identität beitragen und alle auf der Wahrnehmung beruhen, dass du von jemand anderem – und natürlich auch von Gott – ungerecht behandelt wurdest.

Deine Selbstkonzepte sind gleichbedeutend mit deinen Glaubenssystemen. Sie erschaffen deine Wahrnehmung der Welt, die du siehst, sodass alles, was du siehst, Geschichten der Ungerechtigkeit sind. Wahrnehmung funktioniert jedoch in umgekehrter Richtung. Du siehst andere Menschen das tun, was du selbst tust. Die Ungerechtigkeit, die du erlebt hast, ist die Ungerechtigkeit, die du begangen hast. Du brauchtest eine Ausrede, um dich loszusagen. Du hast den betreffenden Menschen zu Unrecht beschuldigt, obwohl du ihm hättest helfen können. Es war ein Teil deiner Lebensaufgabe, ihm zu helfen, und sie bestand darin, Seelengaben hervorzubringen, die der Herausforderung begegnet wären, und dich dadurch für die Gaben des Himmels und für die Macht deiner Lebensaufgabe und deiner Bestimmung zu öffnen. Stattdessen bist du der Versuchung von Besonderheit und Trennung erlegen.

Ich habe kürzlich mit einem Mann gearbeitet, der die Ungerechtigkeit der Welt als Ausrede benutzte, um sich selbst Grenzen auferlegen und auf Nummer sicher gehen zu können. Er war wütend auf Gott, aber bei einem näheren Blick in sein Unterbewusstsein fanden wir heraus, dass seine Wut auf Menschen, die in seinem Leben eine wichtige Rolle spielten, und auf sich selbst ebenso groß war. Er verfluchte andere Menschen und Gott. Was du anderen Menschen antust, das tust du natürlich dir selbst an. Wir fanden heraus, dass er sich in hohem Maße selbst verflucht hatte. Als ich ihm erklärte, dass Ungerechtigkeit ein Versuch ist, Gott zu bekämpfen, um Erfüllung aus weltlichen Dingen zu erlangen, benutzte er andere Worte, um seine Position zu rechtfertigen. Er verstand die zentrale Rolle, die Projektion in unserer Wahrnehmung spielt, aber ihm war nicht wirklich klar geworden, dass die nahezu vierhundert Situationen, in denen er sich ungerecht behandelt fühlte, genau die Situationen waren, in denen er ungerecht gehandelt hatte, indem er Menschen im Stich ließ, anstatt ihnen zu helfen, wie es in seiner Macht gestanden hätte. Diese Erkenntnis brachte ihn dazu, seine unbewussten Verwünschungen aufzugeben und die Begrenzungen zu entfernen, die er seinem Erfolg auferlegt hatte. Was zu Beginn der Sitzung wie ein unheilbares chronisches Problem aussah, wurde am Ende rasch gelöst.

Betrachte die Beziehung zu deinem Partner und die Distanz, die zwischen euch steht. Die Egos, die ihr aufgebaut habt, wurden auf *deiner* Ungerechtigkeit aufgebaut. Du kannst es ändern, indem *du* die volle Verantwortung übernimmst und den Himmel bittest, die Distanz zwischen euch zu transformieren. Das führt dazu, dass du die wahrgenommene Ungerechtigkeit aufgibst und dich auf einer neuen Ebene der Gegenseitigkeit und der Freude mit einem anderen Menschen verbinden kannst. Denke stets daran, dass die Distanz, die du wahrnimmst, *deine* Ungerechtigkeit ist. Du schaust auf die Ungerechtigkeit eines anderen Menschen, um Recht haben und den Kampf fortsetzen zu können. So kannst du deine auf Falschheit gegründete Identität als ein Ego aufrechterhalten, das besser ist als das seine.

Willst du die Ungerechtigkeit in der Welt fördern? Wenn du es nicht willst, gib die Ungerechtigkeit in deiner Beziehung auf, die *deine* Ungerechtigkeit ist, ganz gleich, ob du sie als deine Ungerechtigkeit oder die Ungerechtigkeit deines Partners wahrnimmst. Du könntest stattdessen Liebe haben. Wiederhole diesen Satz, um die Mauern des Egos aufzulösen: „Ich könnte stattdessen Liebe haben." Sprich die Worte mit großer Entschlossenheit und erbitte die Hilfe des Himmels, während du die Wahrheit wissen willst, um frei zu sein.

74

# Karmische Themen

Es gibt karmische Themen, die oft erst dann zutage gefördert werden, wenn du dich in der Beziehung zu deinem Partner in einem höheren Stadium befindest. Wenn diese alten, nicht abgeschlossenen Themen zur Oberfläche emporsteigen, dann lassen sie Distanz zwischen euch entstehen. Alle Heilung ist die Heilung von Trennung, und wenn Heilung geschieht, werden die Mauern des Egos und seine Dissoziation aufgelöst. Der Schmerz, der unter den Mauern des Egos verborgen lag, wird geheilt. Die Besonderheit wird losgelassen, sodass Liebe an ihre Stelle treten kann. Zwischen dir und deinem Partner findet Integration statt. Probleme und Illusionen zerstreuen sich, und neue Ganzheit entsteht. Für jedes karmische Thema, das zutage gefördert wird, hast du eine Seelengabe mitgebracht, die zur Heilung genau dieses Themas gedacht ist. Finde intuitiv oder durch Überlegung heraus, worin sie besteht. Öffne sie. Sie trägt in hohem Maße zur Verbesserung der Situation bei. Der Himmel will dir ebenfalls eine Wundergabe schenken, die du für die Situation empfangen kannst. Neue Aspekte deiner Lebensaufgabe und deiner Bestimmung warten nur darauf, dass du dich zu ihnen bekennst, um diese karmische Situation zu verbessern und deinem Partner und dir selbst zu helfen. Jede problematische Situation ist mit dunklen Lektionen verbunden, die sowohl selbstschädigende Muster als auch negative Glaubenssysteme sind. Es ist an der Zeit, die dunklen Lektionen loszulassen, um die göttliche Liebe zu bitten und zu schauen, welche Lektion dir zufällt. Dies ist die positive Lektion, die du nach dem Willen des Himmels ursprünglich lernen solltest. Gehe in die Stille und gestatte dir, sie zu empfangen. Wenn du sie und den Frieden, den sie bringt, empfangen hast, teile sie energetisch mit deinem Partner.

Frage dich, ob das karmische Thema in diesem Leben, auf der Ahnenebene oder in einem früheren Leben begonnen hat. Was löst das stärkste Gefühl in dir aus? Kehre zu diesem Ort zurück. Wenn es ein vergangenes Leben ist, frage dich, in welchem Land du gelebt hast. Wenn es ein Ahnenthema ist, frage dich, ob es die Seite deines Vaters oder die Seite deiner Mutter betrifft. Frage dich dann, vor wie vielen Generationen es begonnen hat und ob es mit einem Mann, einer Frau oder einem Mann und einer Frau angefangen hat. Wenn es in diesem Leben ist, frage dich, wie alt du warst und wer daran beteiligt war. Frage dann in allen drei Fällen, durch welches Ereignis das karmische Thema in Gang gesetzt wurde. Lasse unabhängig davon, wann und wo es stattgefunden hat, Liebe in die betreffende Situation einströmen und bitte die göttliche Liebe und die göttliche Präsenz, sich einzufinden. Erbitte die Lektion des Himmels, nachdem du die dunklen Lektionen losgelassen hast, die du auf dich genommen hattest. Wie stellt sich die Situation nun für dich dar, nachdem sie von Liebe, göttlicher Liebe und göttlicher Präsenz erfüllt ist? Nimm wahr, wie die von Licht erfüllte Situation durch deine früheren Leben in dieses Leben und in die Gegenwart weitergegeben wird. Wenn es sich um ein Ahnenthema handelt, nimm wahr, wie die geheilte Situation innerhalb der Familie weitergegeben wird, bis sie in der Gegenwart angekommen ist. Wenn das karmische Thema in diesem Leben begonnen hat, bringe die geheilte, von Liebe, göttlicher Liebe und göttlicher Präsenz erfüllte Situation mit bis in die Gegenwart und sogar in die Zukunft hinein.

Karma ist ein Glaubenssatz des Egos, der dich dazu bringt, den schweren Weg zu gehen, um Schuld zu sühnen. Schuld ist eine Illusion. Du kannst sie zum Handelsposten des Himmels bringen, der dir heute ein gutes Tauschangebot für Schuld und Karma macht. Liefere beide dort ab und empfange, was der Himmel dir im Gegenzug geben will, weil du bereit bist, deinen Selbstangriff aufzugeben und stattdessen die Lektion des Himmels zu lernen. Es hat zur Folge, dass du dich selbst und alle anderen Menschen befreist. Teile die Gabe, die du empfängst, mit allen Menschen in deiner Umgebung.

# 75

# Himmel auf Erden

Wenn du das mystische Leben verwirklicht hast, ist dein Leben langsamer geworden und meist stärker nach innen als nach außen gerichtet. Tatsächlich ist die Überwindung der Dualität von Innen und Außen eine Grundvoraussetzung auf den ersten Stufen des mystischen Lebens. Der Himmel auf Erden ist die höchste Stufe des mystischen Lebens vor dem letzten Aufstieg zum Einssein. Vergebung ist ein Werkzeug, das dich in den Garten Eden befördert. Sie bringt Ganzheit und Frieden. Dies ist der letzte Schritt, ehe dein einziger Wunsch darin besteht, Zeit in der Gegenwart Gottes zu verbringen. Du hast vollkommene Unschuld erreicht, und dein Ego ist gerade noch groß genug, um dich in der Welt der Zeit zu halten, statt in die Ewigkeit hinüberzugehen. Die Liebe Gottes ist alles, was du willst. Der Friede Gottes ist dein einziges Ziel. Im Himmel auf Erden bist du von Mitgefühl erfüllt und willst der Welt unaufhörlich vergeben, um die Illusionen zu befreien, die deine Brüder und Schwestern nach wie vor gefangen halten. Dein Wunsch, dich mit anderen Menschen von Geist zu Geist, von Herz zu Herz und von Licht zu Licht zu verbinden, ist alles, was in der Welt noch eine Anziehungskraft auf dich ausübt. Die einzig verbliebene Aufgabe besteht darin, das Licht des Himmels zur Erde zu bringen und ein Spiegel der Freude zu sein, die daher rührt, dass du in der Erinnerung an Gott liebst und lebst.

Es gibt eine Übung, mit der du auf deinem Weg hin zum Himmel auf Erden viel Zeit sparen kannst. Bitte den Heiligen Geist oder einen deiner Freunde an höherer Stelle, sich einzufinden. Bitte ihn oder sie, dich in die Zukunft zu tragen, bis du an einen Ort gelangst, an dem der Himmel auf Erden präsent ist. Wie fühlt er sich an? Wie sieht er aus? Welche Geräusche sind zu hören? Genieße es eine Weile, an diesem Ort zu sein, und bitte den Heiligen Geist dann, dich und diesen wunderbaren Ort durch deine Zukunft zurück in die Gegenwart zu tragen. Wie fühlt er sich in der Gegenwart an? Wie sieht er aus, und welche Geräusche sind zu hören? Bitte den Heiligen Geist nun, dich in die uralte Vergangenheit an den Ort zurückzutragen, an dem der Himmel auf Erden geherrscht hat und ebenso schön war wie in der Zukunft. Sinke in diesen Ort in der Zeit hinein. Wie sieht er aus, und wie fühlt er sich an? Welche Geräusche sind zu hören? Genieße es eine Weile, an diesem Ort zu sein, und bitte den Heiligen Geist dann, dich und diesen wunderbaren Ort aus der uralten Vergangenheit durch die Vergangenheit bis in die Gegenwart zu tragen und auf seinem Weg ins Jetzt die Dinge, die waren, zu verändern. Wie fühlt er sich in der Gegenwart an, wie sieht er aus, und welche Geräusche sind zu hören? Genieße die Energie, die präsent ist und daher rührt, dass du den Himmel auf Erden aus der uralten Vergangenheit mit dem Himmel auf Erden aus der Zukunft zusammengebracht hast. Diese Übung spart Zeit, wenn es darum geht, den Himmel zur Erde zu bringen. Du kannst sie von Zeit zu Zeit wiederholen, um das Tempo zu beschleunigen, in dem der Himmel auf Erden ins Hier und Jetzt gebracht wird.

# 76

# Der Held und die verlorene Seele

Du erzählst unwahre Heldengeschichten. Du bist der Held deines eigenen, übersteigerten Traums, und in dem Maße, in dem du in die Falle des Egos getappt bist, werden alle anderen Menschen zu Nebendarstellern auf deiner Bühne. Du überhöhst dich selbst, und du benutzt deine Selbstüberhöhung, um Gefühle der Unzulänglichkeit zu kompensieren, so wie deine unwahren Heldengeschichten eine Kompensation für Schuld sind. Natürlich gibt es auch Handlungen und sogar Geschichten in deinem Leben, die wahrhaft heldenmütig sind. Sie sind zumeist jedoch mit den unwahren Geschichten vermischt, und den Unterschied zwischen der Rolle des Helden und dem visionären Mut des wahren Helden erkennst du nicht.

Männer werden zu Helden erzogen. Wir wachsen in diese kulturell geprägte Denkweise hinein. Dieses psychologische Denkmuster ist typisch männlich, aber wenn es uns nicht gelingt, es mit zunehmender Reife zu zügeln, dann fällt es uns schwer, eine Beziehung zu unserer Partnerin herzustellen. Ich habe viele Frauen erlebt, die sowohl desillusioniert als auch verzweifelt darüber waren, dass ihre Männer das Bedürfnis hatten, den Helden zu spielen, Nähe gering schätzten, auf Kommunikation nicht eingingen und auf ihrer heldenhaften Haltung beharrten, weil ihnen nicht klar war, dass es möglicherweise nicht nur für ihre Frauen und ihre Familien, sondern auch für sie selbst eine andere, authentischere Wahrheit gab.

Ich möchte hier über den Helden als Kompensation sprechen, denn er rührt von dem Gefühl her, eine „verlorene Seele" zu sein. Ein traumatisches Ereignis hat einen Mann – manchmal auch eine Frau – dazu gebracht, sich als Verlierer zu fühlen und zu glauben, dass für ihn – oder sie – keine Hoffnung mehr besteht. Statt aber gleich zusammenzubrechen, aufzugeben oder zu sterben, beschließt er, so vielen Menschen wie möglich zu helfen, ehe er endgültig am Boden liegt. Solche Menschen sind häufig nicht nur hilfsbereit, sondern werden zu Vorbildern, die andere Menschen durch ihren Herzgeist und ihr Handeln inspirieren. Darunter liegen aber Geschichten des Versagens aus früheren Leben und sogar schurkische Leben verborgen. Unter der heldenhaften Haltung gibt es Orte, an denen er sich nicht einbezogen hat, sodass sein heldenhaftes Verhalten eine Rolle ist, statt von Gnade sowie von Geben und Empfangen geprägt zu sein. Die Rollen vermischen sich so sehr mit seiner wahren Lebensaufgabe, dass nicht klar erkennbar ist, was nun wahre Lebensaufgabe und was Kompensation ist. Von den Frauen, die diese bedrückenden Erfahrungen machen, werden zehn Prozent zu kompensierenden Heldinnen, während die anderen in Gefühlen der Unwürdigkeit gefangen sind und einen Helden brauchen, der sie rettet.

Nun ist es an der Zeit, die Kompensationen, die alten Verletzungen und die Schattenfiguren zu heilen, die du noch in dir trägst. Frage dich, wie alt du warst, als du diese Verletzung erlitten hast. Wie viel Prozent davon sind noch übrig? Die Verletzung, die du in dieses Leben mitgebracht hast, rührt von Verletzungen her, die du anderen Menschen zugefügt hast und die dir zugefügt wurden. Nimm den mit diesem Ereignis verbundenen Schmerz und bringe ihn zum Schmelzen, bis nur noch sein reines Licht übrig bleibt. Frage dich dann, wie viele Schattenfiguren der verlorenen Seele und des Schurken du in dir trägst. Bringe sie zusammen mit deiner wahren Lebensaufgabe und deinem authentischen, heldenhaften Geben zum Schmelzen, bis nur noch ihr reines Licht übrig ist. Verbinde dieses Licht nun mit dem Licht der Verletzung und dem Licht der Kompensationen, und lasse es in deinen Herzgeist einströmen. Nimm anschließend dein wahrhaft heldenhaftes Verhalten in diesem Leben und deine wahren Heldengeschichten und bringe sie zum Schmelzen, bis nur ihr reines Licht übrig bleibt. Nimm dann deine unwahren, kompensierenden, rollenhaften Heldengeschichten und bringe sie ebenfalls zum Schmelzen, bis nur noch ihr reines Licht übrig bleibt. Vereinige das gesamte Licht miteinander und lasse es wiederum in deinen Herzgeist einströmen. Wie fühlt es sich an?

Die Zeit ist gekommen, dich selbst einzubeziehen und zu empfangen. Ohne Selbsteinbeziehung kann es keine Selbstliebe geben, und ohne Selbstliebe oder

Empfangen kann es keine wahre Liebe geben. Bringe dich wieder ins Spiel. Gib deine Rollen und Kompensationen auf. Lasse zu, dass du geliebt wirst. Du hast so viel mehr zu geben und steigst vom Helden zum Meister auf.

# 77

## Das mystische Leben und die Vergangenheit

Um das mystische Leben erreichen zu können, musst du die Vergangenheit loslassen. Du benutzt die Vergangenheit, um an deinen Ausreden festhalten zu können. Die Vergangenheit zu behalten heißt, Schuld und Urteile zu behalten. Die Vergangenheit zu behalten heißt, den Himmel zu bekämpfen und nach einem weltlichen Götzen zu streben, der niemals Erfüllung bringen kann. Du klammerst dich an diesen Götzen, als wäre er dein Schatz, und ignorierst die höchste Liebe, die dich über diese Welt hinaustragen würde. Die guten Dinge, an denen du aus der Vergangenheit festhältst, verhindern, dass sich diese guten Dinge oder sogar noch bessere Dinge in der Gegenwart zeigen können. Die „schlechten" Dinge aus der Vergangenheit, wegen derer du andere Menschen zum Opfer gemacht hast oder selbst zum Opfer gemacht wurdest, setzen sich als schmerzerfüllte Muster fort, genährt von Groll und Schuld. Das ist alles Illusion. Letztlich ist es Teil deines eigensinnigen Autoritätskonflikts mit Gott. Es ist dein Wunsch, dir vorzustellen, du seiest von Gott getrennt und dir bliebe nur eine eigene Welt, in die er nicht eindringen kann.

Nun ist es an der Zeit, die Vergangenheit loszulassen, da dies die Angst vor der Zukunft auflöst. Es erlaubt dir, in die ewige Gegenwart zurückzukehren, in der die höchste Liebe dich erwartet. Die Gegenwart öffnet die Pforte zur Ewigkeit. Die Gegenwart bietet Frieden ohne Illusionen. Ohne Vergangenheit gibt es weder Angst noch Schuld. Es gibt keine Emotionen, sondern nur transzendente Gefühle. Aus diesem Grund bist du hier – um deine Verhaftung an die Welt aufzugeben in dem Glauben, dass etwas darin dir Erfüllung zu bringen vermag. Wir wollen uns verpflichten, die Vergangenheit loszulassen, und begreifen, dass jedes Gefühl, das nicht Frieden, Freude oder Liebe ist, ein Überbleibsel aus der Vergangenheit ist, an dem wir festhalten. Es ist nicht die Wahrheit, und die Wahrheit ist es, die uns zum Glück führt.

# 78

# Trennung und Angst

Sieh deinen Partner vor dir. Worin besteht der Unterschied zwischen euch? Alle diese Persönlichkeitsunterschiede sind das Werk deines Egos. Die Trennung zwischen euch birgt viele Emotionen in sich, zu denen Schuld, Unzulänglichkeit, Einsamkeit, Widerstand, Mangel an Mitgefühl und Mangel an Liebe gehören und die alle auf Angst hinauslaufen

Du hast deine Glaubenssysteme – die Bausteine des Egos – in eine Identität gegossen, die du als deinen Körper ansiehst. Dies ist auch ein zentraler Punkt der Trennung zwischen dir und Gott. Das hohe Maß an Trennung lässt Unterschiede zwischen dir und deinem Partner entstehen. Sie sollen dich dazu bringen, Gott zu vergessen und dich auf negative Weise in deine Beziehungen zu verstricken. Bei vermeintlich positiven Unterschieden handelt es sich in Wirklichkeit jedoch um Besonderheit oder vorgetäuschte Liebe, die das Verderben von Beziehungen ist. In der mystischen Beziehung besteht der Schlüssel darin, zuerst jede Negativität zu beseitigen, mit der du deinen Partner in Geiselhaft nimmst für die unerfüllten Bedürfnisse und Klagen, die du in dir trägst. Der zweite Schlüssel liegt darin, die Besonderheit zu transformieren, die scheinbar dafür sorgt, dass deine Bedürfnisse erfüllt werden. Dies erlaubt dir, deine Beziehung als Pforte zu nutzen, sodass du durch die tiefe Verbindung zu deinem Partner die Tür zu Gott und seiner tiefen Liebe öffnest. Wenn du dich tief mit einem anderen Menschen verbinden kannst, hast du die Pforte zum Himmel gefunden. Zwischen zwei Menschen steht ein so hohes Maß an Angst, dass die dauerhafte Verbindung mit nur einem Menschen die Glaubenssysteme der Identität niederreißt, aus denen die Distanz zwischen dir und deinem Partner besteht. Infolgedessen kannst du viel eher sowohl über die Ablenkungen der Welt als auch über das hohe Maß an Angst hinausgelangen, das sich zwischen dir und deinem Partner angehäuft hat.

Wie nahe erlaubst du dir, deinem Partner zu sein? Direkt vor ihm? Schritte von ihm entfernt? Frage dich, was dich daran hindert, dich von Licht zu Licht mit ihm zu verbinden. Willst du an diesem Ort steckenbleiben, an dem die Angst und die Distanz zwischen euch dich zurückhalten, oder willst du auf deinen Partner zugehen? Du kannst die Übung so lange fortsetzen, bis du dich von Licht zu Licht mit ihm verbindest. Du hast die Wahl, entweder dort steckenzubleiben, wo du diese Gefühle hast, oder einen Schritt auf ihn zuzugehen und über diese Schicht deiner Angst hinauszugelangen.

Das Ziel besteht darin, einen heiligen Augenblick zu erfahren, in dem eine so tiefe Verbindung von Licht zu Licht geschieht, dass alle Unterschiede fortfallen und eine mystische Liebe entsteht, die über den Körper hinausgeht. Dies spart nicht nur dir und deinem Partner enorm viel Zeit, sondern auch der Welt in ihrer Evolution zurück zum Sein.

Eine andere Methode, die dich deinem Partner auf eine tiefgreifende Weise näher bringt, besteht darin, ihm zu vergeben. Vergib ihm für die Dinge, die du ihm zur Last legst und bei denen es letztendlich darum geht, dass er deine Bedürfnisse nicht erfüllt. Deine Bedürfnisse und deine Angst rühren von deiner Trennung her. Trennung ruft also Bedürfnisse hervor und erzeugt deine Angst sowohl davor, sie nicht erfüllt zu bekommen, als auch davor, sie erfüllt zu bekommen. Viel Glück bei dem Versuch, Befriedigung zu finden! Diesen Mangel an Befriedigung wirfst du natürlich deinem Partner vor.

Schuldzuweisungen rühren gleichfalls von Trennung her. Du wirfst deinem Partner vor, die Bedürfnisse nicht erfüllt zu haben, vor deren Erfüllung du dich fürchtest. Du musst einen anderen Menschen beschuldigen, wenn du dich davor fürchtest, die Verantwortung für dieses Problem zu übernehmen. Wenn du also jeden Tag nach einer Gelegenheit suchst, deinem Partner dort für seine Fehler zu vergeben, wo er scheinbar eine Bürde für dich ist, dann gelangt ihr beide voran. Vergib dir selbst dafür, dass du dieses Problem auf deinen Partner projiziert hast. Vergib auch der Situation dafür, dass sie ist, wie sie ist, und dir selbst dafür, dass du geträumt hast, dass sie ist, wie sie ist. Vergib deinem Partner für seine Gaben, die er nicht mit dir teilt, um deine Bedürfnisse zu erfüllen. Er scheint dir etwas vorzuenthalten. Vergib dir selbst dafür, dass du dich vor dieser Gabe fürchtest, denn um sie wirklich zu empfangen, müsstest du einige deiner

Glaubenssysteme in Bezug auf Unterschiede, Identität und Trennung loslassen. Vergib dir selbst also auch für den Wunsch, an deinem Ego – dieser falschen Identität – festzuhalten. Er hindert dich an der Erkenntnis, dass du reiner Geist mit seiner allumfassenden Liebe, überwältigenden Freude und unbegrenzten Macht bist. Dies zu erkennen bedeutet, deine selbsterschaffene Identität mit ihren Schwächen und ihrer Angst abzulegen. Dein Partner ist dein bestes Pferd im Stall, wenn es darum geht, das Ziel der mystischen Liebe zu erreichen. Jedes Problem zwischen dir und deinem Partner, jedes Problem, das du selbst hast, und jedes Problem, das er hat, steht naturgemäß zwischen euch. Fasse deshalb in jeder dieser Situationen die feste Absicht, erbitte die Hilfe des Himmels und sprich die Worte: „Ich will mich nicht auf diese Weise angreifen."

Prüfe jedes Mal, wenn du die Worte sprichst, wie das Problem sich nun für dich darstellt. Betrachte dann die Distanz zwischen euch. Wiederhole die Worte immer wieder: „Ich will mich nicht auf diese Weise angreifen." Bleibe nach jedem Schritt stehen, um zu überprüfen, wie die Situation und dein Partner sich nun für dich darstellen. Wenn nach sechs Versuchen noch keine Veränderung eingetreten ist, dann *willst du das Problem aus irgendeinem Grund haben*. Deine Angst vor Veränderung ist zu groß. Vergib dir immer wieder dafür, bis du dich nicht länger vor Veränderung fürchtest. Wenn die Situation, wie sie sich dir darstellt, zutiefst schmerzhaft wird, sobald du mit der Übung beginnst, hast du Zugang zu einem unbewussten Muster erlangt, und das Ausmaß deines Schmerzes entspricht der Größe des Durchbruchs, den du erzielen kannst. Du entrümpelst Seelenmuster, und dem bei den ersten Wiederholungen stärker werdenden Schmerz folgt ein Gefühl großer Erleichterung. „Ich will mich nicht auf diese Weise angreifen." Alle Angst ist Selbstangriff, und alle Distanz ist Angst. Du kannst diese Worte der Kraft wiederholen, bis du alle Distanz zwischen dir und deinem Partner aufgelöst hast und ihr ein Licht geworden seid. Wiederhole die Worte auch weiterhin langsam, während du diese Verbindung und die damit verbundene Freude genießt, denn von dieser wunderbaren Verbindung aus kannst du weitergehen, bis du zu einem heiligen Augenblick gelangst, in dem ihr beide in einem profunden Moment eins werdet. Wenn du immer weitergehst, dann ist es dieser heilige Augenblick, der dich erwachen lässt. Und wenn schon bei dem Gedanken an diese Transzendenz ein Gefühl der Angst hochkommt, entscheide dich einfach dafür und sprich: „Ich will mich nicht auf diese Weise angreifen."

# 79

# Was Vergebung wirklich ist

*Ein Kurs in Wundern* bringt sehr treffend etwas zum Ausdruck, das ich in den 1970er Jahren bei meiner Arbeit mit dem Unterbewusstsein entdeckt habe: dass nämlich alle negativen Dinge, die dir zustoßen, eine Form von Selbstbestrafung darstellen.

> Das Geheimnis der Erlösung ist nur dies: dass du dir dieses selber antust. Der Form des Angriffs völlig ungeachtet ist dies dennoch wahr. Wer immer auch die Rolle von Feind und von Angreifer übernimmt, dies ist trotzdem die Wahrheit. Was immer auch die Ursache von irgendeinem Schmerz und Leiden, das du verspürst, zu sein scheint, dies ist dennoch wahr. Denn du würdest gar nicht auf Figuren reagieren in einem Traum, von dem du wüsstest, dass du ihn träumst. Lass sie so hasserfüllt und so bösartig sein, wie sie nur wollen, sie könnten keine Wirkung auf dich haben, es sei denn, du versäumtest zu begreifen, dass es dein Traum ist.
>
> *Ein Kurs in Wundern*, Textbuch, 27.VIII.10.1:6

Es dauerte noch weitere zwanzig Jahre, bis ich wirklich begann, das Leben als Traum zu erforschen. Heute stellt dies einen wichtigen Aspekt meiner Lehr- und Heilarbeit dar.

Vergebung ist eine glückliche Illusion, die dich von den dunkleren Illusionen des Grolls und der Schuld befreit, die dich gefangen halten. Vergebung ist keine herablassende Haltung, die jemand an den Tag legt, der moralisch und spirituell überlegen ist, sondern eine tiefe Möglichkeit, dich von dem Traum zu befreien und ihn auf dem Weg dorthin zu einem glücklicheren Traum zu machen. Alles, was du jemals erlitten hast, war Selbstangriff oder rührt daher, dass du versucht hast, im Traum ein illusionäres Ziel zu erreichen. Jedes schmerzhafte Ereignis war eine falsch verstandene Form der Selbstbestrafung, ein Versuch, deine Schuld zu sühnen und dich von ihr freizusprechen. Wie alle Lösungen des Egos hat auch sie nicht funktioniert, sondern hatte die gegenteilige Wirkung, die Schuld weiter zu vergrößern. Die einzige Möglichkeit, dich von deiner Schuld zu befreien, besteht in Vergebung oder darin, sie ganz einfach als unwahr und als schlechtes Geschäft loszulassen. Du befreist dich von deiner verborgenen Schuld, indem du anderen Menschen vergibst.

Deine Wahrnehmung zeigt dir auch deine verborgene Schuld. Die Welt ist ein Spiegel deiner Glaubenssätze über dich selbst, die du in tieferen Bereichen deines Bewusstseins gespeichert hast. Jedes Ärgernis ist eine Gelegenheit, einen Teil dieser verborgenen Schuld herauszulösen, denn deine Verärgerung zeigt dir etwas, das du dir selbst zur Last gelegt hast. Wenn ein Gefühl der Verärgerung in dir hochkommt, brauchst du also lediglich zu vergeben, statt selbstgerecht und empört zu reagieren, denn damit befreist du euch beide. „Würde ich mich dafür verurteilen, das getan zu haben?" Diese Zeile zählt zu meinen liebsten Übungen der Vergebung aus *Ein Kurs in Wundern* (Übungsbuch, Lektion 134, 15.3), denn sie befreit sowohl dich als auch denjenigen, der durch sein störendes Verhalten um Hilfe bittet. Vergebung hilft euch beiden. Es ist leicht, dir selbst zu vergeben, wenn du dich daran erinnerst, dass es dein Traum ist und dass du der Träumer bist. Dies ist der Beginn des Erwachens. Wenn du die volle Eigenverantwortung für deinen Traum und alles darin übernimmst, dann erwachst du und gehst als ein Buddha durch das Leben. Wenn du in so hohem Maße erwachst, dass du eins mit Gott wirst, dann wirst du zu einem Christus. Es ist ein Erwachen nicht nur des Geistes, sondern vielmehr des Herzgeistes. Erkenne jeden Tag, jede Stunde und jede Minute, dass es dein Traum ist. In *Ein Kurs in Wundern* heißt es, Erlösung sei ein Unterfangen, das auf Zusammenarbeit beruht. Was kann Besseres geschehen, als gemeinsam mit deinem Partner zu erwachen? Es braucht Hingabe, um jedes Urteil aufzugeben, das nicht nur die Wurzel allen Ärgernisses ist, sondern auch das, was dich von dem, was du verurteilt hast, trennt und dich ihm gegenüber überlegen tun lässt. Urteil ist ein sicheres Anzeichen dafür, dass du deine Schuld auf einen anderen Menschen projizierst. Nutze die Gelegenheit, die ein Ärgernis dir bietet, um dich vom Treibstoff der Selbstbestrafung zu befreien. „Ich will mich nicht auf diese Weise angreifen."

# 80

# Das größte Problem deines Partners, Teil 5

Wenn du in deiner Beziehung zu echter Partnerschaft, aber noch nicht zur mystischen Beziehung gelangt bist, kommen zunehmend unbewusste Muster an den Tag. Für gewöhnlich handelt es sich um chronische Probleme, die dich oder deinen Partner und eure Beziehung betreffen. Diese Seelenmuster sind Orte, an denen du es in uralter Zeit versäumt hast, eine bestimmte Lektion zu lernen, die nun in der Gegenwart zu einer Prüfung geworden ist. Es ist immer *dein* Problem, ganz gleich, ob es dich, deinen Partner oder die Beziehung betrifft. Deine Aufgabe besteht darin, Heilung zu bewirken, und das geschieht durch Liebe und durch die Hingabe, die euer beider unbewusste Schuld heilt. Wenn du Liebe in ein Problem einströmen lässt, dann gelangst du zu der Erkenntnis, dass es nicht die Wahrheit sein kann, weil die Wahrheit alle Irrtümer deines Geistes berichtet, sodass das Problem, vor dem du stehst, also auch ein Irrtum deines Geistes sein muss. Mit den folgenden Worten der Kraft kannst du dich Schicht um Schicht von dieser Illusion befreien:

„Die Wahrheit wird alle Irrtümer in meinem Geist berichtigen."
*EIN KURS IN WUNDERN*, ÜBUNGSBUCH, LEKTION 10

„Der Heilige Geist schaut heute durch mich."
*EIN KURS IN WUNDERN*, ÜBUNGSBUCH, LEKTION 295

Es ist wichtig, dich daran zu erinnern, dass dieses Seelenmuster aus vielen hundert Schichten bestehen kann. Deiner Beharrlichkeit, Schicht um Schicht des Problems der Schale einer Zwiebel gleich abzulösen, wohnt jedoch große Macht inne. Wenn du dir das Problem vorstellst und die obigen Worte mit der festen Absicht aussprichst, Heilung zu bewirken, gelangst du schrittweise voran. Falls das Problem eingepresst ist oder Wurzeln im Unbewussten hat, kann es zunächst noch schlimmere Gefühle zutage fördern oder sich in deiner Vorstellung weiter verstärken. Schon bald tritt aber eine positive Wende ein. Wenn die ersten sechs Wiederholungen keinerlei Veränderung bringen, dann hast du Angst davor, das Problem zu lösen, oder du benutzt es, um mit seiner Hilfe einen heimlichen Plan zu verwirklichen.

Um den Heilungsprozess wirklich zu beschleunigen, braucht es natürlich ein Wunder. Wenn du Liebe und Vertrauen beisteuerst, weil du weißt, dass du die Kraft deines Geistes nicht in das investieren möchtest, was du siehst, dann bist du bereit, ein Wunder zu empfangen. Du willst deinen Geist auf die Lösung des Problems und darauf ausrichten, dass ihr beide über das Problem hinausgelangt. Der Himmel steuert das Wunder bei, das die Naturgesetze überschreitet und Zeit spart.

Ein Zeitsparender zu sein heißt, ein Wunderwirkender zu sein. Es findet in Bezug auf Zeit eine Evolution statt, die mit Effizienz beginnt, dann zur Effektivität voranschreitet und schließlich bewirkt, dass du dich zu einem Wunderwirkenden entwickelst. Das bedeutet letztlich nur, dass du eine gute Beziehung zum Himmel pflegst und weißt, dass du alle guten Dinge verdient hast. Du kannst die Strategie des Egos, die sich hinter jeder Negativität verbirgt, Schicht um Schicht aufgeben, indem du die folgenden Worte sprichst:

„Darin liegt für mich überhaupt kein Gewinn."
EIN KURS IN WUNDERN, HANDBUCH FÜR LEHRER, 5.II.1.2

„Ich könnte stattdessen Frieden sehen."
EIN KURS IN WUNDERN, ÜBUNGSBUCH, LEKTION 34

„Würde ich mich dafür verurteilen, das getan zu haben?"
EIN KURS IN WUNDERN, LEKTION 134, 15.3

Setze diese Worte der Kraft ein, um über die Gefühle der Hilflosigkeit hinauszugehen, die sich bei einem chronischen Problem einstellen. Konzentriere dich darauf, die Liebe beizusteuern und um ein Wunder zu bitten, während du sie aussprichst. Liebe heilt das Grundproblem einer Beziehung, das in Trennung besteht. Trennung ist die Urillusion, die zu dieser Welt der Dualität geführt hat. Trennung ist jedoch eine Illusion, die das Ego propagiert, um sich Wirklichkeit zu verleihen. Sie ist die Wurzel aller Probleme. Da das Einssein jedoch unteilbar ist, kannst du nur träumen, dass die Trennung geschehen ist, die eine Welt der Zeit, des Raums und der Dualität – allesamt Aspekte der Illusion von Trennung – hat entstehen lassen. In *Ein Kurs in Wundern* (Übungsbuch, Lektion 79) gibt es eine Lektion, die mit den Worten beginnt: „Lass mich das Problem erkennen, damit es gelöst werden kann." Das Problem ist natürlich Trennung. Die Lektion für den nächsten Tag (*Ein Kurs in Wundern*, Übungsbuch, Lektion 80) lautet: „Lass mich erkennen, dass meine Probleme gelöst sind." Es geht darum, dass Trennung eine Illusion ist und dass du den Himmel oder das Einssein niemals verlassen haben kannst, sodass das Problem gelöst ist. Diese Worte der Kraft kannst du deinem Arsenal heilender Aussagen ebenso hinzufügen wie den Satz: „Es muss einen besseren Weg geben." Du willst ein Wunder, den großen Zeitsparer. Bitte darum. Du verdienst es. Du bist Gottes Kind. Du verdienst alle guten Dinge. Du hast dich auf dem Weg ebenso verirrt wie alle anderen. Du bist in einem Körper, in deinen Glaubenssätzen und in deiner unbewussten Schuld gefangen. Du sitzt gleichsam deine Zeit ab, aber Wunder bringen dich auf den rechten Weg zurück. In *Ein Kurs in Wundern* (Übungsbuch, Lektion 77) heißt es schließlich: „Ich habe ein Anrecht auf Wunder." Das mystische Leben lehrt dich Transzendenz. Du bist kein Körper, sondern ewiger Geist. Du bist so, wie Gott dich erschaffen hat. Du bist Licht, eine Ausdehnung allen Lichts und der höchsten Liebe. Finde dich nicht mit den Fallen ab, und stelle dich auch nicht auf sie ein. Bitte um das Wunder, das von göttlicher Liebe herrührt. Denke daran, wer an deiner Seite ist. Lasse zu, dass du beschützt wirst. Lasse zu, dass dein Partner in Sicherheit, geheilt und von Ganzheit erfüllt ist. Bitte die Liebe, die göttliche Liebe und die göttliche Präsenz, sich einzufinden. Lasse zu, dass sie dir Erleichterung und Trost bringen. Lasse zu, dass sie die Angst auflösen, die ein sicherer Hinweis auf Trennung ist. Lasse auch zu, dass sie den heimlichen Widerstand und den Autoritätskonflikt beseitigen und auflösen, die beide ein sicherer Hinweis auf Trennung sind. Lasse zu, dass sie die unbewusste Schuld auflösen, die daher rührt, dass du in eine dunkle Lektion und nicht in den göttlichen Lehrplan des Himmels investiert hast, der dich behutsam zum Himmel zurückführt. Die unbewusste Schuld ist ebenfalls ein Aspekt der Trennung. „Lass mich erkennen, dass meine Probleme gelöst sind." Bitte um das Wunder. Wolle es von ganzem Herzen. Lege deinen Geist in die Hände des Heiligen Geistes. Bitte darum, dass die Wahrheit alle Seelenmuster und alle Verzerrungen geraderücken möge und dass dein Geist auf den Geist Gottes ausgerichtet sein möge, sodass er alle guten Dinge für dich selbst, deinen Partner und deine Beziehung erreichen will.

# 81

# Einheit als Gegenmittel zur Verschmelzung

Einheit ist eine hohe Bewusstseinsstufe, die gerade jenseits der Erleuchtung liegt. Wir wagen uns allerdings bereits früher in diese höheren Stadien vor, bis wir genügend gelernt haben, um sie uneingeschränkt annehmen zu können. Das heißt, dass wir uns schon lange, ehe wir zu einem Ort der Erleuchtung gelangen, mit dem Stadium der Einheit beschäftigen. Die Lektionen im Stadium der Einheit zeigen sich für gewöhnlich als chronische Probleme, bei denen es sich meist um Seelenmuster handelt. Die Gaben im Stadium der Einheit einen unseren Geist, und sie einen uns mit unserem Partner und anderen Menschen.

Verschmelzung ist dagegen eine Falle, die in der Kindheit beginnt und in der unsere eigenen natürlichen Grenzen und die natürlichen Grenzen eines anderen Menschen verwischen. Dies hält uns in Aufopferung gefangen, die ihrerseits die Rollen des Opfers und der Unabhängigkeit verbirgt, die wir ebenso in uns tragen. Sie verbirgt unsere Angst vor Nähe und Erfolg unter einem dünnen Anstrich aus Leblosigkeit. Verschmelzung imitiert Verbundenheit und Nähe, um die Einsamkeit zu lindern, die eine Folge unserer Trennung war, birgt jedoch nicht die nährende Geborgenheit, die durch Verbundenheit entsteht. Sie schreibt Urteile, Groll und Gefühle der Vernachlässigung fest und zeigt sich jetzt in Form der Schwere und der Bürden, die wir zu tragen scheinen.

Ein Partner mag sich darüber beklagen, dass sein Partner mit seiner Mutter, seinem Vater, seinem Bruder, seiner Schwester, einem ehemaligen Partner oder sogar einem Freund aus der Kindheit verschmolzen ist. Das Ausmaß, in dem ein Partner verschmolzen ist, entspricht jedoch dem Ausmaß an Verschmelzung, das beide Partner in sich tragen. Verschmelzung zeigt einen Ort auf, an dem wir für Verbundenheit und Partnerschaft nicht offen sind. Deshalb beklagt ein Partner sich über die Verschmelzung des anderen Partners, obwohl er selbst in ebenso hohem Maße verschmolzen ist.

Verschmelzung hält die Beziehung in einer Art von Stillstand oder in einem Zustand der Leblosigkeit gefangen. Wenn wir mit einem Menschen verschmolzen sind, finden wir zuerst einmal ein gewisses Gefallen daran und betrachten sie als Sicherheitsnetz und als Komfortzone, obwohl sie alles andere als angenehm ist, wenn die Beziehung sie erst festgeschrieben hat. Sie hindert beide Partner daran, den nächsten Schritt zu gehen. Es fühlt sich so an, als würden wir einen anderen Menschen emotional oder energetisch auf unseren Schultern tragen. Natürlich läuft dieser Mechanismus meist auf unterbewussten Ebenen ab, sodass wir nicht erkennen, dass er am Werk ist.

Wenn wir die Falle der Verschmelzung mit Hilfe der seltenen, wunderbaren Gaben transformieren, die das Stadium der Einheit bereithält, dann lösen wir das Problem auf einer höheren als der Ebene, auf der sich der Konflikt abspielt. Dies ist der beste Weg, einen Konflikt zu heilen.

Die Gaben, die das Stadium der Einheit bereithält, zeigen sich automatisch, sobald du deine Wutanfälle, deine Aufsässigkeit und deine falsche Geisteshaltung sowie deine Angst vor Veränderung loslässt. Die Gaben der Einheit zeigen sich mit deiner Bereitschaft, den Teufelskreis aus Götzen, Schmerz, Groll und deiner Egoidentität aufzugeben. Sie zeigen sich mit deiner Bereitschaft, deinen Kampf mit Gott aufzugeben, indem du deine auf Getrenntheit und Dualität beruhende Lebensweise ablegst. Diese Dynamiken verbergen die wunderbaren Gaben der Einheit, die große Macht und Wirksamkeit besitzen. Die Fallen im Stadium der Einheit verbergen Wunder, gnadenvolle Ausrichtung, Erlösung, Erneuerung all dessen, was verloren war, und sogar Auferstehung, wenn du über den Glauben an den Körper hinausgehst. Sei heute also bereit, alle Dynamiken des Stadiums der Einheit aufzugeben, die dafür verantwortlich sind, dass du der Welt und ihren Enttäuschungen verhaftet bleibst. Finde mit Hilfe deiner Intuition heraus, welche Falle im Stadium der Einheit dich zurückhält. Frage dich, zu wie viel Prozent du an diesen Fallen festhältst. Frage dich, welche Auswirkung dies auf dein Leben hat. Frage dich, was du jetzt willst. Wie fühlt es sich an? Zu wie viel Prozent besteht das Problem weiterhin? Wie fühlt es sich an? Was willst du jetzt? Wie verändert sich dadurch die Prozentzahl? Wie fühlt es sich an? Willst du das Problem oder die Lösung? Willst du die Gabe oder das Problem? Stelle dir diese Fragen immer wieder, bis sich die Falle aufgelöst hat. Heiße dann die Gabe willkommen. Gehe in die Stille und erbitte die Gabe. Nimm sie an und empfange sie. Lasse dich von ihr erfüllen. Genieße das Gefühl, diese Gabe zu besitzen. Stelle dir vor, wie dein Leben sich nun entwickeln wird. Gehe danach zu den Beziehungen, bei denen du weißt, dass du mit dem jeweiligen Menschen verschmolzen bist. Teile die Gabe mit dem Menschen, mit dem du verschmolzen bist, und mit der Beziehung selbst. Wie wird dadurch die Aufopferung berichtigt, die sich als Nähe maskiert? Wenn du diese Übung mit jeder Beziehung durchgeführt hast, in der du verschmolzen bist, teile die Gaben mit deinem Partner und mit allen Beziehungen, in denen er verschmolzen zu sein scheint. Wie stellt sich die Situation für euch beide in eurer Beziehung nun dar? Verschmelzung gehört zu den besten Fallen, die das Ego zu bieten hat, um zu verhindern, dass du den nächsten Schritt gehst, und um dich von der Teilhabe am mystischen Leben fernzuhalten.

# 82

# Der Verlust der Liebenswürdigkeit

Wenn du deine Liebenswürdigkeit verlierst, dann bist du unfähig, die Liebe deines Partners zu spüren, ganz gleich, wie sehr er dich auch lieben mag. Deine Liebenswürdigkeit ist an dein Selbstwertgefühl geknüpft. Du hast eine Situation erlebt, in der du die Geschehnisse missverstanden hast. Du hast Entscheidungen getroffen, die deinen Selbstwert herabgesetzt haben. Damit hast du dich selbst angegriffen. Jede Situation, in der du über einen anderen Menschen urteilst, ist eine Situation, in der du leidest. Außerdem hast du mit dem Urteil, das du über einen anderen Menschen fällst, auch dich selbst verurteilt und damit etwas von deiner Liebenswürdigkeit verloren. Dies ist nicht die Lektion, die der Himmel für dich vorgesehen hatte. Die Lektion des Himmels, die du nicht gelernt hast, hätte nicht nur deine Liebenswürdigkeit verstärkt, sondern auch deine Fähigkeit, Liebe zu empfangen.

Wenn du also an den Ort in deinem Leben zurückkehrst, an dem du deine Liebenswürdigkeit verloren hast, findest du dich meist an einem Ort wieder, an dem dein Herz gebrochen wurde oder ein Traum geplatzt ist. Die Menschen, die an dieser Situation beteiligt waren, hatten das Gefühl für ihre Liebenswürdigkeit ebenfalls verloren. Dir oblag es in dieser Situation, sie zu heilen, statt gemeinsam mit ihnen in die Grube zu springen. Du hast versucht, Schuld zu tilgen, indem du zugelassen hast, dass du zum Opfer dieses Ereignisses wurdest, aber es hat die unbewusste Schuld nur verstärkt, die du hättest auflösen können, wenn du dem vermeintlichen Täter geholfen hättest. Das Ereignis war ein kaum kaschierter Akt der Rache gegen die daran beteiligten Menschen, aber auch gegen Gott. Du hast sie zurückgewiesen, verlassen und angegriffen, warst aber der Meinung, dass sie dich zurückgewiesen, verlassen und angegriffen haben, statt zu erkennen, dass ihr Verhalten ein Hilferuf war. Diese Tatsache hast du in dein Unterbewusstsein verbannt und nur dich selbst als Opfer betrachtet. Dies hat dir Verschmelzung, Unabhängigkeit und einen Mangel an Selbstliebe eingebracht. Du glaubtest, das sei ein angemessener Preis für die Trennung und die Kontrolle, die du aus dem Ereignis gewonnen hast. Dieser Fall aus dem Zustand der Verbundenheit ist der Widerhall eines früheren Lebens, in dem du aus dem Zustand der Liebe und der Gnade herausgefallen bist. Es war ein Ort, an dem du deine Liebenswürdigkeit und Liebe gegen ein höheres Maß an Verlust und ein stärkeres Ego eingetauscht hast. Deine Selbstliebe ist deine Offenheit für die Liebe und deine Bereitschaft dafür, geliebt zu werden.

Du kannst dieses Ereignis nun umkehren, wenn du bereit bist, die dunkle Lektion aufzugeben, die du gelernt hast, und endlich die Lektion zu lernen, die der Himmel für dich bereithält. Du würdest Kontrolle gegen Zuversicht, Ausreden gegen Eigenverantwortung, Verschmelzung und Aufopferung gegen Geben und Empfangen, Unabhängigkeit gegen Verbundenheit, Rache gegen Einfühlsamkeit und die Fähigkeit, auf Menschen einzugehen, Opferrollen und Selbstbestrafung gegen Selbstliebe und Unschuld eintauschen. Welche Entscheidungen hast du in dieser Opfersituation im Hinblick auf dich selbst, das Leben, Beziehungen, Erfolg, Männer und Frauen getroffen? Entscheidungen werden zu Glaubenssätzen, und Glaubenssätze werden zu den Selbstkonzepten des Egos, die dein Gefängnis sind und dunkle, schmerzhafte Muster aufrechterhalten.

Frage dich, wie diese dunkle Lektion sich in deinem Leben ausgewirkt hat. Bitte dann die Liebe, die göttliche Liebe und die göttliche Präsenz, sich in dieser Situation einzufinden. Während du die dunkle Lektion loslässt, bitte darum, dass der Himmel sie durch die Lektion der Liebe und Selbstliebe ersetzen möge, die er für dich bereitgehalten hat. Bringe die Lektion, die der Himmel dir zugedacht hatte, zusammen mit der Liebe, der göttlichen Liebe und der göttlichen Präsenz zu allen anderen an der Situation beteiligten Menschen. Teile sie mit allen, sodass ihre Selbstliebe und ihre Unschuld ebenfalls erneuert werden. Das beendet nicht nur die Verdrängung, sondern auch jeden Mangel, den dein Glaube an deinen Mangel an Liebenswürdigkeit aufrechterhalten hat. Es bringt dir das Geben und Empfangen zurück, das dich zu einem guten

Partner macht. Deine Unschuld und dein Selbstwert werden wiederhergestellt. Du möchtest deine Liebe schenken und die Liebe genießen, die dir geschenkt wird. Bringe diese Selbstliebe und die Lektion durch dein Leben mit in die Gegenwart und teile sie auf deinem Weg mit allen Menschen, mit denen du in Berührung kommst. Dadurch gibst du dir eine vollkommen andere Lebensgeschichte als die, die du für dich selbst geschrieben hattest. In dem Maße, in dem du zulässt, dass du geliebt wirst, teilst du die Liebe mit allen Menschen in deiner Umgebung.

# 83

# Der eine Mensch

Es gibt einen Menschen in deinem Leben, der einen großen Teil dessen auf sich zu vereinen scheint, was dich zurückhält. Wenn du ihm vergeben würdest, könnte dein Leben in sehr vielen Bereichen mit großen Schritten vorangelangen. Nicht nur deine Beziehungen würden sich in großen Sprüngen weiterentwickeln, sondern auch Erfolg, Mühelosigkeit, Gesundheit sowie viele andere Bereiche, die deinem Leben gestatten würden, sich neu zu entfalten. Wer ist dieser Mensch in deinem Leben? Nimm dir ein wenig Zeit und denke darüber nach, welchen Preis der Groll gegen ihn dich gekostet hat. Wie ist dein Leben verlaufen, weil du diesen Groll hegst? Stelle dir einen Augenblick lang vor, dein Groll wäre fort. Wie würde dein Leben jetzt verlaufen? Scheint es ein besserer Weg zu sein? Frage dich, was du deinem Partner und anderen Menschen, die dir nahestehen, angelastet hast, weil du diesem wichtigen Menschen grollst. Angriff ist niemals vereinzelt. Was du ihm zur Last legst, das legst du auch dir selbst und den Menschen zur Last, die dir am nächsten stehen. Und natürlich ist der Groll eine Lüge, die das Ego dir erzählt, um seine Macht zu vergrößern und für seine Sicherheit zu sorgen. Ist es das, was du willst? Dass nicht nur du selbst, sondern auch die Menschen, die du liebst, für eine Schuld zahlen, die nach deinem Willen jemand anderer bezahlen sollte und die selbst er nicht verdient hat? Das alles könntest du durch Vergebung ändern. Du könntest stattdessen die Wahrheit sehen, die bedeutet, dass es niemandem etwas vorzuwerfen gibt, nicht einmal dir selbst. Du könntest die Mühelosigkeit und die Freiheit genießen, die alles verändern würden.

Vergebung bedeutet, den mühelosen Weg zu gehen, um dein Leben zu verändern. Rufe nun einen deiner Freunde an höherer Stelle herbei, zu dem du eine besondere Beziehung hast. Wir wollen hier einmal annehmen, dass es Jesus ist. Verbinde deinen Geist mit seinem Geist, sodass ihr ein Geist werdet. Verbinde dein Herz mit seinem Herzen, sodass ihr ein Herz seid. Verbinde dein Licht mit seinem Licht, sodass ihr ein Licht seid. Stelle dir nun vor, dass der eine wichtige Mensch, gegen den du den Groll hegst, vor dir steht. Verbinde deinen mit Jesus vereinten Geist mit seinem Geist, sodass ihr drei ein Geist werdet. Verbinde dann dein mit Jesus vereintes Herz mit seinem Herzen, sodass ihr drei ein Herz werdet. Verbinde zuletzt dein mit Jesus vereintes Licht mit seinem Licht, sodass ihr ein Licht seid. Wie fühlt es sich an?

Wenn du willst, stelle dir nun vor, dass dein Partner vor dir steht. Verbinde deinen mit Jesus und dem einen Menschen vereinten Geist mit dem Geist deines Partners, dein mit Jesus und dem einen Menschen vereintes Herz mit dem Herz deines Partners und dein mit Jesus und dem einen Menschen vereintes Licht mit dem Licht deines Partners, sodass ihr vier ein Geist, ein Herz und ein Licht seid. Wie fühlt es sich an? Wie entwickelt sich dein Leben?

# 84

# Heute ist der Tag

Heute – und vielleicht auch morgen – ist der Tag, an dem du helfen kannst. Bitte darum, dass dir alles in den Sinn kommen möge, was in deinem Leben der Vergebung bedarf. Es kann in Form von Gedanken oder Erinnerungen geschehen. Vielleicht kommen dir Menschen oder Situationen in den Sinn. Vergebung bringt dich zum mystischen Leben voran, und wenn du das mystische Leben und seine ekstatische Freude erreicht hast, die von so viel Liebe herrührt, dann willst du es mit anderen Menschen teilen. Du willst ihnen vergeben. Die Welt ist der Spiegel deines Geistes, und das gibt dir die Möglichkeit, den zahllosen Selbstanteilen zu vergeben, die du in dem Spiegel siehst, der du bist, und in dem Maße, in dem du vergibst, wirst du befreit. Fasse heute also die Absicht, im Leben einen Sprung nach vorne zu tun. Bitte darum, dass du erkennen mögest, was dich zurückhält, und vergib ihm, um dich nicht länger zurückhalten zu lassen. Wenn du der Welt vergibst, verschwindet deine Vergangenheit. Wenn du der Welt vergibst, verliert sie ihre Gefährlichkeit. Wenn du vergibst, verschwinden deine innere Schuld und Angst, sodass dein Blick klar und hell wird und du deinen Partner in der Zuflucht deines Herzens willkommen heißen kannst.

Die Pforte in Person deines Partners öffnet sich, und deine Beziehung wird selbst zu einem Ritual der Einweihung, durch das du ein höheres Maß an Macht und Liebe erlangst und in deiner Bewusstseinsentwicklung voranschreitest. Dein Ego löst sich immer mehr auf, sodass es dir möglich wird, einen größeren Anteil deines Herzens zurückzugewinnen, tiefer in die Partnerschaft hineinzugehen und mehr von dem zu empfangen, was das Leben an vergnüglichen Dingen anbietet. Dein Geist entschleunigt sich und wird stiller. Du bist dieser Welt in geringerem Maße verhaftet und wirst zunehmend offener für die Gaben und Wunder, die der Himmel für dich bereithält.

Betrachte die Welt heute als deinen Spiegel. Vergib allem und jedem. Gib allem und jedem, während du die Welt willkommen heißt. Dein Herz und dein Geist werden immer mehr zum Herzgeist. Kreativität und Effektivität nehmen zu. Je mehr du vergibst, umso stärker wird dein Leben von Geist und Gnade erfüllt. Jeder Schritt der Vergebung ist ein Schritt, der dich tiefer in deine Menschlichkeit hineinbringt. Jeder weitere Schritt trägt dich von deiner Menschlichkeit in deine Göttlichkeit hinein, während deine Selbstkonzepte aufgelöst und durch die Liebe und Freude ersetzt werden, die bereits dort waren. Vergib heute jedem negativen Gedanken, jeder negativen Emotion und auch jeder negativen Erfahrung. Wenn du nicht im Zustand der Freude bist, dann gibt es etwas, das dich zur Vergebung auffordert. Was du siehst und fühlst, ist ein Gedanke aus deiner Vergangenheit, der von einem Selbstkonzept herrührt.

# 85

# Götzen und Phantasievorstellungen

Götzen sind falsche Götter, die du anbetest und die dich an der Erkenntnis hindern, dass es eine Welt jenseits dieser Welt gibt. Du könntest sogar auf dieser Ebene den Himmel auf Erden erreichen, aber dorthin zu gelangen bedeutet, dich zu ändern. Es bedeutet auch, alles loszulassen, woran du festhältst und was dich blind macht für die größeren Möglichkeiten, die sich dir eröffnen. Jede Emotion zeigt einen Ort, an dem du einen Götzen in dir trägst. Götzen erfüllen dich nicht. Sie sind der Wesenskern von Enttäuschung und sogar von geplatzten Träumen. Wenn du enttäuscht wirst, suchst du dir einen anderen Götzen oder verzweifelst schließlich sogar am Leben, als hätte das Leben selbst den Fehler gemacht. Dein Ego, das auf Trennung beruht, ist die Kraft, die dafür sorgt, dass du dich Götzen zuwendest. Dies lässt Bedürfnisse und Einsamkeit entstehen, und es sorgt dafür, dass du dich gegen das Empfangen wehrst, weil es bedeuten würde, dass du die dissoziierte Unabhängigkeit verlierst, von der dein Ego dich überzeugt hat, dass sie gleichbedeutend mit Freiheit ist.

Phantasievorstellungen bringen diese Zerrissenheit durch ihre Bedürfnisse und ihren Widerstand gegen das Empfangen perfekt zum Ausdruck. Sie rühren einzig und allein von den Bedürfnissen her, die ein Bestandteil aller Götzen sind. Götzen und Phantasievorstellungen gleichen siamesischen Zwillingen. Sie sind in einer unheiligen Allianz miteinander verschmolzen, um den Fortbestand des Egos zu sichern. Eine Phantasievorstellung macht dich glauben, dass das, worüber du phantasierst, dich retten oder glücklich machen wird. Sie ist aber ein Notbehelf, der dich – wenn überhaupt – nur vorübergehend befriedigen kann. Der Hunger bleibt. Eine Phantasievorstellung ist ein Bild in deinem Bewusstsein, das dich zu dem Glauben verleitet, das, worüber du phantasierst, bereits zu besitzen, sodass keine Notwendigkeit besteht, nach mehr zu streben. Weil du dich trotzdem leer fühlst, schlägt das Ego dir vor, es mit Bekommen oder Nehmen zu versuchen, um dein Bedürfnis zu befriedigen. Das führt jedoch lediglich zu einem noch höheren Maß an Widerstand bei den Menschen in deiner Umgebung. Dies haben Götzen und Phantasievorstellungen gemeinsam. Beide sorgen dafür, dass du unbelohnt bleibst.

Deine Verstimmungen zeigen, wo du Götzen in dir trägst. Dein Groll setzt Phantasievorstellungen in Gang, und Götzen sorgen dafür, dass weiterer Groll entsteht. Enttäuschung rührt von Götzen und Phantasievorstellungen sowie von dem Schmerz und Groll her, die mit ihnen einhergehen. Dies führt stets zu dem Glauben und zu der Verstärkung des Glaubens zurück, dass du ein Körper bist. Mystische Zustände und vor allem den Himmel auf Erden zu erreichen bedeutet, den Glauben daran, dass du ein Körper bist, aufzugeben. Das Ego hat sich an die Vorstellung gebunden, dass du ein Körper bist. Es propagiert diese Vorstellung, um sie anschließend zu verunglimpfen, weil der Körper niemals so gut ist, wie das Ego ihn gerne hätte.

Das Streben nach weltlichen Dingen ist gleichbedeutend mit dem Streben nach körperlichen Dingen, und es gibt nichts, was dich stärker in dieser Welt mit all ihrem Tand und Talmiglanz verankert, als Phantasievorstellungen und Götzen. Statt nach oben oder innen zu schauen, schaust du nach außen auf die Welt, um Befriedigung zu erlangen, und das hält dich in dem Glauben fest, ein Körper zu sein. Die Interessen und die Habgier deines Verstandes, die sich als körperliche Gelüste und Begehrlichkeiten zeigen, binden dich an die Welt, wie du sie siehst. Sie sind einzig die Trennung, der Schmerz, das Bedürfnis und die Gier, die daher rühren, dass du dich mit dem Körper identifizierst. Das Ego benutzt diese Dinge, um dir eine zyklopische Sicht der Welt aufzuzwingen, die Phantasievorstellungen und Götzen verankern. Die Liebe, der Frieden und die Freude, die sich einstellen, wenn du die höheren mystischen Zustände erreichst, schenken dir eine vielfach größere Befriedigung, als Illusionen es vermögen.

Du kannst deine Emotionen, deinen Groll und deine Phantasievorstellungen benutzen, um dir zu zeigen, wo du vom Weg abgekommen bist. Mystische Liebe wirst du in diesem Fall nicht finden, da das Maß deiner Phantasievorstellungen, deiner Götzen und des Grolls, den du in dir trägst, dem Maß entspricht, in dem du Mauern zwischen dir selbst und deinem Partner sowie zwischen dir selbst und dem Himmel errichtet hast. Wo du Götzen, Phantasievorstellungen, Emotionen und Groll in dir trägst, dort ist Vergebung gefordert. Vergebung befreit dich aus diesem Kreislauf der Identifikation mit dem Körper, die dein Egovertrag mit dem Tod ist. Vergebung bringt dich über den Körper und seine Bedürfnisse hinaus. Sie bringt dich über Schmerz und Groll hinaus. Vergebung, die praktische Liebe ist, eröffnet dir einen Zugang zur mystischen Liebe. Verstricke dich nicht in ein Gewirr aus Illusionen und Phantasievorstellungen, das nicht nur Götzen, sondern auch die Täuschung der Welt erschafft. Das mystische Leben bringt dir das Glück, das nicht von äußeren Dingen abhängt. Betrüge dich nicht mit Phantasievorstellungen und Träumen, wenn dir die höchste Liebe offensteht.

# 86

# Verträge heilen und deinem Partner helfen

Ein Grund, weshalb du deinem Partner nicht helfen kannst, besteht darin, dass du Verträge dahingehend abgeschlossen hast, es nicht zu tun. Diese Verträge erklären nicht ausdrücklich, dass du nicht helfen kannst, aber sie schränken dich ein, sodass du nicht über die Mittel und Werkzeuge verfügst, mit denen du helfen könntest. Du hast dich getrennt und abgeschottet, und dir ist noch nicht einmal bewusst, dass du es getan hast. Wenn du deinem Partner helfen willst, der in eine ausweglose Situation geraten zu sein scheint, dann bist du aufgefordert, alles zu tun, was in deiner Macht steht, um die Situation zu bereinigen. Eine Möglichkeit, deinem Partner zu helfen, besteht darin, deine Egoverträge und deine Geschäfte mit dem Teufel aufzugeben, der eine Metapher für das uralte Ego ist. Während dein jetziges Ego sich mit dem Körper identifiziert, geht das uralte Ego deinem Körper voraus.

Wir wollen deinem Partner nun helfen, indem wir diese einschränkenden Aspekte der Identität beseitigen, die auf Schmerz und Paranoia beruhen. Frage dich zuallererst, in welcher Situation du diese Geschäfte abgeschlossen hast, die dich zu schwach machen und zu sehr einschränken, um deinem Partner zu helfen. Wie alt warst du? Wer war anwesend? Was ist geschehen? Was immer es war, ist ein Muster, das noch weiter in deine Vergangenheit zurückreicht. Jede Figur in dieser Szene war ein Aspekt der Dinge, die du über dich selbst geglaubt hast, geschrieben als eine Geschichte aus deiner Vergangenheit, die in der Gegenwart in Erscheinung getreten ist. Frage dich, wie viele Egoverträge du eingegangen bist. Welche Auswirkung hatten sie auf dein Leben und auf die

Beziehung zu deinem Partner? Wie viele Egopersönlichkeiten hast du infolgedessen erschaffen? Wie haben diese Persönlichkeiten sich auf dich ausgewirkt? Auf welche Weise haben sie dich eingeschränkt? Diese Selbstkonzepte sind deine Glaubenssysteme, die dich einsperren und deine Wahrnehmung bestimmen. Welche Muster haben sie in deinem Leben in Gang gesetzt?

Du hast nicht nur Egoverträge abgeschlossen, sondern bist auch Geschäfte mit dem Teufel eingegangen. Dafür gibt es drei Hauptgründe. Du bist einsam, empfindest dich selbst als schwach und willst die Identität, die du erschaffst, benutzen, um Aufmerksamkeit zu erlangen. Natürlich halten sich weder das Ego noch das uralte Ego an die Verträge, die du mit ihnen abgeschlossen hast. Dies und die Tatsache, dass sie nicht der Wahrheit entsprechen, macht diese Verträge null und nichtig. Ich löse diese Probleme am liebsten, indem ich um spirituellen Beistand bitte: Jesus, den Erzengel Michael, König David, Buddha, Krishna oder Kuan Yin. Ich bitte sie, die Verträge mit dem Schwert der Wahrheit zu berühren und alle aufzulösen. Bitte sie oder eine andere Persönlichkeit, der du dich nahe fühlst, die Umrisse deiner Egopersönlichkeiten zu berühren und diese Linien der Trennung in dir selbst zu beseitigen. Frage dich, wie viele Verträge du mit dem Teufel eingegangen bist und welche Auswirkungen sie auf dein Leben und deine Beziehung hatten. Es kommt häufig vor, dass andere Teufel auf solche Verträge aufspringen und dich peinigen. Wie viele Teufel sind aufgesprungen? Du kannst denjenigen deiner Freunde an höherer Stelle, den du um Unterstützung gebeten hast, nun darum bitten, diese Teufel ins Licht zurückzusenden. Insgeheim war es ihr Wunsch, erlöst zu werden. Sie haben sich dir angeschlossen, weil sie genau darauf gehofft hatten, auch wenn sie dich martern mussten, um als „gute" und achtbare Teufel gelten zu können und nicht in die Unterwelt der Hölle verbannt zu werden.

Du kannst deinen Freund an höherer Stelle darum bitten, das Schwert der Wahrheit zu nehmen, um sowohl die Verträge mit dem Teufel als auch die daraus entstandenen Teufelspersönlichkeiten aufzulösen, damit Ganzheit die Stelle der begrenzenden Glaubenssätze über dich selbst einnehmen kann. Dies schenkt dir ein höheres Maß an Freiheit. Teile diese Freiheit, Ganzheit und Unschuld mit deinem Partner. Welche Auswirkungen hat dies auf dein Leben, deinen Partner und deine Beziehung? Wie trägt es dazu bei, dass du ein höheres Maß an Gnade für deinen Partner und dich selbst empfangen kannst?

# 87

# Deinen Partner retten

Die größten chronischen Probleme deines Partners verschwinden in dem Maße, in dem dein Versuch, ihn davon zu befreien, erfolgreich ist. Es kann sein, dass du genau die richtige Person, das richtige Buch oder die richtige Lösung für das chronische Problem deines Partners findest. Du selbst bist offenkundig dazu aufgerufen, wichtige Lektionen zu lernen, um über alle Gefühle der Hilflosigkeit hinauszugelangen.

Der erste Aspekt ist die Erkenntnis: „Wahrnehmung ist ein Spiegel, keine Tatsache." (*Ein Kurs in Wundern*, Übungsbuch, Lektion 304.1.3) Es ist eine Wahl, deine Selbstkonzepte außerhalb deiner selbst zu sehen, statt sie in dir zu fühlen. „Wahrnehmung wird durch Projektion erzeugt." (*Ein Kurs in Wundern*, Textbuch, 21.Einleitung.1.1) Die Welt, die du siehst, ist erfüllt mit den Dingen, die du ihr gegeben hast, nicht mehr und nicht weniger als das. Deshalb ist sie wichtig für dich. Sie zeugt von deinem Geisteszustand, ist das äußere Abbild eines inneren Zustandes. „Wie ein Mensch denkt, so nimmt er wahr. Suche deshalb nicht die Welt zu ändern, sondern entscheide dich, dein Denken über die Welt zu ändern." (*Ein Kurs in Wundern*, Textbuch, 21.Einleitung.1.6:7). Dein Partner und auch seine Probleme sind Aspekte deiner selbst, die du kompensiert hast. Frage dich, wie viele Selbstkonzepte du in dir trägst, die einem bestimmten Aspekt der Probleme deines Partners gleichen, und frage dich, welche Auswirkung sie abgesehen von der offenkundigen Tatsache, dass sie ein Teil des Problems deines Partners sind, auf dich hatten. Frage dich, wie deine Kompensationen und Abwehrstrategien sich auf dich ausgewirkt haben. Wie hoch ist etwa ihr emotionales Gewicht, das du mit dir herumträgst? Wir sehr ermüden sie dich? Welchen Einfluss haben sie auf die Unterstützung, die du deinem Partner zuteilwerden lassen willst? Wenn du erkennst, was diese Selbstkonzepte dich, deinen Partner und deine Beziehung kosten, dann triffst du vielleicht eine andere Entscheidung im Hinblick auf das, was du willst. Die Kompensationen und Selbstkonzepte zeigen dein gespaltenes Bewusstsein und halten dich in Angst und Konflikt gefangen. Bitte Kuan Yin, Jesus oder einen anderen deiner Freunde an höherer Stelle darum, diese Gegensätze zum Schmelzen zu bringen, bis nur noch ihr reines Licht und ihre reine Energie übrig sind. Vereine anschließend das Licht und die Energie und lasse sie in dich einströmen, um deinen Herzgeist mit dieser neuen Ganzheit und Unschuld zu erfüllen.

Als Nächstes kannst du darum bitten, zu der zugrundeliegenden Situation geführt zu werden, in der das Selbstkonzept entstanden ist, das dein Partner für dich widerspiegelt. Bitte darum, in diese Zeit und an diesen Ort zurückgeführt zu werden. Befindet er sich in diesem oder in einem anderen Leben? Bitte darum, an diesen Ort zurückgebracht zu werden, und bitte die Liebe, die göttliche Liebe und die göttliche Präsenz, sich dort einzufinden. Denke daran, dass es nicht der Wille des Himmels ist, dass du in irgendeiner Weise leidest. Es ist Gottes Wille, dass dir Hilfe und Trost zuteilwerden. Erlaube der göttlichen Liebe, die Wunder zu bewirken, die du brauchst, um Trost oder das zu finden, was nötig ist, um dir selbst und der Situation neue Ganzheit zu bringen.

> ER (Gott) möchte dich trösten, auch wenn ER keinen Kummer kennt. ER möchte Rückerstattung leisten, obwohl ER vollständig ist; dir eine Gabe schenken, auch wenn ER weiß, dass du schon alles hast. ER hat GEDANKEN, die jedes Bedürfnis befriedigen, das SEIN SOHN wahrnimmt, obschon ER sie nicht sieht. Denn die LIEBE muss geben, und was in SEINEM NAMEN gegeben wird, nimmt die Form an, die sich in einer Welt der Form am nützlichsten erweist.
>
> EIN KURS IN WUNDERN, ÜBUNGSBUCH, LEKTION 186, 13.2:5

Bringe die Energie dieses geheilten Ortes mit zurück in die Gegenwart und teile sie mit deinem Partner.

# 88

## Spirituelle Schau

Spirituelle Schau ist das Ziel, das du anstrebst. Sie bedeutet, dass du den Himmel auf Erden erreicht hast. Sie bedeutet, dass du über die Illusionen dieser Welt hinausschauen kannst und die wirkliche Welt – eine vollkommene Welt – siehst. Sie bedeutet, dass du manchmal sogar noch über diese Welt hinaus auf das Licht der göttlichen Strahlen selbst schauen kannst. Spirituelle Schau ist das Ziel der Schau. Sie liegt jenseits dessen, was die Augen des Körpers erblicken. Sie schaut durch die Augen der Liebe, und demzufolge betrachtet sie die Welt ohne Urteil.

Es gibt unterschiedliche Formen der Schau. Eine Form ist die menschliche Schau, mit der die meisten Menschen die Welt wahrnehmen. Dann gibt es die aufstrebende Schau der Menschen, die in einem Zustand sind, in dem alles fließt und sie von dieser kreativen Kraft durchströmt werden, sodass sie sich von ihrer besten Seite zeigen und sogar noch über sich selbst und ihre normalen Grenzen hinausgehen. Es gibt die schamanische Schau, die über die Grenzen der Realität dieser Welt hinausgeht und den Blick auf eine ursprünglichere und natürlichere Realität richtet. Du wirst von einer Wirklichkeit geführt, die weniger dissoziiert und falsch ist, sodass die Rückkehr zu dieser ursprünglicheren Schau dir Weisung gibt und dich erneuert. Dann gibt es die spirituelle Schau. Sie blickt barmherzig über die Illusionen dieser Welt hinaus auf eine vollkommene Welt oder auf das Licht selbst, sodass Illusionen sich auflösen und nur die Wahrheit bleibt. Sie ist die höchste Fertigkeit, die wir in diesem Leben erlangen können, und die Brücke zwischen dem Himmel auf Erden und dem Himmel selbst. Die spirituelle Schau ist die Brücke, die dich vom mystischen Leben zum Zustand des Einsseins führt. Die spirituelle Schau rührt daher, dass du die Illusionen und die Götzen dieser Welt aufgibst, dass du geben und vergeben willst, um allen Menschen Liebe und Licht zu bringen und so viele Menschen wie nur möglich in den Himmel auf Erden zu heben.

Übe dich heute darin, allen Menschen, denen du begegnest, zu geben und zu vergeben. Tue es jedes Mal, wenn du an deinen Partner denkst. Vergib ihnen für das, was dir gerade in den Sinn kommt, und bringe ihnen ebenso die Gabe, die dir gerade in den Sinn kommt. Wenn sie ein Bedürfnis haben, dann trägst du diese Gabe in dir. Öffne sie und teile sie energetisch mit dem Menschen, der sie braucht.

# 89

# Schau

„Was sonst als CHRISTI Schau möchte ich heute anwenden, wenn sie mir einen Tag anbieten kann, an dem ich eine Welt erblicke, die dem HIMMEL derart ähnlich ist, dass eine alte Erinnerung zu mir zurückkehrt?"

*EIN KURS IN WUNDERN*, ÜBUNGSBUCH, LEKTION 306, 1.1

Du hast Freunde an höherer Stelle, die dir helfen möchten, deinen Weg zur spirituellen Schau zu finden. Jedes Problem ist eine Illusion, und deshalb kann es berichtigt werden. Emotionen und Schmerz sind bloße Fehldeutungen. Wenn du wirklich verstehen würdest, gäbe es keinen Schmerz. Wenn du bereit bist, bitte nun darum, durch die Augen von König David schauen zu dürfen, um mit seiner Hilfe dein vermeintlich schrecklichstes und unüberwindlichstes Problem aus einer anderen Perspektive betrachten zu können. David war derjenige, der den Riesen Goliath mit Hilfe einer Steinschleuder getötet hat. Bitte um Davids Schau. Bitte darum, durch seine Augen auf die Welt schauen zu dürfen. Wie stellen sich die Dinge nun für dich dar, und wie stellt sich dein Problem an dieser Stelle für dich dar? Wenn du bereit bist, bitte nun um die Schau Buddhas. Buddha wusste, dass die Welt ein Traum und er selbst der Träumende war. Das bewegte ihn dazu, die Welt durch die Augen des Mitgefühls zu betrachten. Mitgefühl heilt Illusion. Wie stellen sich die Welt und dein Problem nun für dich dar, wenn du sie durch die mitfühlenden Augen Buddhas anschaust?

Wenn du bereit bist, bitte nun um die Schau Kuan Yins. Sie ist die Göttin der Barmherzigkeit. Wie stellen sich die Welt und dein Problem für dich dar, wenn du sie durch ihre Augen betrachtest? Wie fühlst du dich, wenn du barmherzig auf die Welt blickst?

Bitte nun darum, die Welt und dein Problem durch die Augen Christi sehen zu dürfen. Was offenbart sich dir, wenn du durch die Augen der Liebe schaust? Erlaube dir, dich im Trost dieser Schau auszuruhen, ehe du in dieser Welt wieder aktiv werden musst.

# 90

# Die Lektion lernen und deinem Partner helfen

Wenn dein Partner leidet und du nicht weißt, wie du ihm helfen sollst, oder dich in Bezug auf ihn und sein Problem hilflos fühlst, dann gibt es eine Lektion, die du noch nicht gelernt hast. Dein Partner ist ein Spiegel deines Bewusstseins, und dort, wo er auf der Stelle tritt, tust du es auch, aber du hast es nach außen projiziert, und er trägt die Bürde dieser Lektion für euch beide. Du verbirgst die Tatsache, dass du das Problem hast, und hältst dich für etwas Besonderes, weil du glaubst, dass du besser bist und ein solches Problem niemals haben könntest. Dein Partner ist jedoch dein Spiegel. Das Ausmaß deiner Besonderheit entspricht dem Maß, in dem du unfähig bist, ihm zu helfen. Es ist ein Ort, der von Vergleich, Konkurrenz und vermutlich auch Klagen geprägt ist. Das macht dich unfähig, ihn zu retten, indem du die Gaben teilst, die du in dir trägst und die das Gegenteil seines Problems sind. Wenn du, statt in einer Situation zu urteilen, die Gabe, die du in dir trägst, mit deinem Partner teilen würdest, dann könntest du beginnen, sein Problem aufzulösen und eure Beziehung mit einem höheren Maß an Fülle, Gesundheit und Mühelosigkeit zu erfüllen.

Nehmen wir einmal an, dass ein Partner körperlich stark und der andere Partner körperlich schwach ist. Auf einer bestimmten, tiefen Bewusstseinsebene werden beide Partner dafür mit Besonderheit belohnt. Wenn der starke Partner seine Kraft jedoch energetisch mit dem schwachen Partner teilen würde, könnten beide Partner ein höheres Maß an Kraft genießen. Wenn der schwache Partner erkennen würde, welche Gabe – wie etwa Empfindsamkeit oder Spiritualität – seine Schwachheit bringt, und sie energetisch mit seinem Partner teilen würde, besäßen beide Partner diese Gabe, und Vergleich, Konkurrenz und Besonderheit würden fortfallen.

Schreibe also auf, welches chronische oder große Problem dein Partner hat. Schreibe auf, wo du glaubst, selbst das Gegenteil zu sein. Schreibe auf, welche Probleme du hast, und finde heraus, wo deine Besonderheit liegt. Dies ist ein Ort, an dem es keine Nähe gibt. Stelle dir vor, dass du jedes dieser Probleme loslässt, um einen Schritt auf deinen Partner zuzugehen und auf diese Weise die Gaben, die Mühelosigkeit und die Fülle auf höheren und zugleich tieferen Ebenen mit ihm zu teilen. Fahre damit so lange fort, bis du dich in deiner Vorstellung mit ihm verbindest. Wie fühlst du dich, und wie stellt dein Partner sich nun für dich dar? Führe diese Übung jeden Tag durch, bis das chronische Problem deines Partners sich aufgelöst hat.

# 91

# Wenn das Tao dich durchströmt

Das Tao ist sowohl absolut als auch ewig. Es durchströmt auch die Zeit und bewirkt, dass die Welt sich auf die höchstmögliche Weise entwickelt. Probleme, die auftauchen, sind daher das, was dem betreffenden Menschen oder der Erde am besten dient, um Heilung zu erlangen, aber das Ego weiß sie nicht immer zu schätzen. Wenn du erkennst, dass es sich bei dem, was sich dir zeigt, um nicht abgeschlossene Angelegenheiten aus der Vergangenheit handelt und dass jetzt der beste Zeitpunkt ist, um das Problem anzugehen, dann bist du vielleicht eher bereit, es zu akzeptieren und ihm keinen Widerstand zu leisten, der nur bewirkt, dass du darin steckenbleibst. Das Tao in der Welt erschafft Glück und Heilung. Es hilft dir, glücklich zu werden, wenn du es nicht bist. Die Aufgabe der Welt besteht darin, anderen Menschen zu helfen, und in dem Maße, in dem du ihnen hilfst, wird dir selbst geholfen.

Ich habe herausgefunden, dass der Heilige Geist eine perfekte Metapher für das Tao ist. Er ist die Göttlichkeit, die dir in deiner Dualität zur Seite steht, denn er ist fähig, in der Zeit und in der Zeitlosigkeit, sowohl im Traum als auch in den Reichen des Lichts zu wirken.

Im Stadium der Führerschaft, das du erreichst, wenn du das Stadium der Partnerschaft bewältigt hast, erfährst du Mühelosigkeit, Glück und Spaß in dem Maße, in dem du im Fluss bist. Du hast ein Gespür für den richtigen Zeitpunkt, bewegst dich mühelos und hast das Gefühl, dein bestes „Ich" zu zeigen. Es ist, als würdest du in dem Fluss schwimmen, der das Tao ist.

Im Stadium der Vision, das danach kommt, gibst du alles und hast deshalb das Gefühl, dass das Tao als schöpferische Kraft in dich einströmt und Grenzen auf immer höheren Ebenen überwindet. Es ist eine Kraft, die du empfängst. Im besten Fall lebst du an vorderster Front des sich entfaltenden Bewusstseins. Oft bringst du auch die dunkle Seite der Dualität ans Licht, damit du deine inneren Spaltungen und Kriege integrieren kannst. Wenn du vom Stadium der Vision zum Stadium der Meisterschaft aufsteigst, gelangst du in dem Maße, in dem du dich zu deiner Meisterschaft bekennst, über die großen Kriege und die Gegensätze in deinem Bewusstsein hinaus hin zu einem neuen Stadium, das von Ganzheit und Frieden erfüllt ist. Es geht mit Unschuld und einem neuen Maß an Zentriertheit und Offenheit für das Tao einher. Du kannst in viel höherem Maße empfangen. Gnade durchströmt dich. Du erhöhst das Bewusstsein schon allein durch deine Gegenwart. Das Tao strömt durch dich hindurch und beeinflusst die Menschen in deiner Umgebung und auch die Welt. Es bringt ein höheres Maß an Licht und segensreiche Veränderung. Wenn du vortrittst, wird die Situation erhoben, weil du deine Liebe einbringst und der Heilige Geist die göttliche Liebe einbringt, um die Dunkelheit zu erhellen. Weil du dich an Gott erinnerst, geht der Himmel an deiner Seite und erhebt dich. Wenn das Tao dich durchströmt, wirst du zu einem lebendigen Schatz und segnest die Erde, weil du auf ihr schreitest. Wenn du diese Ebene einmal verlässt, gibt es einen Pfad, dem andere Menschen auf ihrem Weg nach Hause folgen können. Du gestattest dir, andere Menschen zu lieben, und du hältst nichts zurück. Du weißt, dass die Liebe das eine Bedürfnis ist, das alle Bedürfnisse erfüllt. Du erkennst es in jedem Herzen und in jedem Gesicht, das du siehst. Du blickst durch die Augen der Liebe, schaust in die Menschen hinein und verstehst. Wenn du durch die Augen der Liebe schaust, lösen sich Urteil und Hässlichkeit auf.

Du weißt, dass du in jedem Augenblick durch Buddhas mitfühlende Augen schauen kannst. Du kannst durch Kuan Yins Augen der Barmherzigkeit schauen. Du kannst durch Christi Augen der Liebe schauen, in der alles vergeben ist, und jenseits aller kleinen oder niederen Handlungen den Menschen erkennen. Wenn du durch die Augen der Liebe schaust, siehst du nichts als Schönheit. Wenn du verstehst, kannst du nur segnen. Wenn du entschlossen bist zu sehen, siehst du wirklich. Im Stadium der Meisterschaft suchst du bei einer Verstimmung ständig deine Mitte in dem Wissen, dass du stattdessen Frieden haben kannst. Wenn du Frieden hast, dann weißt du, dass du dein Herz und die göttliche Liebe anrufen kannst, wenn du ein Wunder brauchst.

Du willst, dass dein Ego zurücktritt und dass der Himmel in stärkerem Maße in dir präsent ist. Du wirst zu einer Brücke zwischen Himmel und Erde, zwischen Gott und den Menschen. Du erfüllst deine Bestimmung, die darin besteht, ein Hohepriester oder eine Hohepriesterin zu sein.

## 92

# Der wunscherfüllende Juwel

Im Laufe der letzten Jahre habe ich bemerkt, dass wir eine sehr machtvolle unbewusste Gabe in uns tragen. Es ist eine Dakini, das indische Pendant eines Archetypus. Das bedeutet, dass sie ein natürlicher Aspekt unseres Geistes ist. In den letzten dreißig Jahren haben mir gegenüber nur einige Menschen verschämt zugegeben, dass sie diese Gabe besitzen. Sie alle gestanden ein, dass sie diese Gabe nur sehr nachlässig einsetzten und sich ihrer manchmal sogar dann nicht bedienten, wenn sie in einer äußerst schwierigen Situation waren. In den letzten beiden Jahren und vor allem seit Anfang dieses Jahres habe ich jedoch sowohl in Workshops als auch in Einzelsitzungen immer häufiger gehört und gesehen, dass über den wunscherfüllenden Juwel als Möglichkeit und als Realität gesprochen wurde. Der wunscherfüllende Juwel scheint also ein Aspekt im Bewusstsein jedes Menschen zu sein, und es ist möglich, ihn zu wecken. Ich habe aber auch gehört, dass Menschen sich schämten, eine solche Gabe zu besitzen. Dies geht auf eine der Grundursachen aller Traumata zurück – die Angst, das eigene Licht leuchten zu lassen.

Eine weitere Sorge, die zum Ausdruck kam, war die Tatsache, dass sie über eine Gabe verfügten, die andere Menschen nicht besaßen. Alle Menschen tragen jedoch das Potenzial dieser Gabe in sich, aber alle fürchten sich auch davor, eine so große Gabe zu besitzen. Einige Teilnehmer an Workshops und Einzelsitzungen fühlten sich schuldig, weil sie offenkundig etwas besaßen, das andere Menschen nicht hatten. Ich sagte ihnen, dass sie in Konkurrenz gefangen waren, durch ihre Schuldgefühle jedoch die Orte verbergen wollten, an denen sie glaubten, diesen Konkurrenzkampf gewonnen zu haben. Sie „hinkten vor Krüppeln her", und das hatte zur Folge, dass sie alle Menschen aufhielten. Sie waren aufgefordert, die Konkurrenz loszulassen und sich zu ihrer Führerschaft zu bekennen. Sie waren aufgefordert, zum Aushängeschild für den wunscherfüllenden Juwel zu werden, obwohl es auch einige Menschen gab, die nicht nur die Titelseite, sondern auch den Ausfalter in der Mitte zieren wollten. Der wunscherfüllende Juwel ist nicht gleichbedeutend mit der Geistesgabe der Manifestation, die darin besteht, das, was du willst, zu sehen, zu fühlen, zu spüren und dann loszulassen. Es entspricht eher der Gabe des Anspruch-Erhebens, bei der du weißt, dass etwas dir gehört und du es verdienst, sodass du *Anspruch darauf erhebst*. Der wunscherfüllende Juwel beruht auf dem tiefempfundenen Wissen, dass du alles haben kannst, was du willst, und dass du seiner würdig bist. Du weißt, dass der Himmel will, dass du glücklich bist und dass dein Glück von innen kommt, dass es sowohl von dem herrührt, was du mit anderen Menschen teilst, als auch von deiner Verbindung zur göttlichen Liebe. Dennoch bringt diese Gabe die Wahrheit, die alle Illusionen von Mangel, Krankheit und äußeren Problemen fortwischt. Durch Anrufen der Wahrheit und des wunscherfüllenden Juwels hilfst du dir selbst, wenn du dich seiner bedienst, erhebst die Situation, in der du dich befindest, beseitigst eine Illusion, erhöhst das Bewusstsein, lebst vor, was möglich ist, und gibst anderen Menschen die Erlaubnis, in gleicher Weise erfolgreich zu sein. Wenn du deinen wunscherfüllenden Juwel im Dienst an einem anderen Menschen einsetzt, gibst du alles, was du für ihn tust, zugleich auch dir selbst. Dies hat zur Folge, dass du dem Kollektiv der Menschheit hilfst und es auf eine höhere Ebene erhebst. Wie bei Wundern ist auch hier manchmal Reinigung gefordert, damit du diese Gabe zur Anwendung bringen kannst. Es ist daher ratsam, allen Groll loszulassen, den du in dir trägst, damit du den wunscherfüllenden Juwel nutzbringend einsetzen kannst.

Du lebst in einer entscheidenden Zeit, in der die Bewusstseinsentwicklung sich stark beschleunigt, und wirst gegenwärtig von der Flut dieser Entwicklung mitgetragen. Ihr Tempo wird allerdings rasch abnehmen, sodass du dich auf dem ausruhen kannst, was du erreicht hast. Zurzeit werden deine Heilung und dein Glück jedoch vervielfacht, während du dich zu deinem eigenen Nutzen und zum Nutzen der gesamten Menschheit weiterentwickelst. Das Beste, was du neben einer Einstellung der Bereitschaft und der Wundergesinntheit tun kannst, besteht darin, deinen wunscherfüllenden Juwel jeden Tag für dich selbst und für andere Menschen einzusetzen, bis er dir zur zweiten Natur und zur Lebenseinstellung geworden ist. Setze deinen wunscherfüllenden Juwel für deinen Partner und für deine Beziehung ein. Setze ihn für dein Leben ein. Setze ihn ein, damit du Gott in deinem Herzen spüren kannst.

# 93

# Die toxische Persönlichkeit

An der Wurzel deiner vielen Persönlichkeiten liegt eine Persönlichkeit, die du in hohem Maße kompensierst. Es handelt sich um die toxische Persönlichkeit. Dieses Selbstkonzept birgt den Glauben, dass du toxisch bist und jemanden, den du liebst, deshalb auf Distanz halten musst, weil du ihm sonst Schaden zufügen oder ihn töten könntest. Dies kann zur Folge haben, dass du einen unsichtbaren und unerklärlichen Widerstand gegenüber den Menschen aufbaust, die du liebst. Deine Abwehrstrategien und Kompensationen, die diese Überzeugung zudecken sollen, sind zudem selbst Mauern, die zwischen dir und deinem Partner stehen. Du verhältst dich wie ein besonders guter Mensch, um diese Schattenfigur zu verbergen, lässt aber trotzdem niemanden an dich heran. Du kämpfst gegen ihn, ziehst dich zurück oder führst Probleme herbei, die dann zwischen euch stehen. Manche Menschen erschaffen bösartige Persönlichkeiten, damit niemand merkt, dass sie eine noch schlimmere toxische Persönlichkeit in sich tragen. Die meisten Menschen wahren aber einfach eine gewisse Distanz, für die es keinen plausiblen Grund zu geben scheint. Wenn der Partner oder das Kind eines Menschen, der diese Überzeugung von sich selbst hat, ihm zu nahe kommt, tut er häufig genau das Falsche, um ihn oder sie zurückzustoßen. Damit baut er Distanz auf, denn er glaubt, dass Menschen, die diese Seite seiner selbst entdecken, ihn entweder verachten oder von ihm vergiftet werden.

Wie alle Schattenfiguren projizierst du auch den Glauben an deine eigene Toxizität auf die Menschen in deiner Umgebung. Das kann dazu führen, dass es eine toxische Person in deiner Umgebung gibt. In dir findet sich ein Ort, der in so hohem Maße abgeschnitten ist, dass er zutiefst allein ist und sogar solipsistische Züge aufweist. Möglicherweise ist bei dir ein großer Krieg zwischen „innen" und „außen" am Werk. Er zählt zu den tiefen Bewusstseinsspaltungen, die die Dualität aufrechterhalten. Möglicherweise ist auch ein Teufelskreis der Verschmelzung am Werk, der aus unwahrer Vermischung und Unabhängigkeit besteht, sodass diese Polaritäten in immer geringeren Ausschlägen des Pendels hin- und herschwingen. Toxische Menschen in deiner Umgebung sind jedoch ein sicheres Zeichen dafür, dass du in der Falle der toxischen Persönlichkeit gefangen bist. Das Ego tut alles, was in seiner Macht steht, um diese innere Überzeugung an deine Toxizität zu stärken, indem es sie verurteilt und auf andere Menschen projiziert. Die toxische Persönlichkeit kann dein Leben, deine Beziehung und deine berufliche Laufbahn vergiften. Sie verschärft die besonders problematische „Festgefahrenheit" von Verschmelzung und Trennung sowie den ständigen Wechsel zwischen den beiden Polen.

Frage dich, wie viele Schattenfiguren und Selbstkonzepte der Toxizität du in dir getragen hast. Wie haben sie insbesondere deine Beziehung beeinflusst? Wie haben sie sich auf deine Familie ausgewirkt? Welche Auswirkung hatten sie auf deinen Erfolg und deine finanzielle Situation? Was glaubst du verdient zu haben, wenn du diese Überzeugung hast? Welche Auswirkung hat sie auf dein Sexleben und auf deine Bereitschaft, dich lieben zu lassen? Welche Auswirkung hat sie auf dein spirituelles Leben und auf deine Bereitschaft, dich vom Himmel lieben und dir von ihm helfen zu lassen?

Diese Überzeugung ist nicht die Wahrheit. Wolle die Wahrheit von ganzem Herzen. Stelle dir vor, dass alle deine toxischen Persönlichkeiten vor dir stehen. Sie stellen ein Hindernis zwischen dir und dir selbst, dir und deinem Partner und dir und dem Himmel dar. Welchem Zweck hat dieses Hindernis gedient? Bringe alle diese Überzeugungen zum Schmelzen, bis nur noch ihr reines Licht und ihre reine Energie übrig sind. Heiße dieses Licht und diese Energie dann in Form von Zuversicht und Ganzheit wieder in dir willkommen. Welche Seelengabe hat diese Überzeugung verborgen? Bist du bereit, diese Gabe nun zutage treten zu lassen und willkommen zu heißen? Heiße auch die Gabe des Himmels willkommen, der diese toxischen Überzeugungen über dich selbst im Weg gestanden haben. Worin besteht die Gabe? Überlege anschließend, welchem Aspekt deiner Gaben, deiner Lebensaufgabe und deiner Bestimmung diese dunklen Überzeugungen und dein Festhalten daran im Weg gestanden haben. Teile sowohl deine Gaben als auch den jeweiligen Aspekt deiner Lebensaufgabe und deiner Bestimmung mit einem Menschen in deiner Umgebung, der sie braucht, und lege die Gaben in die Hände Gottes, damit sie geheiligt und erhöht werden. Teile sie anschließend mit deinem Partner.

## 94

## Die Verschrobenheit deines Partners

Wenn dein Partner in seinem Verhalten, seinen Überzeugungen oder seinen Emotionen eine gewisse neurotische Verschrobenheit an den Tag legt, dann hast du ihm versprochen, dass du ihm helfen würdest, sie zu klären. Wenn du dieses Versprechen auf einer Seelenebene gegeben hast, muss es einen Weg geben, es zu erfüllen. Die folgenden Übungen sollen die Hindernisse beseitigen, die Schicht um Schicht in deiner Beziehung zutage treten, um geheilt zu werden. Manchmal kann Heilung einfach schon dadurch geschehen, dass du dich der Heilung deines Partners immer wieder neu verpflichtest. Durch die Entscheidung, dich ihm und der Beziehung als eurem spirituellen Weg rückhaltlos zu geben und hinzugeben, wird Schicht um Schicht des Problems geklärt.

Eine weitere Möglichkeit besteht darin, jeden Tag intuitiv zu fragen, welche Gabe du für deinen Partner an diesem Tag in dir trägst, und sie energetisch mit ihm zu teilen.

Eine weitere Möglichkeit besteht darin, dir vorzustellen, dass das Problem zwischen euch steht, und dich mit ihm zu verbinden, sodass immer dann, wenn du ihn erreichst, eine Schicht des Problems aufgelöst wird.

Eine weitere Möglichkeit besteht darin, ihm zu vergeben, der Situation zu vergeben, dem Thema zu vergeben und schließlich auch dir selbst und deinem Glaubenssystem zu vergeben, das zu dieser Situation geführt hat. Wenn du dir zum Ziel setzt, dies einhundert Mal am Tag zu tun, wirst du eine große Wirkung feststellen.

Segne deinen Partner, statt ihn zu verurteilen. Empfinde Mitgefühl für ihn, statt dich von ihm zu trennen. Habe Erbarmen mit ihm, statt zu beweisen, dass du besser bist als er. Erkenne, dass er heimliche Schattenfiguren und Selbstkonzepte ausagiert, und entscheide dich dafür, dich nicht für das zu verurteilen, was du in ihm siehst. „Würde ich mich dafür verurteilen, das getan zu haben?" Du kannst entscheiden, ob du dich weiterhin selbst martern möchtest oder ob du ihm lieber helfen willst.

Du kannst das, was du in deinem Partner siehst, anschauen und das Problem mit Hilfe folgender Worte der Kraft aus *Ein Kurs in Wundern* (Textbuch, 4.IV) Schicht um Schicht beseitigen, bis Frieden und Freude sich einstellen: „Das muss nicht sein."

Du kannst dein Herz, deinen Geist und dein Licht mit dem Herzen, dem Geist und dem Licht Christi verbinden. Dein mit Christus vereintes Herz, deinen mit Christus vereinten Geist und dein mit Christus vereintes Licht kannst du dann mit dem Herzen, dem Geist und dem Licht deines Partners verbinden.

Zum Schluss kannst du Christus bitten, dein Bewusstsein mit göttlicher Liebe zu durchströmen, um deine heimlichen Verschrobenheiten und deine heimliche Negativität zu richten und zu heilen. Bitte ihn dann, auch das Bewusstsein deines Partners mit göttlicher Liebe zu durchströmen, um alle seine Verschrobenheiten und seine Negativität zu heilen, damit eure Beziehung einzig und allein von Fluss geprägt ist.

# 95

# Durch die Augen Christi

„Wenn ich nicht auf das schaue, was nicht da ist, ist mein gegenwärtiges Glück alles, was ich sehe. Augen, die sich zu öffnen beginnen, sehen endlich. Und ich möchte, dass die Schau CHRISTI an ebendiesem Tag zu mir kommt. Was ich ohne GOTTES EIGENE BERICHTIGUNG für die Sicht wahrnehme, die ich machte, ist furchterregend und schmerzlich anzusehen."

*EIN KURS IN WUNDERN*, ÜBUNGSBUCH, LEKTION 290, 1.1:4

Durch Christi Augen auf die Welt zu schauen heißt, eine durch Schönheit und Vergebung verwandelte Welt zu sehen. Sie blickt auf die Unschuldigen, und die Illusion der Schuld kann der Wahrheit, die sie auflöst, nicht widerstehen. Mit so vollkommener Liebe auf die Welt zu schauen heißt, auf das zu schauen, was vollkommen geliebt und gänzlich liebenswert ist. Die Augen Christi blicken über den Traum dieser Welt hinaus. Sie transzendieren das Weltliche durch spirituelle Schau, sind die Pforte zu einer vollkommenen Welt.

Wenn du darum bittest, durch die Augen Christi auf alte Traumata, Ängste und Schuldgefühle schauen zu dürfen, dann können sie fortfallen. Damit können die Lektionen des Himmels zu dir kommen, die dein Leben sorgenfreier machen. Sie sind das, was du brauchst, um das gespaltene Bewusstsein deines Egos zu heilen, deine Ganzheit wiederherzustellen und auf diese Weise deinen Herzgeist zu erneuern.

Die Augen Christi stellen den Himmel auf Erden wieder her und verkürzen so die Zeit, die wir brauchen, um zum Zustand des Einsseins zurückzugelangen. Die Augen Christi bringen Vergebung und Liebe, schauen über diese Welt hinaus und bringen die Freude des Himmels.

„CHRISTI Schau schaut heute durch mich. SEINE Sicht zeigt mir alle Dinge, vergeben und in Frieden, und bietet dieselbe Schau der Welt an. Und ich nehme diese Schau in ihrem Namen an, sowohl für mich als auch für die Welt. Welche Lieblichkeit, auf die wir heute schauen! Welche Heiligkeit, von der wir uns umgeben sehen! Und es ist uns gegeben zu begreifen, dass es eine Heiligkeit ist, in die wir uns teilen; es ist die HEILIGKEIT GOTTES SELBST."

*EIN KURS IN WUNDERN*, ÜBUNGSBUCH, LEKTION 291, 1.1:6

„Lass uns heute einander in CHRISTI Sicht erblicken. Wie schön wir sind! Wie heilig und wie liebend! Komm, Bruder, und verbinde dich heute mit mir. Wir erlösen die Welt, wenn wir uns verbunden haben. Denn in unserer Schau wird sie so heilig wie das Licht in uns."

*EIN KURS IN WUNDERN*, ÜBUNGSBUCH, LEKTION 313, 2.1:6

## 96

## Der Verlust deiner selbst

Es gibt Zeiten in unserem Leben, die so traumatisch sind, dass wir uns selbst zu verlieren scheinen. Das Selbst, das wir vor dem Trauma waren, ist nicht mehr das Selbst, das wir danach sind. Oft begreifen wir nicht einmal, dass ein solches Ereignis in unserem Leben geschehen ist, weil es so schmerzhaft war, dass wir es verdrängt haben. Wenn das geschieht, bleibt viel weniger von uns übrig, um das zu vollbringen, was wir in diesem Leben vollbringen wollten. Es zeigt, dass wir auf einer schamanischen Ebene oder einer Meisterschaftsebene durch eine wichtige Prüfung gefallen sind. In beiden Fällen handelte es sich um eine Prüfung, die wir auf einer Seelenebene für uns geplant hatten. Unser Einsatz in dieser Situation war unser eigenes Selbst. Auf einer Seelenebene haben wir gewagt, uns in eine Situation zu bringen, in der wir in unserer Bewusstseinsentwicklung einen großen Sprung nach vorne hätten schaffen können, wenn wir diese Prüfung bestanden hätten. Verletztheit oder gar tiefe Verzweiflung zeigt, dass wir die Prüfung nicht nur nicht bestanden, sondern vollkommen versagt haben. Nach einem solchen Ereignis sind wir in viel geringem Maße das Selbst, das wir vorher waren. Wir sind emotional verkrüppelt oder zumindest stark beeinträchtigt. Wo wir begabt und außergewöhnlich waren, sind wir nun normal.

Manchmal kompensieren wir, um darüber hinwegzutäuschen, dass wir uns aufgegeben haben. Wir gelangen zu der Überzeugung, dass wir ein Verlierer und ein hoffnungsloser Fall sind, dass wir einigen Menschen unter Umständen aber noch helfen können, ehe wir von der Bühne abtreten. Wenn dies geschieht, sind wir großartige Helfer, aber um zuerst unsere Bestimmung und dann den Himmel auf Erden erreichen zu können, müssen wir uns vollständig wiederfinden, denn unter der alten Verzweiflung liegen Herzensbruch, Rache, Groll, Hass, Selbsthass, Zynismus und Bitterkeit sowie Muster der Aufopferung, der Unabhängigkeit und des Opfers verborgen. Sie sind entstanden, weil wir uns entschieden haben, vor unseren Gaben, unserer Lebensaufgabe und unserer Bestimmung davonzulaufen. In Wahrheit sind wir vor dem Himmel davongelaufen. Wir sind vor der Aufgabe davongelaufen, andere Menschen zu einem höheren Maß an Glück zu führen. An der Wurzel dieser Weigerung liegen Angst, Schuld und ein Autoritätskonflikt verborgen. An der Wurzel dieser Dinge liegen Anhaftung und die Entscheidung, auf dieser illusionären, irdischen Ebene zu bleiben, um einige Bedürfnisse erfüllt zu bekommen, denen wir verhaftet sind. Erfüllung auf dieser Ebene rührt jedoch immer daher, dass du vergibst, dass du das gibst, was du brauchst, deine Gaben annimmst, deine Lebensaufgabe und deine Bestimmung lebst, an deiner Heilung arbeitest und dich zu deiner Identität als Kind Gottes bekennst. In dem Maße, in dem wir unsere Verbundenheit wiedererlangen, bringen wir ein höheres Maß an Liebe und Mühelosigkeit in unser Leben hinein.

Es ist von entscheidender Bedeutung, dass wir alle Ereignisse entdecken, in denen unser Selbst verloren gegangen ist und die wir verdrängt haben. Wenn wir alle dunklen Ereignisse in unserem Leben entdeckt haben, ist es wichtig, uns der Emotionen bewusst zu werden, die mit ihnen verbunden waren. Sobald wir diese Emotionen heilen, die ein Hinweis darauf sind, dass wir die Situation falsch verstanden haben, bestehen wir die Seelenprüfung und gewinnen unser Selbst zurück. Diese Ereignisse haben dazu geführt, dass wir unser Selbst vermeintlich verloren haben, waren aber ein Gewinn für das Ego, das alle dunklen Emotionen und Glaubenssätze in dieser Weise nutzt. Wenn wir sie nicht heilen, werden sie zu Spaltungen in unserem Bewusstsein, trennen uns von anderen Menschen und sind Entscheidungen für die Trennung.

Nachdem dir bewusst geworden ist, dass du dein Selbst verloren hast, ist es wichtig zu erkennen, was du ganz allgemein über dich selbst und dein Leben, andere Menschen, Beziehungen, Erfolg, Sex und deine Lebensaufgabe glaubst. Der erste große Schlag in einem solch niederschmetternden Trauma wird gegen deine Lebenskraft, der zweite Schlag gegen deine Liebenswürdigkeit geführt. Es folgen Zuversicht und Erfolg. Du hast dich sowohl vor anderen Menschen als auch vor dem Leben selbst zurückgezogen.

Dies ist eine Zeit, um dich wiederzufinden und zu erneuern. Du kannst es tun, indem du zu den Orten in deinem Leben zurückkehrst, an denen du zutiefst verzweifelt warst, und dort deine Lebenskraft, deine Liebenswürdigkeit und deine Zuversicht wieder willkommen heißt. Hilf dann mit Unterstützung der Engel allen an der Situation beteiligten Menschen, ihre Lebenskraft, ihre Liebenswürdigkeit und ihre Zuversicht wieder willkommen zu heißen, denn sonst urteilst du über sie und glaubst, nicht uneingeschränkt liebenswert zu sein. Wenn die anderen an der Situation beteiligten Menschen geglaubt hätten, liebenswert zu sein, wäre das Trauma niemals geschehen. Du kannst dich von dieser schmerzhaften Erfahrung befreien, indem du zuerst die dunklen Emotionen und Glaubenssätze fühlst, die zu dieser Zeit begonnen haben. Erkenne dann, welche Auswirkung diese dunklen Ereignisse auf dein Leben hatten. Möchtest du wirklich, dass dieses Muster sich in deinem Leben fortsetzt? Wenn du deine Glaubenssätze und diese Erfahrung nicht loslässt, wird genau das der Fall sein. Entscheide dich also dafür, die dunkle Lektion, die Glaubenssätze und die damit verbundenen Emotionen loszulassen. Bitte mit Hilfe deiner Engel um die Lektion, die der Himmel für dich vorgesehen hatte, denn sie löst sowohl diesen Aspekt des Egos als auch die Trennung auf, die damals begonnen hat. Bitte die göttliche Liebe und die göttliche Präsenz darum, sich einzufinden. Dann wirst du spüren, dass dir Freude und Liebenswürdigkeit zurückgegeben werden, weil du nach dem Willen des Himmels wissen sollst, dass du vollkommen liebenswert bist. So wurdest du erschaffen, und daran kannst du nichts ändern.

Die Rückkehr in den Himmel auf Erden ist die Rückkehr zu deiner wahren Identität. Sie geschieht dadurch, dass du deine Urteile und deinen Groll loslässt, die nichts anderes sind als die Urteile, die du über dich selbst fällst, und der Selbstangriff, den du gegen dich selbst gerichtet hast. Dich dort wiederzufinden, wo du niederschmetternde Erfahrungen gemacht hast, heißt, im Prozess deiner Entwicklung einen großen Sprung voran zu tun. Außerdem ermöglicht es dir, ein deutlich höheres Maß an Zuversicht und Glück zu erlangen. Wenn dies geschieht, kannst du dich selbst und deine Liebe in der Beziehung zu deinem Partner in viel höherem Maße einbringen. Erlaube dir, die alte Prüfung nun zu bestehen, indem du dich stärker nicht nur zu dem bekennst, was du in diesem Leben tun, sondern auch zu dem, der du in diesem Leben sein wolltest. Bekenne dich auch zu deiner Identität, in der Gott dich geschaffen hat. Dies schenkt dir ein höheres Maß an Erfüllung sowohl im Leben als auch in Beziehungen, und es lässt dich in eurem gemeinsamen Entwicklungsprozess ein besserer Partner sein. Es beseitigt einige der großen verborgenen Blockaden zwischen dir und deinem Partner und lässt die Distanz zwischen euch schrumpfen, sodass ein höheres Maß an Liebe und Erfolg möglich wird.

## 97

# Dich selbst in einem Zusammenbruch verlieren

Wenn du einen Zusammenbruch erleidest, wurde dein Körper über seine normale Leistungsfähigkeit hinaus beansprucht. Wenn er sich selbst überlassen bleibt, ist der Körper unermüdlich. Dies gilt aber nicht, wenn er auf eine unwahre Weise benutzt wird und Stolz, Vergnügen, Angriff oder Aufopferung dient, die auf der tiefsten Ebene ebenfalls eine Form von Angriff ist. Wenn du deinen Körper nicht nur als Werkzeug für dein persönliches Wachstum, sondern auch für andere Zwecke benutzt, wird er zunehmend anfällig für Krankheit und Zusammenbruch. Ein Zusammenbruch ist ein Zeichen dafür, dass du deine Grenzen überschritten hast, und dies deutet auf Aufopferung hin. Was nicht hätte getan werden sollen oder nicht durch Aufopferung, sondern durch Gnade hätte getan werden sollen, wird zu einer Entscheidung für die Unabhängigkeit anstelle der Verbundenheit, die wahrhaftig gibt und wahrhaftig empfängt in einem Akt der Liebe, der Fluss entstehen lässt.

Ein Zusammenbruch ist eine Abwehrstrategie gegen die Wahrheit, dass du kein Körper bist, dass du nicht den schweren Weg wählen musst, um in deiner persönlichen Entwicklung voranzukommen oder deine Lektionen zu lernen. Das Ego will das Sagen haben und alles kontrollieren. Das Ego will Gott spielen. Jede Krankheit und jeder Zusammenbruch ist eine offene Feldschlacht des Egos, die es in einer seiner Meinung nach gefährlichen Zeit führt. Darüber hinaus will es verhindern, dass du erwachst und neue Wahrheiten erfährst, die es zerstören würden.

Eine Krankheit oder ein Zusammenbruch zeigt, dass du dich noch immer mit dem Ego identifizierst, das dich dazu gebracht hat, dich mit deinem Körper als du selbst und deshalb mit dem Tod zu identifizieren. Wenn du dich von deinem Ego abwenden, dem Erwachen zuwenden und deinen Vertrag mit dem Ego brechen würdest, während du gleichzeitig deine Verhaftung an deine Identität als Körper aufgibst, dann würdest du deinen Vertrag mit dem Tod brechen. Eine Krankheit oder ein Zusammenbruch kann als Weckruf dafür dienen, dass du vom richtigen Weg abgekommen bist oder zumindest den schweren Weg gehst. Eine Krankheit signalisiert Angst vor dem nächsten Schritt, Angst davor, mit dem, was auf dich zukommt, nicht umgehen zu können. Ein Zusammenbruch ist ein Hinauszögern. Du trittst auf die Bremse, um den Entwicklungsprozess aufzuhalten, an dessen Ende du das Licht findest und erkennst, dass du bereits bist, wonach du gesucht hast.

Nach Zusammenbruch und Erholung deutet ein höheres Maß an Ganzheit für gewöhnlich auf einen Menschen hin, der einen spirituellen Weg geht, Heilung wertschätzt und alles nutzt, um Heilung zu erlangen. Ein Zusammenbruch heißt jedoch, dass du für deinen Prozess den schweren Weg gewählt hast, und das ist gleichbedeutend damit, dass du im *Tun* gefangen bist. Wenn du es selbst „tust", dann identifizierst du dich mit deinem Ego, das stets den langen, schweren Weg geht, um für Verzögerung zu sorgen und sich zu schützen. Eine Krankheit oder ein Zusammenbruch geht immer sowohl mit Selbstangriff als auch mit einem Angriff auf andere Menschen einher. Das macht dich blind für das extrem hohe Maß an Identifikation mit deinem Ego, das hier am Werk ist und insbesondere in deinem Selbstangriff zum Ausdruck kommt. Es ist schwer, am Schmerz des Selbstangriffs vorbeizugelangen, der dich sowohl körperlich als auch emotional trifft. Dies ist eine Identifikation sowohl mit dem Ego als auch mit dem Körper, die du auf eine viel müheloser Weise aufgeben könntest. Selbstangriff macht es außerordentlich schwer, die Identifikation mit deinem Körper aufzugeben, die du aber aufgeben musst, um höhere Bewusstseinszustände erreichen und letztlich zum Erwachen gelangen zu können. Du kannst dich verpflichten, dich selbst als reinen Geist zu erkennen.

Eine Krankheit oder ein Zusammenbruch kann ein hohes Maß an Angst und andere damit verbundene Emotionen zutage fördern. Es ist schwer, ein solches Ereignis, wenn es eintritt, als Chance zu begreifen. Du hast das Gefühl, nicht du selbst zu sein. Du hast das Gefühl, dich in einem Belagerungszustand zu befinden. Es fällt dir schwer, klar zu denken. Dies ist eine gute Zeit, um

Gnade und göttliche Liebe zu erbitten und die Situation in die Hände Gottes zu legen, damit sie sich mühelos in eine Neugeburt verwandeln kann. Sowohl eine Krankheit als auch ein Zusammenbruch zeigen, dass du immer noch versuchst, von anderen Menschen und von der Situation etwas zu bekommen. In einer solchen Verfassung bist du bereit, dein früheres Selbst bis zu dem Punkt aufzugeben, an dem der Tod droht oder du schlicht das Gefühl hast, an der Krankheit zu sterben. Das vergräbt deine eigene Verantwortung tief im Unterbewusstsein oder sogar im Unbewussten und verbirgt die Tatsache, dass deine Verletzung oder Krankheit selbstverschuldet ist. Dennoch kann ein Prozess stattfinden, in dem du deine Verantwortung erkennen, dir infolgedessen dieser verborgenen Denkweise bewusst werden und sie zutage fördern kannst, um neue und bessere Entscheidungen zu treffen. Dein bewusstes Selbst kann bessere Entscheidungen treffen als die, den Zusammenbruch deines Körpers herbeizuführen, ihn alt werden oder Unfälle erleiden zu lassen. Du kannst dich von der Identifikation mit deinem Körper und deinem Ego lösen und dich auf diese Weise von dem Schmerz befreien, den du im Hinblick auf das, was du nicht akzeptieren konntest, in dir angesammelt hast. Durch Akzeptanz und Loslassen kannst du an einen ganz neuen Ort gelangen, an dem du selbst zurücktrittst und der Himmel in stärkerem Maße in dir präsent ist.

Legen wir die Verantwortung für diesen Prozess des Loslassens in die Hände des Himmels. Mit einem Zusammenbruch gehst du den schweren Weg, um deine Identität mit dem Ego aufzugeben. Der Himmel kennt dafür einen besseren Weg. Dem Ego die Verantwortung für den Vorgang deiner Geburt zu überlassen ist so, als würdest du einem Serienmörder erlauben, dein Kind auf die Welt zu holen. „Fürchte dich nicht" ist der in der Bibel am häufigsten gebrauchte Satz. Wenn der Himmel dich dir selbst zurückgibt, wächst dein Bewusstsein für dich selbst als reinen Geist. Du weißt, dass du nicht dich verlierst, sondern vielmehr den Himmel gewinnst, und sowohl der Weg als auch der Prozess, mit deren Hilfe es vollbracht wird, sind himmlisch. Auf diesem Weg lässt du zu, dass du in immer höherem Maße geliebt wirst, während du dich im höheren Bewusstsein zu deinem wahren Selbst zurückentwickelst.

# 98

# Klagen oder Verpflichtung

Deine Klagen sind kleine Kämpfe, die du führst, weil du im Hinblick auf eine bestimmte Sache unbedingt Recht haben willst und weil deine Bedürfnisse nicht erfüllt werden. Wenn dein Partner nicht von einer hohen Bewusstseinsebene der Liebe aus agiert, besteht die einzige Möglichkeit, deine Bedürfnisse mit Integrität erfüllt zu bekommen, darin, dass du die Energie dessen gibst, was du brauchst. Je mehr du gibst, umso erfüllter bist du, wobei Aufopferung kein Geben ist. Wenn du mehr Liebe willst, liebe deinen Partner. Wenn du mehr Sex willst, zählt nicht der körperliche Akt. Gib sexuelle Energie. Wenn du Fülle willst, teile, denn Teilen ist das Prinzip der Fülle.

Auf dieser Beziehungsebene ist jede Klage, die du hast, eine Klage gegen deinen Partner und möglicherweise auch gegen andere Menschen. Die Klage ist eine Verzögerungstaktik des Egos, das dich immer wieder dazu bringen will, von deinem Partner genau die Gabe zu bekommen, die du ihm hättest geben sollen. Der Versuch, etwas zu bekommen, führt unabhängig davon, ob du es bekommst oder nicht, nur zu Enttäuschung. Geben ist das, was dich glücklich macht und dich erfüllt. Auf lange Sicht liegt dein Glück in der Liebe, die du gibst. Äußeres Glück kommt und geht, aber was du gibst, das bleibt bei dir. Sei ehrlich und erstelle eine Liste der Klagen, die du gegen deinen Partner führst. Ergänze diese Liste dann um die Klagen, die du gegen ihn führst, die aber sowohl sein als auch dein Problem sind. Gib dann die Gaben, die du unter deinen Klagen verborgen hast, und spüre die Freude, die dir durch dein Geben geschenkt wird.

# 99

# Die vielen Formen, die Aufopferung annehmen kann

„Vergiss nie, dass du nur dir selber gibst. Derjenige, der versteht, was Geben bedeutet, muss über die Idee des Opferns lachen. Auch kann er nicht umhin, die vielen Formen zu erkennen, die das Opfern annehmen kann. Er lacht genauso über Schmerz und Verlust, Krankheit und Gram, Armut, Verhungern und den Tod. Er begreift, dass Opfern die eine Idee bleibt, die hinter ihnen allen steht, und in seinem sanften Lachen sind sie geheilt."

*EIN KURS IN WUNDERN*, ÜBUNGSBUCH, LEKTION 187, 6.1:5

Es gibt eine Form von Aufopferung, die so tief verborgen ist, dass sie sich nur in einer engen Beziehung zeigt. Geben, das nicht authentisch ist, sondern unecht und eine Rolle, erschöpft dich und laugt dich aus. Jeder Rückzug wird zu einer Bürde, weil es so schcint, als ob du alle Probleme und alle Pflichten deines Lebens aus einem Zustand des Rückzugs heraus stemmen müsstest. Alle Themen der Vergangenheit über deine Ahnen hinaus bis zum Entwicklungsprozess deiner Seele zeigen sich entweder in Form von Gaben oder als Themen zwischen dir und deinem Partner. Jeder Ort, an dem du dich nicht rückhaltlos gibst, ist ein Ort, an dem du das Gefühl hast, dich aufzuopfern, was zu entsprechend suboptimalen Ergebnissen führt. Jeder Ort, an dem du dich rückhaltlos gibst, bringt dir Erfolg und die Heilung eines Konfliktes aus der Vergangenheit, der früher oder später zu einem Problem in der Gegenwart geworden wäre.

Sei dir aller Orte bewusst, die Aufopferung verbergen können: Ein Problem, eine Emotion und sogar die Probleme und Emotionen deines Partners weisen auf einen Ort hin, an dem ihr beide euch in einem Konflikt befindet und euch aufopfert. Aufopferung rührt von Trennung her, sodass fortwährende Verbindung mit deinem Partner früher oder später sogar die unbewussten Themen zu heilen vermag. Kontakt, Verbindung und Nähe treten dann schon bald an die Stelle der Aufopferung.

Gaben sind ein weiterer Aspekt, der niemanden etwas kostet, wenn du dich nicht davor fürchtest, dein Licht leuchten zu lassen. Worin besteht die Gabe, die das Gegenteil zu deiner gegenwärtigen Aufopferung ist? Gaben lassen Fluss und Mühelosigkeit entstehen. Bitte um die Gabe. Heiße die Gabe willkommen. Wolle die Gabe von ganzem Herzen. Erhebe Anspruch auf die Gabe. Teile die Gabe. Bitte den Himmel, die Gabe zu verstärken und zu lenken, damit sie die größtmögliche Wirksamkeit entfalten kann.

Ein weiterer wichtiger Aspekt besteht in der Erkenntnis, dass Aufopferung nicht das ist, was Gott für dich will. Warum sollte er wollen, dass du einen Fehler machst, der dich von der Liebe fernhält, wo er doch die höchste Liebe selbst ist? Aufopferung ist eine Form von Angriff, die sowohl auf Urteil als auch auf Rückzug fußt. Aufopferung ist eine Rolle. Sie gibt sich den Anschein von Richtigkeit, aber sie blockiert Nähe und Empfangen. Sie ist ein von Konkurrenzdenken geprägter Trick des Egos, der deine Überlegenheit beweisen soll. Das ist weder dein wahrer Wille noch das, was Gott für dich will. Wenn du dich dabei ertappst, dass du dich aufopferst, bitte den Himmel um Gnade und Wunder. Erlaube dem Himmel, das zu tun, was du durch Aufopferung erreichen wolltest. Bitte um die Wunder, die du brauchst. Lasse dich von ihnen an den Ort bringen, an dem du dich getrennt hast, und bitte nun für dich selbst und für alle Menschen darum, dass die Liebe, die göttliche Liebe und die göttliche Präsenz sich dort einfinden mögen. Lasse zu, dass du gesegnet wirst und dass deine Ganzheit wiederhergestellt wird. Lasse zu, dass alle an der Situation beteiligten Menschen gesegnet werden und dass ihre Ganzheit wiederhergestellt wird. Bringe die Heilung in die Gegenwart und sende sie zurück bis zum Zeitpunkt deiner Empfängnis und darüber hinaus, damit auch deine Ahnen und deine Seele geheilt werden.

# 100

## Selbstauflösung

Der Zweck der Selbstauflösung besteht darin, dich der mystischen Liebe zu öffnen. Da die Liebe alles ist, was ist, führt deine Selbstauflösung dich zu deinem wahren Selbst, das reine Liebe ist. Sie führt dich zu einer wunderbaren Liebe mit deinem Partner. Außerdem öffnet sie die Pforte zum Himmel und zur Erkenntnis deiner selbst so, wie Gott dich erschaffen hat.

> „Vater, ich wurde in deinem Geist erschaffen als ein heiliger Gedanke, der sein Zuhause nie verlassen hat. Ich bin für immer deine Wirkung, und du bist meine Ursache auf immer und auf ewig. So wie du mich schufst, bin ich geblieben. Wo du mich eingesetzt hast, dort weile ich noch immer. Und alle deine Eigenschaften weilen in mir, weil es dein Wille ist, einen Sohn zu haben, der seiner Ursache so ähnlich ist, dass Ursache und ihre Wirkung nicht zu unterscheiden sind."
>
> Ein Kurs in Wundern, Übungsbuch, Lektion 326, 1.1:5

Stelle dir vor, du wärest fähig, deinen Partner als einen Engel zu sehen. Das kommt der Wahrheit näher, als wenn du in ihm nur eine Persönlichkeit und einen Körper siehst. Stelle dir vor, du wärest fähig, ihn nicht nur als deinen Geliebten, sondern als den höchsten Geliebten zu sehen. Dies kommt der Wahrheit näher als der Blick, den du jetzt auf ihn hast und der eine Projektion sowohl dessen ist, was du willst, als auch dessen, was du über dich selbst glaubst, aber verurteilt, abgespalten, vergraben und projiziert hast. Wenn du die Wahrheit willst, wirst du niemals aufhören, nach Liebe zu streben. Es gibt viele Wege, zur Heilung oder zur Selbstauflösung zu gelangen, da sie bedeutungsgleich sind. Selbstauflösung bedeutet, dass die Liebe, die du bist, in stärkerem Maße hindurchscheinen kann. Sie bedeutet auch, dass die göttliche Liebe und göttliche Führung in stärkerem Maße durchdringen und Wunder bringen können. Dieser Weg der Heilung wird in *Ein Kurs in Wundern* als Sühne bezeichnet. Es ist der Weg zur Erkenntnis der höchsten Liebe, die als du selbst in dir lebt.

Wenn du dich der Sühne in dieser Weise verpflichtet hast, besteht der erste Schritt darin, die Hilfe des Himmels zu erbitten. Wen möchtest du herbeirufen? Dies wird deine Heilungsarbeit erheblich vereinfachen. Beginne zunächst damit, deinen Geist zu heilen. Setze dazu sowohl deine eigene Kraft als auch die Kraft des höchsten Geistes ein. Schlussendlich ist es der höchste Geist, der dir hilft, deinen Geist in deinen wahren Geist und dein Selbst in dein wahres Selbst hinein aufzulösen.

Wir wollen beginnen, indem wir deine Herzensbrüche, deine Niederlagen und deine traumatischen Erlebnisse anschauen. Diese Dinge mögen dafür gesorgt haben, dass du einen Teil deiner selbst verloren hast, aber du hast auch an Ego gewonnen. Was du verloren hast, hat dir eine Ausrede dafür geliefert, normal zu sein und nach Bestätigung zu suchen. Es hat dir eine Ausrede dafür geliefert, dich zu verstecken und dein Licht nicht leuchten zu lassen, indem du deine inneren Gaben öffnest. Wir wollen nun zu diesen Ereignissen zurückkehren, sie in einem neuen Licht betrachten und die volle Verantwortung dafür übernehmen, ohne in Versuchung zu geraten, jemanden zu beschuldigen, dich selbst eingeschlossen. Wir wollen annehmen, dass du den Erzengel Michael gebeten hast, dir hilfreich zur Seite zu stehen. Kehre nun zu jedem Ereignis zurück und frage dich, wie viele Verträge mit dem Ego du jeweils abgeschlossen und wie viele Selbstkonzepte du infolge dieser Verträge erschaffen hast. Bitte den Erzengel Michael dann, sie alle mit seinem Schwert der Wahrheit aufzulösen. Dies bewirkt, dass du zurücktrittst und die uranfängliche Liebe, die du bist, in stärkerem Maße präsent sein kann. Frage dich dann, wie viele Geschäfte mit dem Teufel du abgeschlossen und wie viele teuflische Persönlichkeiten du infolgedessen erschaffen hast. Bitte nun den Erzengel Michael, auch sie aufzulösen. Du hast diese Geschäfte abgeschlossen, weil du Sicherheit,

Kameradschaft oder Macht zu finden hofftest, hast stattdessen aber Dominanz, Drama, Angriff und Selbstangriff bekommen. Frage dich zuletzt, wie viele Teufel auf diese Verträge aufgesprungen sind, und bitte Michael, sie ins Licht zurückzusenden, denn genau darauf haben sie heimlich gehofft. Die Heilung dieser Ereignisse macht dich liebevoller und weniger habgierig. Du schenkst das Glück, das du suchst, und wirst selbst immer glücklicher.

Gehe durch deinen Tag und finde heraus, wo es Ereignisse gegeben hat, die schmerzhaft, dramatisch oder lieblos waren. Dies sind Orte, an denen du glaubst, dass jemand eine Sünde begangen hat. Darüber hinaus sind es Orte, an denen du auf tief verborgenen Ebenen an deine eigene Sündhaftigkeit glaubst, die jemand freundlicherweise für dich ausagiert hat, um deine Heilung zu ermöglichen. Die gegenwärtigen Ereignisse öffnen dich für die Ereignisse aus der Vergangenheit, und du kannst Michael bitten, deine alten Verträge mit dem Ego, alle Geschäfte mit dem Teufel sowie alle daraus hervorgegangenen teuflischen Persönlichkeiten aufzulösen. Sende zum Schluss alle Teufel zurück ins Licht, die auf deine Verträge mit dem Teufel aufgesprungen sind.

Teufel stehen für das uralte, mächtige, körperlose Ego. Es ist immer ratsam, sich ihnen mit Hilfe der noch mächtigeren Freunde zu nähern, die du an höherer Stelle hast. Sei nicht überrascht, wenn in jedem Stadium deiner Entwicklung alte Traumata wieder zutage treten, um aus einem neuen Blickwinkel angesehen zu werden. Die Traumata mit der scheinbar größten Toxizität sind mit der dunkelsten Energie verknüpft. Führe diese Übung jeden Tag mit allen Ereignissen durch, die dich daran hindern, die göttliche Präsenz zu spüren und auszudehnen. Bei allem, was dich dazu bringen will, wieder ein Ego in der Welt zu sein, sind Heilung und Liebe gefordert. Dann erkennst du, dass das Verhalten der Menschen, die dich verstimmt haben, ein Schrei nach Liebe war und dass sie dir – aus dem richtigen Blickwinkel betrachtet – damit geholfen haben, dein Ego im Austausch gegen die Liebe zu vernichten. Wenn du sie und dich selbst uneingeschränkt lieben kannst, dann weißt du, dass du die Situation für diesen Augenblick aufgelöst hast. Diese Arbeit hat zur Folge, dass du sowohl deinem Partner als auch Gott immer näher kommst.

# Nachwort

Es bedarf einer Reihe von Dingen, um nicht nur Liebe und Freude zu finden, sondern gemeinsam mit deinem Partner in den Himmel zurückkehren zu können. Der Himmel ist nur in einer Richtung zu finden, ganz gleich, was auch geschieht, und der Weg dorthin führt über deinen Partner. Du kannst deine Nähe zu Gott daran ermessen, wie nahe du deinem Partner bist. Alles, was du deinem Partner zur Last legst, das legst du auch Gott zur Last. Vergebung ist das Mittel, das jede Differenz immer wieder überbrückt.

Es ist dein Traum. Alles, was dir widerfahren ist, hast du dir selbst angetan. Alles, was du anderen Menschen zur Last gelegt hast, indem du ihnen die Schuld an Dingen gegeben hast, die dir widerfahren oder nicht widerfahren sind, hast du zumindest unterbewusst deinem Partner zur Last gelegt, und wie bereits gesagt, legst du alles, was du deinem Partner zur Last legst, letztlich Gott zur Last. Vergib den Menschen, vergib der Situation, vergib deinem Partner, vergib dir selbst und deinen Glaubenssystemen, die diese Situation herbeigeführt haben, und vergib zuletzt auch Gott. Gib jede Anhaftung an Menschen und äußere Dinge auf, denn sie ist vorgetäuschte Liebe. Du erkennst diese Bereiche an dem Schmerz, den du dort empfindest. Enttäuschung und Leiden sind sichere Hinweise darauf, dass du außerhalb deiner selbst nach deinem Glück gesucht hast. Dein Glück rührt von dem her, was du gibst. Liebe und lasse zu, dass du geliebt wirst. Liebe dich selbst und lasse zu, dass Gott, der in deinem Herzen wohnt, dich und durch dich andere Menschen liebt.

Erinnere dich daran, dass du nicht dein Körper bist. Es gibt keinen Tod. Du bist reiner Geist, bist so, wie du erschaffen wurdest, unschuldig und grenzenlos. Alles andere sind deine Selbstkonzepte, die du durch Trennung, Opferrollen und Ungerechtigkeit erschaffen hast. Du hast andere Menschen für das beschuldigt, was du selbst getan hast. Dadurch, dass du anderen Menschen vergibst, befreist du Schmerz, Zorn und das Ego, aus dem die Mauern der

Trennung bestehen. Der rasche Weg besteht darin, an der inneren Wolke aus Dunkelheit vorbeizugehen, die aus Groll, Schuld und dem Ego besteht. Gehe daran vorbei auf das Licht zu. Gehe über den Angriff und Selbstangriff hinaus, mit deren Hilfe das Ego seinen Fortbestand sichert. Gehe über die Trennung, das Urteil, die Themen, Emotionen sowie den Körper deines Partners hinaus, um dich von Licht zu Licht mit ihm zu verbinden. Gehe auf das Licht zu und berichtige jede Situation, in der du vom Weg abgekommen bist, damit alles in dir nur den einen Wunsch hat – die Liebe zu deinem Partner, die deine Liebe zu Gott ist. Höre nie auf, auf deinen Partner zuzugehen, bis du eins mit ihm geworden bist. Höre nie auf, auf Gott zuzugehen, bis du eins mit ihm geworden bist. Wenn du das mystische Leben erreichst, wird dein Leben nicht nur zum Leuchtfeuer, das den Weg zur Ewigkeit weist, sondern ihr beide werdet als Paar nicht nur einen Weg, sondern eine Straße erschaffen, die in den Himmel zurückführt. Deshalb bist du hier. Nichts anderes vermag dir eine Befriedigung zu bringen, die nicht nur für den Moment ist.

# Weitere Bücher aus dem Verlag Via Nova:

## Emotionale Reife
**Die Heilung der Gefühlswelt**
Chuck Spezzano

Hardcover, 200 Seiten,
ISBN 978-3-86616-280-8

*2. Auflage*

*Fortsetzung des Bestsellers „Wenn es verletzt, ist es keine Liebe" auf der Ebene der Emotionen*

Chuck Spezzanos internationaler Bestseller „Wenn es verletzt, ist es keine Liebe" inspirierte bis heute unzählige Menschen weltweit. Nach fast 20 Jahren präsentiert der berühmte Weisheitslehrer nun den ersten Teil der Fortsetzung seines erfolgreichen Meisterwerks, in das der reiche Erfahrungsschatz seiner Arbeit mit Menschen auf Seminaren und Trainings in der ganzen Welt einfließt. Den Leser erwartet wieder ein Feuerwerk an Inspirationen und Weisheiten, aufgeteilt in praktische, in sich abgeschlossene Lektionen, die mitten im Leben abholen und auf den Pfad der emotionalen Reife führen. Ein Handbuch des Herzens – stets überraschend, humorvoll, tiefgründig und voller Liebe, weist es den Weg zu lebendigem Glück, erfüllenden Beziehungen und innerem Wachstum.

## Die Sprache des Herzens
**Durch Heilung der Emotionen
ein Leben in Liebe führen**
Chuck Spezzano

Hardcover, 224 Seiten, ISBN 978-3-86616-294-5

*2. Teil der Fortsetzung des Bestsellers „Wenn es verletzt, ist es keine Liebe"*

Mit seinem neuen Meisterwerk „Die Sprache des Herzens" präsentiert Chuck Spezzano den zweiten Teil der Fortsetzung seines Weltbestsellers „Wenn es verletzt, ist es keine Liebe". Schonungslos ehrlich beschreibt er die Welt der Emotionen und zeigt uns Wege der Heilung, die zu einem befreiten Leben voller Liebe führen können. In den 100 Lektionen setzt er auf seine unnachahmliche Art fort, was er schon in dem ersten Band „Emotionale Reife" begonnen hat: uns unnachgiebig, voller Empathie und Weisheit zu ermutigen und zu inspirieren, den Alltagssituationen mit größtmöglicher Wachheit und Wahrhaftigkeit zu begegnen. Wieder ein wunderbarer Wegweiser des Herzens, der uns zeigt, wie wir den Pfad der emotionalen Reife zu Ende gehen können. Denn die Sprache des Herzens bedarf keiner Worte mehr.

## Leben in emotionaler Freiheit
**Heilung von unbewussten Hindernissen und Blockaden**
Chuck Spezzano

Hardcover, 224 Seiten, ISBN 978-3-86616-312-6

Nichts bewegt und belastet uns und unsere Beziehungen mehr als unerlöste, unbewusste Emotionen. Über sie Meisterschaft zu erlangen, sie zu verwandeln und zu nutzen auf dem Pfad der eigenen Transformation, ist wahre Heilung - nicht nur für uns selbst, sondern auch für all unsere Mitmenschen. Mit seinem neuesten Meisterwerk, dem 3. Band zur emotionalen Reife, reicht der weltberühmte Weisheitslehrer Chuck Spezzano allen die Hand, die den Weg der inneren Verantwortung und Reife zu Ende gehen möchten. Die wundervollen, kristallklaren Botschaften dieses Buches könnten der Schlüssel sein, für ein neues lichtvolles Miteinander, nach dem sich alle Menschen so sehnen. Es öffnet uns Augen und Herz für den nächsten notwendigen Schritt der inneren Entwicklung hin zu wahrhaft erfüllenden Beziehungen, in der gelebte Liebe und Freiheit Wirklichkeit werden.

## Heilung beginnt im Herzen
### Die inneren Kräfte wecken, um Körper und Seele zu heilen
**Chuck Spezzano**

Hardcover, 240 Seiten, ISBN 978-3-86616-140-5

**3. Auflage**

Das neue Buch des bekannten Lebenslehrers Dr. Chuck Spezzano gibt dem Leser grundlegende Prinzipien und Methoden an die Hand, um sich von allen Formen von Krankheit und Schmerz zu befreien. Es ergründet nicht nur die Wurzeln dessen, was Krankheiten und Schmerzen erzeugt, sondern zeigt darüber hinaus praktische Wege, wie man die dem eigenen Herzen und Geist innewohnende Kraft nutzen kann, um Krankheiten zu heilen und Schmerz aufzulösen.

## Die Heilkraft der Seele
### Heilung auf allen Ebenen des Lebens
**Chuck Spezzano**

Hardcover, 240 Seiten, ISBN 978-3-86616-330-0

Ist es nicht Zeit für eine allumfassende Heilung, Heilung für Seele, Geist und Herz, Heilung der Wunden und Traumata unserer Vergangenheit, die uns den Blick verstellen für das klare Licht der Bewusstheit und Präsenz? Ist nicht jetzt die Zeit, uns zurückzuverbinden mit unserer wahren Natur, dem All-Einssein und der stets vorhandenen allumfassenden Liebe? Mit unerschöpflicher Herzensweisheit, wie sie nur wenigen Menschheitslehrern der Gegenwart eigen ist, lässt uns der unermüdlich wirkende Chuck Spezzano an dem nicht endenden Fluss seiner berührenden und klaren Erkenntnisse und Einsichten teilhaben. Botschaften, die wie destillierte Heilessenzen wirken, geschöpft aus der universellen Quelle des Seins, können auf dem Pfad zu unserem wahren göttlichen Selbst zu wertvollen Wegweisern der Heilung werden.

## Spirituelle Hilfe bei Brustkrebs und anderen schweren Erkrankungen
**Chuck Spezzano**

Paperback, 144 Seiten, ISBN 978-3-86616-327-0

Seit über 40 Jahren erforscht der weltbekannte Weisheitslehrer Chuck Spezzano Wege ganzheitlicher Heilung und Transformation und begleitet Menschen dabei, zu ihrer wahren Essenz sowie zu erfüllenden Beziehungen zu finden. In diesem Buch erläutert er vor diesem Erfahrungshintergrund erstmals seine Erkenntnisse zu der Psychodynamik schwerer Krankheiten wie Brustkrebs und seine Sicht auf die Verbindung zwischen Körper und Geist. Er zeigt auf, wie das Verständnis der eigenen unterbewussten und unbewussten Muster helfen kann, die Schlüssel zur Heilung auch auf körperlicher Ebene leichter zu finden. Qualifizierte medizinische Beratung kann und will dieses Buch explizit nicht ersetzen, aber es will auch bei schweren Krankheiten wie Brustkrebs ermutigen und inspirieren, seinen ganz persönlichen Heilungsweg zu finden!

## Karten des Lebens
### Lebensgeschichten erkennen und heilen
### Chuck Spezzano

100 künstlerisch gestaltete farbige Karten mit Begleitbuch (224 Seiten),
ISBN 978-3-86616-028-6

*7. Auflage*

Die Drehbücher oder Geschichten, die unser Leben bestimmen, schreibt jeder Mensch selbst. Die Karten des Lebens – das neue Karten-Set des bekannten Lebenslehrers Chuck Spezzano – zeigen die Geschichten, die wir in unserem Leben erzählen, ganz gezielt auf. Es können fröhliche und kraftvolle, aber auch dunkle und zerstörerische Geschichten sein. Wir schreiben sie oft in Sekundenbruchteilen, tragen sie und ihre Folgen aber ein Leben lang mit uns. Negative Geschichten aus der Vergangenheit zu heilen und positive, lebensbejahende Geschichten zu stärken ist ein Herzensanliegen von Chuck Spezzano und ein Eckpfeiler seiner Arbeit. 100 wunderschöne, von der deutschen Künstlerin Petra Kühne einfühlsam gestaltete Karten sowie ein Begleitbuch, das die tiefere Bedeutung jeder einzelnen Karte erklärt und Beispiele für verschiedene Befragungsmöglichkeiten enthält, geben dem Leser ein ideales Werkzeug an die Hand, mit dessen Hilfe er seine Lebensmuster erkennen, negative und destruktive Muster heilen und dadurch zu mehr Glück und größerer Fülle im Leben gelangen kann.

## Karten der Selbstheilung
### Illustrationen von Petra Kühne
### Chuck Spezzano

100 farbige Karten mit Begleitbuch (240 Seiten), ISBN 978-3-86616-209-9

*2. Auflage*

Die Karten der Selbstheilung sind eine große Hilfe, denn sie geben jedem die Möglichkeit, unterbewusste Muster zu erkennen und aufzulösen, die oft Ursache von Krankheiten und Problemen sind. Die Karten der Selbstheilung sind nach bewährter Manier in fünfzig positive und fünfzig negative Karten unterteilt, und wie schon bei den Karten des Lebens und den Karten der Partnerschaft hat die Künstlerin Petra Kühne wunderbare kleine Kunstwerke geschaffen, die die Aussagen der Karten mit Leben erfüllen. Ein Begleitbuch erläutert die Bedeutung der Karten, macht Vorschläge für mögliche Legungen und stellt zudem heilende Übungen vor, die helfen, die Ursachen von Krankheiten und Problemen zu erkennen und aufzulösen.

## Wie Beziehungen wirklich gelingen
### Neue Wege für Liebe und Partnerschaft
### Jeff und Sue Allen

Hardcover, 256 Seiten, ISBN 978-3-86616-210-5

Beziehungen sollten eigentlich der Himmel auf Erden sein, aber genau das Gegenteil ist fast immer der Fall. Die Liebe zum Partner liegt unter dem Schmerz ständiger Auseinandersetzungen, gegenseitiger Schuldzuweisungen und tiefer Verletzungen vergraben. Jeff und Sue Allen zeigen in ihrem Buch nicht nur die verborgenen Triebkräfte auf, die in allen Beziehungen am Werk sind, sondern auch Wege, sie zu erkennen und zu verwandeln. Anhand ihrer eigenen authentischen Geschichte nehmen sie den Leser mit auf eine Reise durch die Stadien, Gefahren, Irrgärten und Fallen, die es in einer Beziehung zu überwinden gilt, um zu wahrer Liebe und echtem Glück zu gelangen.

## Erfüllende Liebe
### Die Erfahrung von tiefem Glück in Beziehungen
### Joseph Fries/Wolfgang Weigand

Hardcover, 224 Seiten, ISBN 978-3-86616-313-3

Wohl fast jeder von uns sehnt sich nach einer tief erfüllenden Partnerschaft oder sogar nach der einen großen Liebe. Und wie oft erleben wir immer wieder Schmerz und Enttäuschung, Kämpfe und Verletzungen? Dennoch: hoffen und suchen wir weiter! Gut so! Denn dieses Buch könnte für Sie zu einer reichen inneren Fundgrube werden auf dem Weg zur „wahren Liebe". Vielleicht kein einfacher Weg, aber der einzige, den es sich lohnt zu gehen! Und mit diesem „Wegweiser der Bewusstheit" steigt eindeutig die Chance, alte Pfade zu verlassen, eigene Begrenzungen zu überwinden und endlich anzukommen in einer aufgewachten Beziehungskultur – lebendig, liebesfähig, befreit und transformiert. Jetzt durchlesen, „durchleben" und weitergehen – denn die Erfüllung Ihres Herzenswunsches kann Wirklichkeit werden.

## Lieben heißt die Welt verändern
### Die transformierende Kraft der Liebessprachen
### Ursula Friederikje Rücker

Paperback, 192 Seiten, ISBN 978-3-86616-235-8

Jeder Mensch hat seine ganz eigene Liebessprache. Dies macht zwar den besonderen Zauber und die Einzigartigkeit einer jeden Beziehung aus, ist aber auch häufig die Ursache von Missverständnissen. Viele Konflikte in der Partnerschaft, aber auch zwischen Eltern und Kindern und unter Freunden könnten vermieden werden, wenn die Menschen um die Bedeutung der verschiedenen Möglichkeiten, Liebe auszudrücken, wüssten. Dieses Buch stellt deshalb verschiedene Liebessprachen vor. Der Leser kann seine eigene Liebessprache herausfinden und auch die anderer Menschen, die ihm am Herzen liegen. Wenn Sie die einzelnen Liebessprachen anwenden, werden Sie feststellen, dass Sie sich selbst und Ihre Beziehungen mit mehr Verständnis, Freundlichkeit und Liebe bereichern.

## Über den eigenen Schatten springen
### Vom Ego in die Liebe zum Leben
### Claus Eurich

Hardcover, 224 Seiten, ISBN 978-3-86616-315-7

Leben wir in einer Zeit des Übergangs? Vieles spricht dafür! Alte Denkweisen und Handlungsstrategien scheinen den heutigen Herausforderungen der Menschheit nicht mehr gerecht zu werden. Was braucht es also für den nächsten Schritt der menschlichen Evolution? Jedenfalls ein grundlegend neues Verständnis über das Menschsein, der psychologischen, philosophischen und spirituellen Hintergründe seiner bisherigen Entwicklung und vor allem: heilsame Einsichten und Erkenntnisse! Dies alles finden Sie in diesem Buch, das uns im Tiefsten erinnern lässt an die großartigen schöpferischen Potentiale, die in uns stecken, wenn wir nur lernen, unser Ego-Bewusstsein zu transzendieren. Entdecken Sie notwendig neue und heilsame geistig-spirituelle Horizonte – tiefgründig, empathisch, hoffnungsvoll!

## Die Brücke
**Das Musical**
**Barbara Schenkbier / Reinhold Hoffmann**

CD, Laufzeit: 55 Minuten, 25 Songs, ISBN 978-3-86616-351-5

Der Ursprung? Vergessen! Die Identität? Getilgt! In einer Welt fern der unseren, haben die Menschen – unterdrückt von einem skrupellosen Wissenschaftler und abhängig vom Serum einer Pflanze – ihr wahres Sein eingetauscht gegen ein Leben ohne Sorgen und Schmerz. Sie haben vergessen, wer sie sind und woher sie kommen. Doch es keimt Hoffnung. Zwei Menschen, ein Mann und eine Frau, begeben sich gemeinsam auf die Suche nach Liebe, Glück und Freiheit. Ein gefährliches Unterfangen. Doch die beiden sind nicht allein. Eine geheimnisvolle, große Kraft weist Ihnen den Weg und zeigt ihnen ihre Bestimmung: Die Brücke zu finden, die alles Leben miteinander verbindet. Nach einer riskanten Flucht stoßen sie schon bald auf Unterstützer und das spannende Abenteuer nimmt seinen Lauf. Werden sie die Fähigkeit erhalten die Menschen aus ihrer Maskerade zu befreien? Sind sie bereit für den großen Tanz des Lebens? Die spannende Geschichte, inspiriert von der erfolgreichen Autorin Barbara Schenkbier als Musical geschrieben, führt ausdrucksstark und liebevoll in eine Zeit, die sowohl in die Zukunft weist, als auch den Spiegel der heutigen Zeit vor Augen hält.

## Die Vision vom göttlichen Menschen
**Eine spirituelle Weg-Begleitung in das neue Jahrtausend**
**Barbara Schenkbier**

Paperback, 424 Seiten, 21 ganzseitige Bilder, ISBN 978-3-928632-68-3
Prachtband: Geb., 424 Seiten, Einband Kunstleder mit Goldaufdruck,
21 ganzseitige Bilder, Zweifarbendruck, ISBN 978-3-928632-18-8

Das Buch ist ein umfassendes Standardwerk, das den Durchbruch einer neuen Evolutionsstufe im Bewusstsein des Menschen vorbereiten hilft. Aufbauend auf wissenschaftlichen Erkenntnissen und der mystischen Tradition aller Religionen führt es zu einem tieferen Wissen über das menschliche Bewusstsein, um dann den Weg zum göttlichen Menschen zu beleuchten. Alle wichtigen Schritte werden beschrieben, wesentliche Übungen aus einer neuen Sicht heraus dargestellt und die Transformationsstufe zu einem neuen Bewusstsein geschildert. Beim Lesen und Anwenden der beschriebenen Wahrheiten eröffnet sich dem Leser eine neue Sicht auf den Sinn des Lebens. Alle, die den geistigen Weg beschreiten, werden ihn besser verstehen, ihn bewusster, mutiger und konsequenter weitergehen. Das Buch ist aus der eigenen spirituellen Erfahrung der Autorin heraus geschrieben und eröffnet den Blick in eine Zukunft, die die evolutionäre Schöpferkraft selbst schaffen wird.

## Heilgebärden
**Verbindung mit dem heilenden Feld durch Bewegung und Meditation – Vorwort von Chuck Spezzano**
**Barbara Schenkbier**

Hardcover, 160 Seiten, 42 mehrfarbige Fotos, ISBN 978-3-86616-175-7

Die Heilgebärden sind im Rahmen der Ausbildung für spirituelle Heilung inspirativ von der Autorin Barbara Schenkbier empfangen und ausgestaltet worden. Sie sind für jeden leicht durchzuführen. Achtsame Gebärden und Haltungen öffnen den Übenden für den Strom der Heilenergie aus dem heilenden Feld. Dynamische Bewegungen und Energiemassage aktivieren die Lebensenergie, so dass der Körper und die Feinstoffebenen durchströmt und geheilt werden. In der wachen Vergegenwärtigung der strömenden Heilkraft und in den Meditationen werden auch Geist und Seele angesprochen und wichtige spirituelle Grundhaltungen wie Achtsamkeit, Hingabe und Demut entfaltet.